Langenscheidt

Fit in 30 Tagen Französisch

von Fabienne Schreitmüller

Langenscheidt

Fit in 30 Tagen – Französisch

Autorin: Fabienne Schreitmüller
Fachlektorat: Anke Simon
Gestaltungskonzept: Farnschläder & Mahlstedt, Hamburg
Zeichnungen: Claas Janssen, Frankfurt/Main
Corporate Design Umschlag: KW43 BRANDDESIGN, Düsseldorf
Umschlaggestaltung: Mariela Schwerdt, Design & Feinschliff Studio

Kostenloser Download Ihres Bonusmaterials

1. Gehen Sie auf die Seite **www.langenscheidt.com/bonusmaterial**
2. Geben Sie dort den Code **kpf488** ein und klicken Sie auf „aktivieren".
3. Nun können Sie sich die MP3-Audiodateien herunterladen.

3. Auflage 2023

www.langenscheidt.com

Satz: Franzis print & media, München

ISBN 978-3-12-563488-6

Benutzerhinweise

Herzlich willkommen zu Ihrem neuen Sprachkurs „Fit in 30 Tagen – Französisch". Wir freuen uns, dass Sie mit uns Französisch lernen möchten. Wenn Sie diesen Sprachkurs erfolgreich durchgearbeitet haben, sind Sie in der Lage, sich zu allgemeinen Themen und in einfachen, alltäglichen und routinemäßigen Situationen auf Französisch zu verständigen. Das entspricht dem Niveau A2 des europäischen Referenzrahmens.

Wie ist der Sprachkurs aufgebaut?

- Der Sprachkurs besteht aus **30 aufeinander aufbauenden Tagesportionen,** die in vier Abschnitte aus je sechs bis acht Tagen gegliedert sind.
- Durch die Lerneinheiten führt Sie eine unterhaltsame **Fortsetzungsgeschichte**. Nina, eine junge Kölnerin, kommt nach Grenoble zu ihrem Cousin Pierre und seiner Frau Pauline. Sie wird in Grenoble in einer Werbeagentur arbeiten. Nina wohnt zunächst bei ihrem Cousin, lernt die Stadt kennen und schließt Freundschaften. Gemeinsam unternehmen sie eine Reise nach Marokko, mit Hotelsuche und Sightseeing. Hauptfiguren: Nina Schramm, 28 Jahre alt, aus Köln; Pierre, ihr Cousin, und Pauline, seine Ehefrau.
- Bevor es losgeht, hilft Ihnen ein kleines Quiz, herauszufinden, welcher Lerntyp Sie sind.
- Der Sprachkurs startet mit dem Kapitel **Tipps zum Französischlernen**. Hier verraten wir Ihnen nützliche Tipps, um das Hören, Lesen, Sprechen und Schreiben in der Fremdsprache zu erleichtern. Sollten Sie lieber gleich loslegen wollen, überspringen Sie das erste Kapitel einfach und starten direkt mit Tag 2.
- Übung macht bekanntlich den Meister, daher möchten wir Sie anregen, in regelmäßigen Abständen bereits Gelerntes zu wiederholen. Nach 5–7 Kapiteln finden Sie deshalb jeweils eine **Wiederholungseinheit** und einen kurzen **Zwischentest**. Hier können Sie selbst testen, inwieweit Sie den Stoff schon beherrschen oder herausfinden, wo noch etwas Übungsbedarf besteht. Nach 30 Tagen gibt es einen Abschlusstest, der den Stoff des gesamten Kurses testet.
- Um Sie beim Selbstlernen nicht alleine zu lassen, stellen wir Ihnen am Ende des Buches einen umfangreichen **Anhang** zur Verfügung. Sie finden dort eine systematische Kurzgrammatik zum Nachschlagen, praktische Verbtabellen, Lösungen zu allen Übungen und Tests, Transkriptionen der Hörtexte sowie ein alphabetisches Wörterverzeichnis aller im Kurs vorkommenden Wörter mit Angabe der Lautschrift.

Wie ist eine Lerneinheit aufgebaut?

Zu Beginn jedes Tages stellen wir Ihnen die **Lernziele** vor, damit Sie wissen, was Sie erwartet.

Lesen Sie zuerst den **Dialog** und hören Sie sich dabei die Vertonung auf der CD an. Versuchen Sie, im ersten Schritt die Gesamtbedeutung des Dialogs zu erschließen, ohne sich an jedem noch unbekannten Wort aufzuhalten!

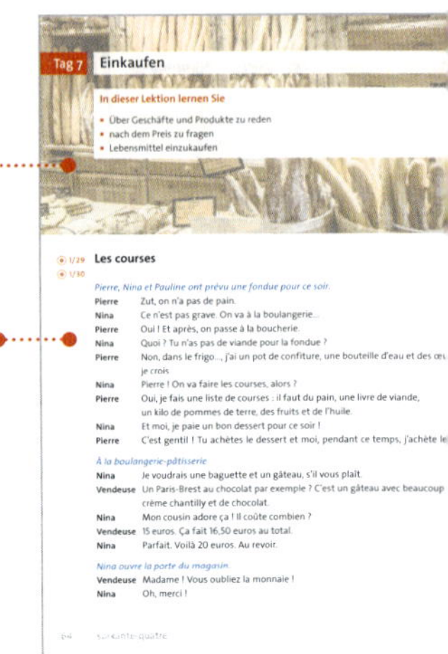

Tag 7 **Einkaufen**

In dieser Lektion lernen Sie

- Über Geschäfte und Produkte zu reden
- nach dem Preis zu fragen
- Lebensmittel einzukaufen

1/29 1/30 **Les courses**

Pierre, Nina et Pauline ont prévu une fondue pour ce soir.

Pierre Zut, on n'a pas de pain.
Nina Ce n'est pas grave. On va à la boulangerie...
Pierre Oui ! Et après, on passe à la boucherie.
Nina Quoi ? Tu n'as pas de viande pour la fondue ?
Pierre Non, dans le frigo..., j'ai un pot de confiture, une bouteille d'eau et des œu[fs,] je crois.
Nina Pierre ! On va faire les courses, alors ?
Pierre Oui, je fais une liste de courses : il faut du pain, une livre de viande, un kilo de pommes de terre, des fruits et de l'huile.
Nina Et moi, je paie un bon dessert pour ce soir !
Pierre C'est gentil ! Tu achètes le dessert et moi, pendant ce temps, j'achète le...

À la boulangerie-pâtisserie

Nina Je voudrais une baguette et un gâteau, s'il vous plaît.
Vendeuse Un Paris-Brest au chocolat par exemple ? C'est un gâteau avec beaucoup [de] crème chantilly et de chocolat.
Nina Mon cousin adore ça ! Il coûte combien ?
Vendeuse 15 euros. Ça fait 16,50 euros au total.
Nina Parfait. Voilà 20 euros. Au revoir.

Nina ouvre la porte du magasin.

Vendeuse Madame ! Vous oubliez la monnaie !
Nina Oh, merci !

Im **Lernwortschatz** sind die wichtigsten neuen Vokabeln der Lektion übersichtlich in alphabetischer Reihenfolge dargestellt. Sie werden in den folgenden Lektionen als bekannt vorausgesetzt. Dieser Wortschatz ist auf CD 3 (MP3-CD) vertont, so dass Sie sich die richtige Aussprache anhören sowie Wörter und Wendungen auch unterwegs üben können.

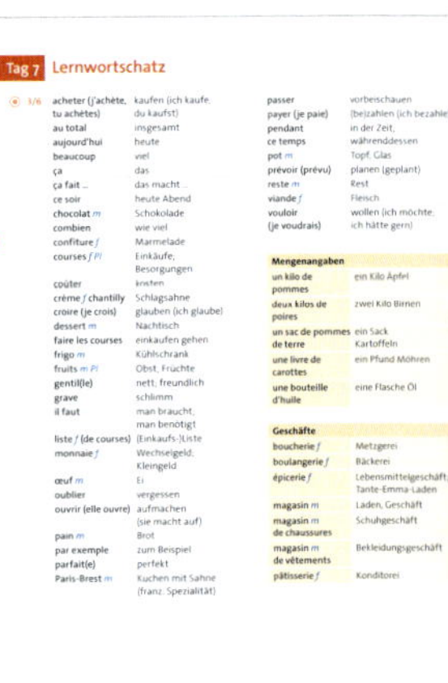

Tag 7 **Lernwortschatz**

3/6

acheter (j'achète, tu achètes)	kaufen (ich kaufe, du kaufst)
au total	insgesamt
aujourd'hui	heute
beaucoup	viel
ça	das
ça fait ...	das macht ...
ce soir	heute Abend
chocolat *m*	Schokolade
combien	wie viel
confiture *f*	Marmelade
courses *f Pl*	Einkäufe, Besorgungen
coûter	kosten
crème *f* **chantilly**	Schlagsahne
croire (je crois)	glauben (ich glaube)
dessert *m*	Nachtisch
faire les courses	einkaufen gehen
frigo *m*	Kühlschrank
fruits *m Pl*	Obst, Früchte
gentil(le)	nett, freundlich
grave	schlimm
il faut	man braucht, man benötigt
liste *f* **(de courses)**	(Einkaufs-)Liste
monnaie *f*	Wechselgeld, Kleingeld
œuf *m*	Ei
oublier	vergessen
ouvrir (elle ouvre)	aufmachen (sie macht auf)
pain *m*	Brot
par exemple	zum Beispiel
parfait(e)	perfekt
Paris-Brest *m*	Kuchen mit Sahne (franz. Spezialität)
passer	vorbeischauen
payer (je paie)	(be)zahlen (ich bezahle)
pendant ce temps	in der Zeit, währenddessen
pot *m*	Topf, Glas
prévoir (prévu)	planen (geplant)
reste *m*	Rest
viande *f*	Fleisch
vouloir (je voudrais)	wollen (ich möchte, ich hätte gern)

Mengenangaben	
un kilo de pommes	ein Kilo Äpfel
deux kilos de poires	zwei Kilo Birnen
un sac de pommes de terre	ein Sack Kartoffeln
une livre de carottes	ein Pfund Möhren
une bouteille d'huile	eine Flasche Öl

Geschäfte	
boucherie *f*	Metzgerei
boulangerie *f*	Bäckerei
épicerie *f*	Lebensmittelgeschäft, Tante-Emma-Laden
magasin *m*	Laden, Geschäft
magasin *m* **de chaussures**	Schuhgeschäft
magasin *m* **de vêtements**	Bekleidungsgeschäft
pâtisserie *f*	Konditorei

In der Rubrik **Übungen** können Sie das bisher Gelernte auf vielfältige Weise trainieren. Symbole signalisieren, welchen Schwerpunkt eine Übung verfolgt: Hören, Sprechen, Lesen oder Schreiben.

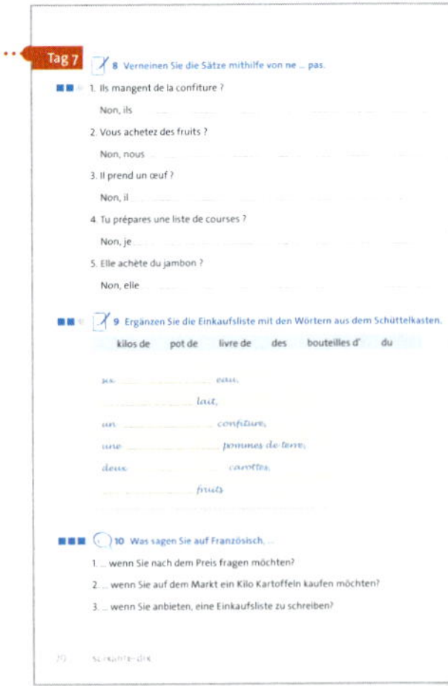

Tag 7

8 Verneinen Sie die Sätze mithilfe von ne ... pas.

1. Ils mangent de la confiture ?
   Non, ils
2. Vous achetez des fruits ?
   Non, nous
3. Il prend un œuf ?
   Non, il
4. Tu prépares une liste de courses ?
   Non, je
5. Elle achète du jambon ?
   Non, elle

9 Ergänzen Sie die Einkaufsliste mit den Wörtern aus dem Schüttelkasten.

kilos de | pot de | livre de | des | bouteilles d' | du

six .... *eau,*
.... *lait,*
un .... *confiture,*
une .... *pommes de terre,*
deux .... *carottes,*
.... *fruits*

10 Was sagen Sie auf Französisch, ...

1. ... wenn Sie nach dem Preis fragen möchten?
2. ... wenn Sie auf dem Markt ein Kilo Kartoffeln kaufen möchten?
3. ... wenn Sie anbieten, eine Einkaufsliste zu schreiben?

Einkaufen Tag 7

ragen zum Dialog

erbinden Sie die passenden Satzteile.

Dans le frigo, Pierre a — a) la baguette et le gâteau.
Nina paie — b) le chocolat et la crème chantilly.
À la boulangerie-pâtisserie, — c) un pot de confiture, une bouteille d'eau et des œufs.
Nina oublie
Pierre, le cousin de Nina, adore — d) la monnaie.

inkäufe

erre, Nina und Pauline haben für heute Abend ein Fleischfondue geplant.

erre — Mist, wir haben kein Brot.
ina — Das ist nicht schlimm. Wir gehen in die Bäckerei …
erre — Ja! Und danach gehen wir kurz in die Metzgerei.
ina — Was? Du hast kein Fleisch für das Fondue?
erre — Nein, im Kühlschrank … habe ich ein Glas Marmelade, eine Flasche Wasser und Eier, glaube ich.
ina — Pierre! Wir gehen also einkaufen?
erre — Ja, ich mache eine Einkaufsliste. Wir brauchen (man benötigt) Brot, ein Pfund Fleisch, ein Kilo Kartoffeln, Obst und Öl.
ina — Und ich bezahle einen schönen Nachtisch für heute Abend!
erre — Das ist nett! Du kaufst den Nachtisch und ich kaufe in der Zeit den Rest.

der Bäckerei-Konditorei

ina — Ich möchte ein Baguette und einen Kuchen bitte.
erkäuferin — Einen Paris-Brest mit Schokolade zum Beispiel? Das ist ein Kuchen mit viel Schlagsahne und Schokolade.
ina — Mein Cousin liebt das. Wie viel kostet er?
rkäuferin — 15 Euro. Das macht insgesamt 16,50 Euro.
ina — Perfekt. Hier sind 20 Euro. Auf Wiedersehen.

na macht die Tür des Geschäfts auf.

erkäuferin — Madame! Sie vergessen das Wechselgeld!
ina — Oh, danke!

Wenn Sie die anschließenden **Fragen zum Dialog** beantworten, werden Sie sehen, dass Sie schon eine ganze Menge verstanden haben.

Einkaufen Tag 7

rammatik und Redemittel

rben auf -er mit Besonderheiten: acheter und payer → §8.1.1

	acheter kaufen	payer bezahlen
j'	achète	paie
	achètes	paies
/elle	achète	paie
ous	achetons	payons
ous	achetez	payez
/elles	achètent	paient

engenangaben mit de → §1.3

stimmte Mengenangaben werden mit einem Substantiv, z. B. **un kilo** ein Kilo, er einem Adverb (**beaucoup** viel, **un peu** ein bisschen) gefolgt von der Präposition (oder **d'** vor Vokal oder stummem **h**) gebildet:
kilo de viande ein Kilo Fleisch
peu de pain ein bisschen Brot

Verneinung (I) → §11

Verneinung besteht aus zwei Teilen **ne… pas** (oder **n'… pas** vor Vokal oder mmem **h**), die das konjugierte Verb umschließen:
e va pas en ville. Er geht nicht in die Stadt.
n'est pas grave. Das ist nicht schlimm.

htung:
ben Sie gewusst, dass die Franzosen das **ne** in der sprochenen Sprache oft weglassen? Sie sagen:
st **pas** grave.

bestimmter Artikel und Teilungsartikel werden mit **ne… pas de** kein verneint:
rend **un** dessert. — Il **ne** prend **pas de** dessert. — Er nimmt keinen Nachtisch.
chète **de l'**eau. — Il **n'**achète **pas d'**eau. — Er kauft kein Wasser.

In der Rubrik **Grammatik und Redemittel** werden die neuen Grammatikthemen in leicht verständlicher Weise erklärt. Verweise führen zur systematischen Kurzgrammatik im Anhang, wo Sie das jeweilige Grammatikthema bei Bedarf noch vertiefen können.

Einkaufen Tag 7

Kulturtipp
Faire les courses

Der Franzose verpasst selten seinen wöchentlichen Besuch im **supermarché** Supermarkt, denn er findet dort alles: vom Pflaster über Autoreifen, Lebensmittel, Reinigungs- und Pflegeprodukte, Pflanzen, frischen Fisch, Geschirr, Handwerkerbedarf, Schmuck- und Kosmetikartikel bis hin zu Sportbekleidung oder Hausschuhen! Der Supermarkt hat sich sogar zum **hypermarché** entwickelt, an den Geschäfte im Eingangsbereich angekoppelt werden, wie **salon de coiffure** Friseursalon, **pressing** Reinigung, **magasin de chaussures** Schuhgeschäft oder **bijouterie** Schmuckgeschäft. Sie finden hier also eine Stadt in der Stadt! n Nachteil hat es: Ihr Einkauf dauert lange. Der neueste Trend ist allerdings der auf online, insbesondere in Großstädten. Sie können im Internet bestellen und Einkäufe werden Ihnen frei Haus geliefert.

en den Supermärkten sind auch die Wochenmärkte sehr beliebt, insbesondere üdfrankreich. Buntes Treiben, zahlreiche Farben, zauberhafte Düfte zeichnen sie Wenn Sie in der Provence sind, gehen Sie auf den **marché** Markt und lassen sich den Lavendel-Produkten verzaubern!

s können Sie schon?

kurzes Gespräch zwischen Käufer und Verkäufer verstehen → Ü1
f dem Wochenmarkt selbst etwas bestellen → Ü2
gen, was Sie tun und nicht tun → Ü3
gen, was Sie wo kaufen können → Ü4

Der **Kulturtipp** bietet interessante und wissenswerte Informationen über Land und Leute.

Die Rubrik **Was können Sie schon?** hilft Ihnen, Ihren Lernerfolg selbst einzuschätzen: Kreuzen Sie an, was Ihnen schon leicht fällt, was einigermaßen klappt und was Sie noch weiter üben möchten.

So nutzen Sie Ihren persönlichen Lernplaner

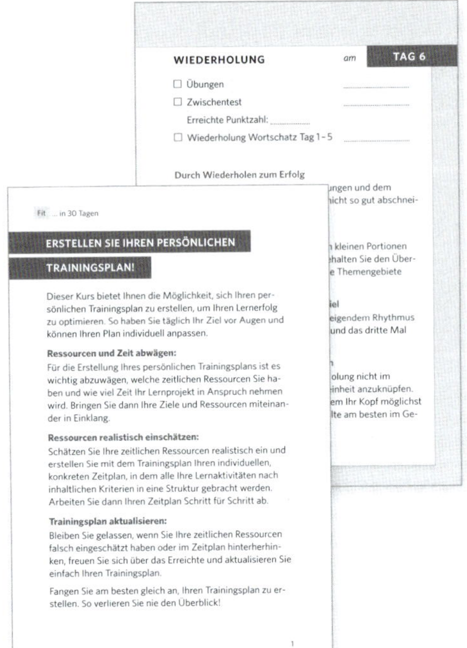

WIEDERHOLUNG am TAG 6

☐ Übungen

☐ Zwischentest

Erreichte Punktzahl: ....

☐ Wiederholung Wortschatz Tag 1 – 5

Durch Wiederholen zum Erfolg

Fit ... in 30 Tagen

ERSTELLEN SIE IHREN PERSÖNLICHEN TRAININGSPLAN!

Dieser Kurs bietet Ihnen die Möglichkeit, sich Ihren persönlichen Trainingsplan zu erstellen, um Ihren Lernerfolg zu optimieren. So haben Sie täglich Ihr Ziel vor Augen und können Ihren Plan individuell anpassen.

Ressourcen und Zeit abwägen:
Für die Erstellung Ihres persönlichen Trainingsplans ist es wichtig abzuwägen, welche zeitlichen Ressourcen Sie haben und wie viel Zeit Ihr Lernprojekt in Anspruch nehmen wird. Bringen Sie dann Ihre Ziele und Ressourcen miteinander in Einklang.

Ressourcen realistisch einschätzen:
Schätzen Sie Ihre zeitlichen Ressourcen realistisch ein und erstellen Sie mit dem Trainingsplan Ihren individuellen, konkreten Zeitplan, in dem alle Ihre Lernaktivitäten nach inhaltlichen Kriterien in eine Struktur gebracht werden. Arbeiten Sie dann Ihren Zeitplan Schritt für Schritt ab.

Trainingsplan aktualisieren:
Bleiben Sie gelassen, wenn Sie Ihre zeitlichen Ressourcen falsch eingeschätzt haben oder im Zeitplan hinterherhinken, freuen Sie sich über das Erreichte und aktualisieren Sie einfach Ihren Trainingsplan.

Fangen Sie am besten gleich an, Ihren Trainingsplan zu erstellen. So verlieren Sie nie den Überblick!

1

Erstellen Sie Ihren individuellen Lernplan, um Ihre persönlichen Ziele und Ressourcen in Einklang zu bringen und zu optimieren. Sie können sich hier Lernziele setzen und Ihren täglichen Lernfortschritt festhalten.

Zusätzliche Lerntipps zeigen Ihnen Strategien auf, wie Sie die Lerninhalte einer Lektion abwechslungsreich lernen und das Gelernte festigen können.

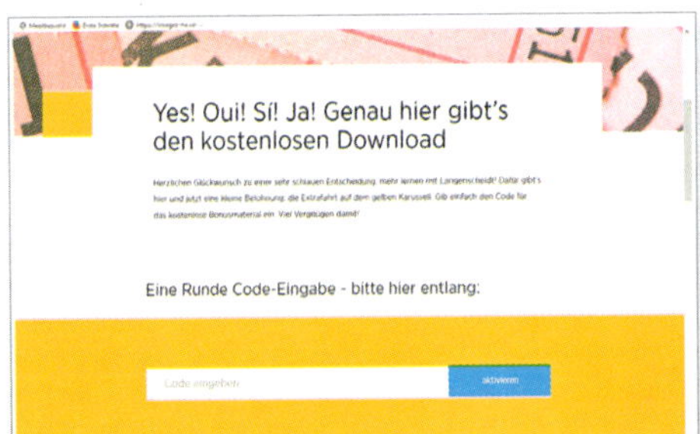

Online - Zusatzmaterial
Unter dem folgenden Link **www.langenscheidt.com/bonusmaterial** (siehe Impressum S. 2) finden Sie auch nochmal alle Audiodateien im MP3-Format zum Herunterladen, damit Sie sich die Hördateien auch unterwegs anhören können.

Welche Symbole werden verwendet?

Dieser Text bzw. diese Übung befindet sich auf der CD. Die erste Zahl gibt die Nummer der CD an, die zweite Zahl die Tracknummer. Die Dialoge von Lektion 2 bis 13 haben wir für Sie in zwei Sprechgeschwindigkeiten aufgenommen. Einmal in »normal schneller« Alltagssprache und einmal etwas langsamer. 1/2

 Übung mit Schwerpunkt Sprechen

 Übung mit Schwerpunkt Hören

 Übung mit Schwerpunkt Lesen

 Übung mit Schwerpunkt Schreiben

 Schwierigkeitsgrad leicht
 Schwierigkeitsgrad mittel
 Schwierigkeitsgrad schwer

► *§ 1 Verweis zur Kurzgrammatik | Übung | Tag*

Achtung:
wichtiger Grammatikhinweis

Abkürzungen

ca. circa
f Femininum
f Pl Femininum Plural
f Sg Femininum Singular
m Maskulinum
m/f Maskulinum oder Femininum
m Pl Maskulinum Plural
m Sg Maskulinum Singular
Sg Singular
ugs. umgangssprachlich
usw. und so weiter

Viel Spaß und Erfolg beim Französischlernen wünschen Ihnen die Autorin und Ihre Langenscheidt-Redaktion.

Inhalt

Alltag – Französisch für jeden Tag

Reise – Französisch für unterwegs

Beruf – Französisch für den Beruf

Anhang

Aussprache

Vokale

a	[a]	helles a wie in *Mann*	sale, balle
	[ɑ]	dunkleres und längeres a wie in *sah*	phrase, gâteau
e	[e]	geschlossenes e wie in *Idee*, nur nicht ganz so lang	parlé, danger, mangez, dessin
	[ɛ]	ein offenes e wie das deutsche ä in *Fälle*	sec, frère, tête, neige, lait
	[ə]	stummes e wie ein sehr kurzes ö, ähnlich wie in *danke*, *Flasche*, oft – besonders am Wortende – kaum zu hören	me, venir, route
i	[i]	geschlossenes i wie in *sie*, nur nicht ganz so lang	midi, stylo, venir
o	[o]	geschlossenes o wie in *Brot*, nur nicht ganz so lang	rose, idiot, cadeau, dôme
	[ɔ]	offenes o wie in *Nord*	dormir, Laure
	[ø]	geschlossenes ö wie in *böse*, nicht ganz so lang	peu, euro
	[œ]	offenes ö wie in *können*	sœur, heure
u	[u]	geschlossenes u wie in *tun*	roue, ouvrir

Nasale

[ɑ̃]	nasal gesprochenes a	dans, entendre,
[ɛ̃]	nasal gesprochenes e	cousin, sympa, faim
[ɔ̃]	nasal gesprochenes o	bon, mon, tomber
[œ̃]	nasal gesprochenes ö (je nach Region)	parfum, lundi

Halbvokale

[j]	deutsches j wie in *Jacke*	vieille, bien, payer
[w]	kurzes gleitendes u, wie im Englischen *warning*	oui, mois, croyez
[ɥ]	kurzes gleitendes ü	nuit, nuage

Konsonanten

p	[p]	stimmloses p ohne Behauchung, fast wie deutsches *b*	parc, appétit
t	[t]	stimmloses t ohne Behauchung, fast wie deutsches *d*	tard, thé, chatte
k	[k]	stimmloses k ohne Behauchung, fast wie deutsches *g*	croire, quoi,
b	[b]	weiches b wie in *baden*	bar, abbé
d	[d]	weiches d wie in *Laden*	dehors, mode
g	[g]	weicher g-Laut wie in *liegen*	grand, meringue

Konsonanten			
f	[f]	wie deutsches *f*	famille, photo
v	[v]	wie deutsches *w*	venir, endive
s	[s]	stimmloses s wie in *Tasse*	sa, rousse, cette, ça, nation
ch	[ʃ]	stimmloser sch-Laut wie in *Tisch*	chercher, vache
z	[z]	stimmhaftes s wie in *sehen*	bise, zébre
j	[ʒ]	stimmhafter sch-Laut wie in *Etage*	jaune, voyage
l	[l]	wie deutsches *l*	libre, aller
m	[m]	wie deutsches *m*	merci, comment
n	[n]	wie deutsches *n*	non, année
gn	[ɲ]	nj-Laut wie in *Champagner*	ligne
ng	[ŋ]	ng-Laut wie in *lang* (fremdsprachige Wörter)	camping
r	[ʀ]	meist wie ein deutsches im Rachen gesprochenes r, wie in *Ratte* (das r nicht rollen!)	route, marron

Bindungen (*liaisons*)

Konsonanten am Wortende werden nur ausgesprochen, wenn das folgende Wort mit einem Vokal oder einem stummen **h** beginnt. Für eine **liaison** müssen die gebundenen Wörter dem Sinn nach zusammengehören.

Notwendige Bindungen sind:

Artikel + Substantiv:	**les‿hôtels**
Pronomen + Substantiv:	**ces‿idées**
Zahlwort + Substantiv:	**trois‿éléphants**
Adjektiv + Substantiv:	**(un) petit‿enfant**
Pronomen + Verb:	**vous‿allez**
nach den Präpositionen **chez**, **dans**, **en**, **sans**, **sous**:	**chez‿eux**
nach den Adverbien **très**, **tout**, **plus**, **moins**:	**très‿utile**

Nach **et** und vor behauchtem **h** gibt es keine Bindung.

H muet und *h aspiré*

Im Französischen wird das **h** zwar nicht ausgesprochen. Dennoch unterscheidet man zwischen zwei **h**-Lauten am Wortanfang:

- Das **h muet** (*stummes h*) wird so ausgesprochen, als würde das Wort mit dem folgenden Vokal beginnen, d. h., Bindung und Apostrophierung müssen angewandt werden: **l'hôtel**, **les‿hôtels**.
- Das **h aspiré** (*behauchtes h*) wird nicht ausgesprochen, zählt aber wie ein gesprochener Konsonant, d. h., es gibt keine Bindung und keine Apostrophierung: **le héros**, **les héros** oder **le haricot**, **les haricots**.

Welcher Lerntyp sind Sie?

Nicht jeder Mensch lernt gleich. Finden Sie anhand der vorgegebenen Aussagen heraus, welcher Lerntyp Sie sind, und gestalten Sie Ihr Lernverhalten entsprechend. Probieren Sie jedoch auch Lernmethoden anderer Lerntypen aus, auch wenn sie Ihnen zunächst fremd erscheinen. Das kann Sie zu unerwartet guten Lernergebnissen bringen. Kreuzen Sie an, was auf Sie zutrifft. Mehrere Aussagen sind dabei möglich.

Hörtyp

- ☐ Sie können Vorträgen gut folgen und merken sich den Inhalt.
- ☐ Sie hören gern Hörbücher oder lassen sich Dinge erklären.
- ☐ Sie hören sich schnell in eine gesprochene Fremdsprache ein.
- ☐ Sie haben im Deutschen wenig Probleme, verschiedene Dialekte zu verstehen.

Lese- und Sehtyp

- ☐ Sie lesen gern und nehmen den Inhalt über die Augen auf.
- ☐ Sie wissen, auf welcher Seite eine Vokabel steht und was vor ihr und nach ihr folgt.
- ☐ Sie prägen sich neue Wörter über visuelle Eselsbrücken ein.
- ☐ Sie lesen sich Grammatikregeln mehrmals durch.

Schreibtyp

- ☐ Sie markieren sich Stichwörter und schreiben sie heraus.
- ☐ Sie machen gern schriftliche Übungen.
- ☐ Sie möchten schnell E-Mails in der neuen Sprache schreiben können.
- ☐ Sie mögen Vokabellisten und Mindmaps (Gedankenkarten).

Handlungs- und Sprechtyp

- ☐ Sie möchten eine neue Sprache aktiv anwenden.
- ☐ Sie möchten gern Muttersprachler kennenlernen.
- ☐ Sie sprechen gern und kümmern sich zunächst nicht um die richtige Grammatik.
- ☐ Sie probieren neue Wörter und Sätze gern in Rollenspielen aus.

Lesen Sie im folgenden Kapitel, welche Lernmethoden für welchen Lerntypen besonders geeignet sind, damit Sie Ihre Lernziele schnell und effektiv erreichen können.

Tipps zum Französischlernen — Tag 1

Begrüßungen — Tag 2

Kennenlernen und Small Talk — Tag 3

Im Café — Tag 4

Sie können schon mehr, als Sie denken! — Tag 5

Wiederholen und üben Sie — Tag 6

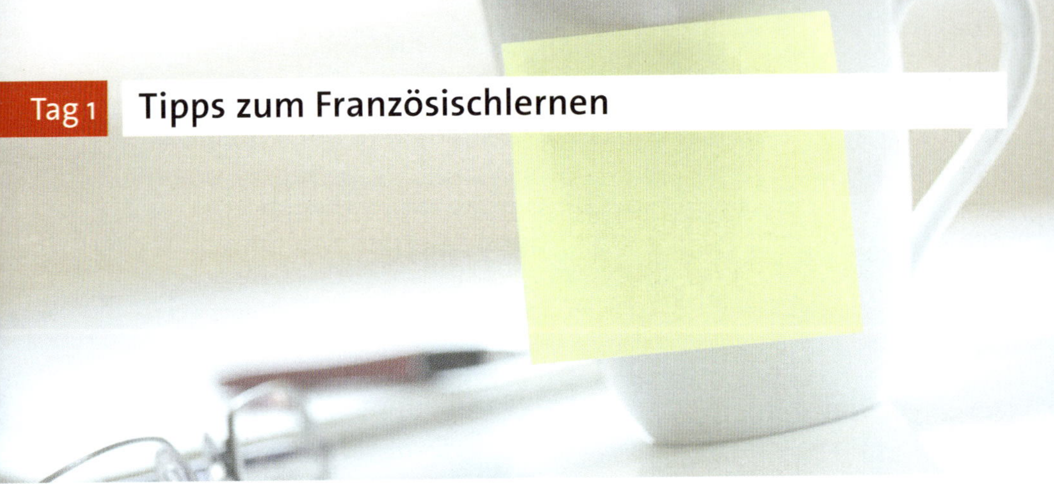

Tag 1 Tipps zum Französischlernen

Tipps zum Wortschatzlernen

Sind Sie schon mal in einer Wohnung gewesen, in der an fast jedem Gegenstand ein kleines Zettelchen mit einem fremdsprachigen Begriff klebte? Hier versucht jemand sicherlich mit Erfolg, sich die Dinge des täglichen Gebrauchs in einer anderen Sprache einzuprägen. Die Technik hat Methode. Sie werden fortwährend an den fremden Begriff erinnert, indem Sie das Objekt anschauen oder in die Hand nehmen und das dazugehörige Wort im Kopf formulieren oder laut aussprechen. Es wird nicht lange dauern und Sie wissen, dass der Toilettenspülkasten *le réservoir de chasse d'eau*, das Nudelholz *le rouleau à pâtisserie* oder der Schraubenschlüssel *la clé* heißt.

Ist Ihnen diese Art des Vokabellernens ein wenig zu mühsam, können Sie auch auf das Lernen mit Vokabelheften, Karteikarten, Mindmaps oder Wortschatzbüchern zurückgreifen oder digitale Medien wie PC, Tablet und Smartphone zu Hilfe nehmen.

Eine effektive Methode ist das Vokabellernen mit Karteikasten. Auf Karteikärtchen geschriebene, noch nicht gelernte Begriffe bleiben im vorderen Fach; Wackelkandidaten in dem mittleren. Erreicht ein Kärtchen das letzte Fach, sollte die Vokabel sicher im Gedächtnis verankert sein. Eine Weiterentwicklung dieser bewährten Methode wird als Software angeboten: der interaktive Langenscheidt Vokabeltrainer.

Tipps zum Lesen

Eine wichtige Aufgabe beim Erlernen einer neuen Sprache ist das Lesen. Besonders am Anfang sollte es bewusst durchgeführt und vor allem regelmäßig geübt werden. Sie haben drei Möglichkeiten, die Sie abwechselnd anwenden sollten.

Stellen Sie sich drei Autos vor: einen schnellen Sportwagen, einen großen Mittelklassewagen und ein kleines Stadtauto. Am Anfang Ihrer Lernkarriere können Sie sich erst einen Kleinwagen leisten: Sie lesen einzelne Begriffe langsam und sprechen sie wiederholt laut aus. Schauen Sie im Wörterverzeichnis oder in einem Wörterbuch nach, wenn Ihnen die Aussprache nicht geläufig ist – keine Angst vor der Lautschrift; die paar Sonderzeichen haben Sie schnell drauf -, oder lassen Sie sich die Begriffe in einem Wörterbuch mit Sprachausgabe vorsprechen. Überall und einfach verfügbar ist das Online-Wörterbuch von Langenscheidt. Sie können sich auf die Aussprache verlassen: Alle fremdsprachigen Stichwörter werden von Muttersprachlern gesprochen.

Warten Sie nicht zu lange mit dem Umsteigen auf den Mittelklassewagen und fangen Sie an, ganze Sätze, erst langsam, dann etwas schneller zu lesen, wobei es nicht schaden kann, schon gleich zu Beginn auf den langdestypischen Sprachrhythmus zu achten. Fühlen Sie sich dann schon wohler auf den fremdländischen Straßen, lesen Sie größere Abschnitte am Stück und wagen – wenn Sie so wollen – als letztes den Schritt in den Sportwagen, Doch bedenken Sie: Es gibt keinen Grund, so schnell zu fahren wie die Einheimischen. Genießen Sie die Sprachlandschaft bei mittlerem Lesetempo und halten Sie bei einzelnen Begriffen inne – es besteht sonst die Gefahr, dass Ihnen die Schönheit der individuellen Wörter entgeht – und lesen Sie zügig, um auch mal ein gutes Stück voranzukommen.

Tipps zum Sprechen

In engem Zusammenhang mit dem Lesen steht das Sprechen. Es ist der schwierigste Teil beim Erlernen einer fremden Sprache, da in der Regel kein Einheimischer in der Nähe ist, der mitfühlend die eigenen Fehler verbessert. Aber vielleicht gibt es einen Mitlerner in der Nähe, der sich glücklich schätzen würde, jemanden zum Wortaustausch zu haben. Treffen Sie

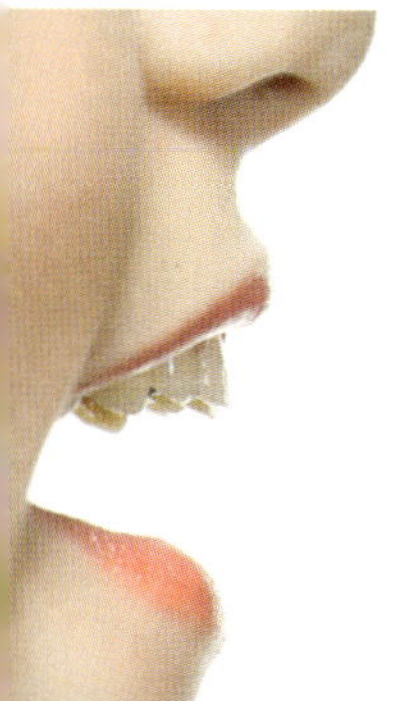

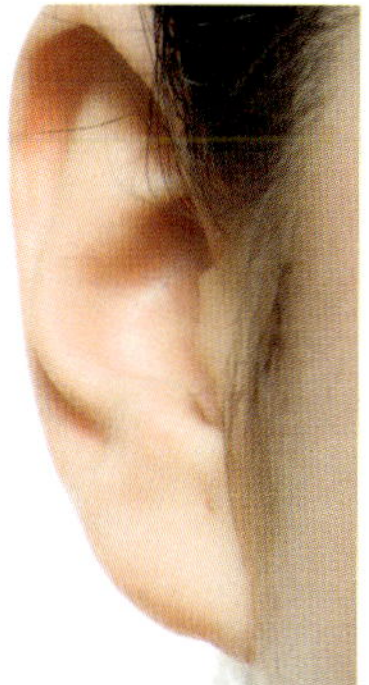

sich zu Hause oder in einem Café und versuchen Sie, etwas Small Talk in Ihrer „neuen" Sprache zu betreiben. Nur Mut! Oder lesen Sie sich die Dialoge des Lehrbuchs gegenseitig laut vor und lernen Sie sie eventuell sogar auswendig. Sollte sich allerdings niemand finden, der die Dialoge mit Ihnen rollenverteilt einstudiert, tun Sie es selbst. Übernehmen Sie eine Rolle, überlegen Sie, was man in der jeweiligen Situation außerdem sagen könnte, und führen Sie Unterhaltungen mit imaginären Partnern. Wenn Ihnen das unangenehm sein sollte, probieren Sie es doch in unbeobachteten Momenten, wie z.B. morgens vor dem Badezimmerspiegel.
Warum versuchen Sie es nicht einmal mit Liedtexten oder Spielfilmen? Kaufen Sie sich Ihren französischen Lieblingsfilm auf DVD, schauen Sie ihn auf Französisch und klicken Sie vor allem die französischen Untertitel an. Wenn Sie nun gelegentlich anhalten und einzelne Sätze oder Passagen herausschreiben und lernen, können Sie diese als Ansatzpunkt für ein kleines Rollenspiel nehmen. Versetzen Sie sich in die jeweilige Situation und „unterhalten" Sie sich mit den Schauspielern. Diese Art der Kommunikation können Sie auch mit sich selbst betreiben, beim Joggen oder unter der Dusche.

Tipps zum Hören

Wesentlich einfacher als das Sprechen ist das Hören. Hier bieten die modernen Medien mittlerweile eine unglaubliche Fülle an Möglichkeiten, von denen man vor einigen Jahren kaum zu träumen wagte.
Mit wenigen Klicks können Sie im Internet einen ausländischen Radiosender anhören oder fremdsprachliche Podcasts abrufen. Auch wenn Sie zunächst wegen der Schnelligkeit des Gesprochenen nicht viel verstehen, akzeptieren Sie es. Wichtig ist zunächst nur, dass Sie der Sprache, die Sie erlernen wollen, lauschen und dass Sie ihren Klang hören. Sie werden unweigerlich – und das kann ja auch nicht schaden – in Urlaubsstimmung geraten.
Hören und Verstehen ist wie Jogging. Wer sich als Anfänger einen Marathon zumutet, wird bald keuchend am Straßenrand stehen. Geben Sie sich Zeit und haben Sie Geduld: Steter Wort-

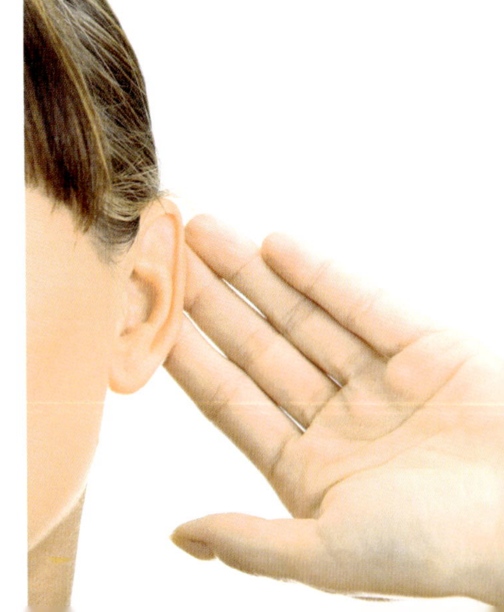

schwall trainiert das Hirn. Will heißen: Je mehr Sie sich der gesprochenen Sprache aussetzen, je mehr Sie mal konzentriert, mal beiläufig zuhören, desto schneller wird sich Ihr Hörverständnis verbessern. Sie bekommen ein Gefühl für Wörter und Sprachmelodie. Wenn Sie Hörbücher lieben oder gern DVDs schauen, machen Sie bewusst von der Stopp-Taste des Abspielgeräts Gebrauch und hören Sie einzelne Passagen gezielt mehrere Male hintereinander. Sie werden sehen: Schon beim dritten Mal verstehen Sie erheblich mehr. Und wenn Sie dazu noch den Text zu Hilfe nehmen – falls er Ihnen vorliegt – werden Sie einen wahren Verständnisschub erfahren.

Tipps zum Schreiben

Das Schreiben ist eine einfache, aber sehr effektive Lernübung. Schon das bloße Abschreiben von Vokabeln oder Dialogen verbessert nicht unwesentlich Ihr Sprachverständnis und hilft Ihnen, sich die jeweiligen Wörter oder Passagen einzuprägen.

Sie können zunächst die Übungen oder auch die Dialoge im Lehrbuch abschreiben. Diese kann man dann durchaus variieren oder ganz neu gestalten. Kleine Szenen in verschiedenen Situationen auf Papier zu bringen, ist eine hervorragende Übung nicht nur für angehende Dramatiker. Es sollte nur jemand gefunden werden, der das Geschriebene durchliest und auf eventuelle Fehler hinweist.

Natürlich soll dies einem elektronischen Gedankenaustausch nicht im Wege stehen. Versuchen Sie im Internet, beispielsweise über soziale Netzwerke, Chatpartner zu finden und schreiben Sie sich regelmäßig kleine Botschaften. Das können ganz banale Alltagsdinge sein; Sie werden sehen, dass das gar nicht so einfach ist. Schon allein einen Einkaufszettel für Tochter oder Ehemann in der neuen Sprache zu verfassen, erfordert mitunter ein reges imaginäres Blättern im Wörterbuch. Machen Sie es sich zur Regel, kleine Mitteilungen an Familienmitglieder, Freunde oder Bekannte auf Französisch zu schreiben oder schalten Sie die automatische Spracherkennung Ihres Handys um und überraschen Sie Ihre Freunde mit „ausländischen" SMS. Wer weiß, ob er eine oder andere nicht ebenso „ausländisch" zurückschreibt.

Tag 2 Begrüßungen

In dieser Lektion lernen Sie

- jemanden zu begrüßen
- nach dem Befinden zu fragen und darüber Auskunft zu geben
- bei Verständnisproblemen nachzufragen

1/2
1/3

Bienvenue à Grenoble

Pierre et sa cousine – Nina – sont à la gare.

Pierre Ah salut Nina !
Nina Bonjour Pierre.
Pierre Bienvenue à Grenoble ! Ça va ?
Nina Merci. Oui et toi ?
Pierre Oui, je vais bien. Tu as fait bon voyage ?
Nina Oui, mais je suis fatiguée maintenant.
Pierre Toi, tu es fatiguée ? Non ?
Nina Le voyage dure neuf heures...
Pierre Cologne–Grenoble, c'est neuf heures de train. Wouah !
Nina Oui, c'est vrai.
Pierre On va à l'appart. Ma femme est à la maison, elle nous attend. Elle est contente de faire ta connaissance.
Nina Comment ? Je ne comprends pas.
Pierre Je répète plus doucement. Nous allons à l'appartement.
Nina Je comprends.
Pierre Pauline est à la maison. Elle nous attend.
Nina D'accord.
Pierre Elle est contente de te rencontrer.
Nina Moi aussi.
Pierre Alors, on y va !
Nina Tu as une voiture ?
Pierre Oui, elle est au parking. Donne tes bagages, si tu veux.
Nina Tu es un vrai gentleman. Merci.

Fragen zum Dialog

Kreuzen Sie an.

	richtig	falsch
1. Pierre et Nina sont à la maison.	☐	☐
2. Nina est fatiguée.	☐	☐
3. Pauline est à la gare.	☐	☐
4. Pierre a une voiture.	☐	☐
5. Nina est la cousine de Pierre.	☐	☐

Willkommen in Grenoble

Pierre und seine Cousine – Nina – sind am Bahnhof.

Pierre Ah, hallo Nina!
Nina Guten Tag, Pierre.
Pierre Willkommen in Grenoble! Wie geht's?
Nina Danke. Gut und dir?
Pierre Ja, es geht mir gut. Hast du eine gute Fahrt gehabt?
Nina Ja, aber jetzt bin ich müde.
Pierre Du bist müde? Tatsächlich (Nein)?
Nina Die Reise dauert neun Stunden …
Pierre Köln–Grenoble, das sind neun Stunden Zugfahrt. Wow!
Nina Ja, das stimmt.
Pierre Wir gehen in die Wohnung. Meine Frau ist zu Hause, sie wartet auf uns. Sie freut sich (ist glücklich), dich kennenzulernen.
Nina Wie bitte? Ich verstehe nicht.
Pierre Ich wiederhole langsamer. Wir gehen in die Wohnung.
Nina Ich verstehe.
Pierre Pauline ist zu Hause. Sie wartet auf uns.
Nina Einverstanden.
Pierre Sie freut sich, dich zu treffen.
Nina Ich mich auch.
Pierre Also, gehen wir!
Nina Hast du ein Auto?
Pierre Ja, es ist im Parkhaus. Gib dein Gepäck, wenn du willst.
Nina Du bist ein richtiger Gentleman. Danke.

Tag 2 Lernwortschatz

3/2

à la maison	zu Hause
aller (on va)	gehen; fahren (man geht/fährt)
alors	also; dann
appartement *m* (*ugs.* appart)	Wohnung
attendre (elle attend)	warten (sie wartet)
aussi	auch
bagages *m Pl*	Gepäck
Bienvenue !	Willkommen!
bon(ne)	gut
C'est vrai.	Das stimmt.
Ça va ?	Wie geht's?
chouette *(ugs.)*	toll
Comment ?	Wie (bitte)?
comprendre (je comprends)	verstehen (ich verstehe)
content(e)	glücklich, zufrieden
cousin *m*, cousine *f*	Cousin, Cousine
d'accord	einverstanden
donner (Donne !)	geben (Gib!)
(plus) doucement	langsam(er)
durer (il dure)	dauern (er dauert)
et	und
faire (fait)	machen (gemacht)
faire la connaissance de	kennenlernen
fatigué(e)	müde
femme *f*	(Ehe-)Frau
gare *f*	Bahnhof
heure *f*	Stunde
Je vais bien.	Es geht mir gut.
maintenant	jetzt
mais	aber
merci	danke
ne ... pas	nicht
non	nein (hier: tatsächlich)
nous	wir; uns
on	wir
On y va !	Gehen wir!
oui	ja
parking *m*	Parkhaus; Parkplatz
rencontrer	treffen; begegnen
répéter (je répète)	wiederholen (ich wiederhole)
si tu veux	wenn du willst; wenn du möchtest
te	dich, dir
train *m*	Zug
voiture *f*	Auto
voyage *m*	Reise
vrai(e)	richtig; echt

Sich begrüßen und verabschieden

Bonjour !	Guten Morgen! Guten Tag! Guten Abend!
Salut !	Hallo! Tschüs!
Au revoir !	Auf Wiedersehen! Auf Wiederhören!

Grammatik und Redemittel

Die Personalpronomen ▸ *§ 7.1.2, § 7.1.3*

	unbetont	betont
ich	**je**	**moi**
du	**tu**	**toi**
er	**il**	**lui**
sie	**elle**	**elle**
wir	**nous**	**nous**
ihr/Sie	**vous**	**vous**
sie *mPl*	**ils**	**eux**
sie *fPl*	**elles**	**elles**

Vor Vokal oder stummen **h** wird **je** zu **j'**.
Betonte Personalpronomen können vor einem Subjekt (**Lui**, **il est fatigué**. *Er ist müde.*), als Subjekt eines Satzes ohne Verb (**Moi aussi**. *Ich auch.*), nach einer Präposition (**avec elle** *mit ihr*) oder bei Wendungen wie **C'est toi** ? *Bist du das?* stehen.
Haben Sie bemerkt, dass die Höflichkeitsform die 2. Person Plural **vous** ist?
Vous avez une voiture ? *Haben Sie/Habt ihr ein Auto?*
Wie im Dialog wird das Wörtchen **on** (3. Person Singular) in der Alltagssprache oft im Sinne von **nous** verwendet: **Nous** sommes là. *oder* **On** est là. *Wir sind da.*

Das Präsens der Hilfsverben *être* und *avoir* ▸ *§ 8.1.4*

	être sein	**avoir** haben
je/j'	**suis**	**ai**
tu	**es**	**as**
il/elle	**est**	**a**
nous	**sommes**	**avons**
vous	**êtes**	**avez**
ils/elles	**sont**	**ont**

Die Grundzahlen bis 20

0 zéro	7 sept	14 quatorze
1 un	8 huit	15 quinze
2 deux	9 neuf	16 seize
3 trois	10 dix	17 dix-sept
4 quatre	11 onze	18 dix-huit
5 cinq	12 douze	19 dix-neuf
6 six	13 treize	20 vingt

Tag 2

Übungen

1 Was passt zusammen? Verbinden Sie.

1. je	a) sont
2. nous	b) ai
3. on	c) avons
4. ils	d) as
5. tu	e) a
6. vous	f) suis
7. j'	g) êtes

1/4

2 Lesen Sie die Wendungen laut vor. Überprüfen Sie Ihre Aussprache mithilfe der CD.

1. Ça va ?
2. Salut.
3. Bonjour.
4. Comment ?
5. Au revoir.
6. Je vais bien.

3 Ergänzen Sie die Sätze mit den richtigen Personalpronomen.

1. C'est .... ?
   a) toi b) il c) tu

2. ...., il est content.
   a) Lui b) Elle c) Nous

3. ...., je ne comprends pas.
   a) Toi b) Lui c) Moi

1/5

4 Welche Zahlen hören Sie? Notieren Sie die Zahlen und schreiben Sie sie aus.

1. ....
2. ....
3. ....
4. ....

5 Vervollständigen Sie die Reihe mit der fehlenden Zahl.

1. six, ..., huit
2. un, ..., trois
3. ...., dix, onze
4. treize, ..., ...
5. ...., dix-sept, dix-huit

6 Verbinden Sie die Rechnung mit dem richtigen Ergebnis.

1. deux + cinq →	a) treize
2. vingt – douze	b) sept
3. quatre + quinze	c) huit
4. six + sept	d) quatre
5. seize – douze	e) quinze
6. un + quatorze	f) dix-neuf

7 Betontes oder unbetontes Personalpronomen? Vervollständigen Sie Pascals E-Mail mit den passenden Personalpronomen.

Nouvel e-mail

À: paul@granadin.fr
Objet: Ça va ?

Salut !
Ça va ? ...., ... suis fatigué. .... suis à la maison. Mais à 15 heures*, ... rencontre Cécile. .... suis très content ! ...., ... est cool. C'est la cousine de Marc. Cécile et Marc, ..., ... sont à la gare maintenant.
Ciao !
Pascal

*à 15 heures: *um 15 Uhr*

8 Kreisen Sie die Formen von **être** in der Buchstabenschlange ein.

e t v r a i e s a i s o m m e s v o i t u r e a s a f e m m e a v o n s a v e z s u i s
g a r e o u i ê t e s e s t c o m m e n t o n t c o m m e n t s o n t p a r k i n g

9 Notieren Sie die fehlenden Formen von **être** oder **avoir**.

1. Tu .... deux cousines ?
2. Mon père .... une voiture.
3. C' .... vrai !
4. Les voitures .... au parking.
5. Je ne .... pas d'accord !
6. Ils .... à la gare.
7. Elles .... des bagages.

10 Antworten Sie auf Französisch!

1. Wie fragen Sie jemanden nach seinem Befinden?

   ....

2. Wie sagen Sie, dass es Ihnen gut geht?

   ....

3. Wie sagen Sie jemandem, dass Sie ihn nicht verstehen?

   ....

4. Wie können Sie Ihr Gegenüber bitten, langsamer zu sprechen?

   ....

5. Was sagen Sie, wenn Sie einverstanden sind?

   ....

Kulturtipp Bonjour

Bonjour können Sie im Französischen vormittags, nachmittags oder abends im Sinne von *guten Morgen, guten Tag oder guten Abend* verwenden. Wollen Sie sich verabschieden, dann sagen Sie **au revoir**. Allerdings können Sie sowohl zur Begrüßung als auch zur Verabschiedung abends auch **bonsoir** und ganztägig **salut** sagen. Sagen Sie **salut** aber nur, wenn Sie Ihr Gegenüber duzen. Zur Begrüßung gehören auch die Küsschen – zwischen zwei und vier, je nach Region – auf die Wange, **la bise**.
Der Franzose erkundigt sich auch gerne nach dem Befinden seines Gesprächspartners, ohne dabei eine genaue Antwort zu erwarten. **Salut, ça va ?** *Hallo, wie geht's?* gehört fast zur Standardbegrüßung. Sie können auch fragen: **Comment vas-tu ?** bzw. **Comment allez-vous ?**, wenn Sie die Person siezen oder mehrere Personen ansprechen. Die Antwort lautet dann: **Je vais bien.** bzw. **Nous allons bien.**

Was können Sie schon?

	☺	😐	☹	
▪ jemanden begrüßen und verabschieden	☐	☐	☐	▸ *Ü2*
▪ fragen, wie es jemandem geht	☐	☐	☐	▸ *Ü2*
▪ sagen, wie es Ihnen geht	☐	☐	☐	▸ *Ü2, Ü10*
▪ sagen, dass Sie etwas nicht verstehen	☐	☐	☐	▸ *Ü2, Ü3, Ü10*
▪ bis 20 zählen	☐	☐	☐	▸ *Ü4, Ü5, Ü6*

Tag 3

Kennenlernen und Small Talk

In dieser Lektion lernen Sie

- das Alter anzugeben
- über Berufe zu sprechen
- jemanden vorzustellen

1/6
À la maison
1/7

Pierre et Nina arrivent à l'appartement. Pauline – la femme de Pierre – les attend à la porte.

Pierre C'est nous ! Voici Nina, ma cousine.
Pauline Ah, tu es la cousine de Pierre ! Moi, je m'appelle Pauline.
Nina Enchantée.
Pierre Et je te présente Dimitri.
Nina Vous avez des enfants ?
Pierre Non. Dimitri, c'est le chat de la maison.
Nina Vous avez un chat !
Pierre Il est vieux. Il a 15 ans.
Pauline Et toi, Nina, tu as quel âge ?
Nina J'ai 28 ans. Et toi ?
Pauline J'ai 25 ans. Nina, tu es donc à Grenoble pour le travail ?
Nina Oui, je travaille pour une agence de marketing.
Pauline Tu es assistante de marketing ?
Nina Oui. Je commence dans quatre semaines.
Pauline Et pendant deux semaines, tu habites chez nous !
Nina C'est ça. Et toi, tu travailles où ?
Pauline Je suis coiffeuse.
Nina Alors Pierre a de la chance. Il est toujours beau.
Pierre Mais je suis toujours beau ! Avec ou sans coiffeuse à la maison.
Nina Tu travailles où maintenant, Pierre ?
Pierre Je suis employé dans une grande entreprise.

Fragen zum Dialog

Ergänzen Sie die Aussagen.

1. Pauline a .... ans.

2. Nina a un travail à ....

3. Nina a .... ans.

4. Pierre et Pauline ont un .... – Dimitri.

5. Dimitri a .... ans.

Zu Hause

Pierre und Nina kommen in der Wohnung an. Pauline – Pierres Ehefrau – wartet an der Tür auf sie.

Pierre Wir sind es! Hier ist Nina, meine Cousine.
Pauline Ah, du bist Pierres Cousine! I c h heiße Pauline.
Nina Sehr erfreut.
Pierre Und ich stelle dir Dimitri vor.
Nina Ihr habt Kinder?
Pierre Nein. Dimitri ist die Katze des Hauses.
Nina Ihr habt eine Katze!
Pierre Er ist alt. Er ist 15 Jahre alt.
Pauline Und du, Nina, wie alt bist du?
Nina Ich bin 28 Jahre alt. Und du?
Pauline Ich bin 25 Jahre alt. Nina, du bist also wegen der Arbeit in Grenoble?
Nina Ja, ich arbeite für eine Marketingagentur.
Pauline Bist du Marketingassistentin?
Nina Ja. Ich fange in vier Wochen an.
Pauline Und zwei Wochen lang wohnst du bei uns!
Nina So ist es. Und du, wo arbeitest du?
Pauline Ich bin Friseuse.
Nina Dann hat Pierre Glück. Er ist immer hübsch.
Pierre Aber ich bin immer hübsch! Mit oder ohne Friseuse im Haus.
Nina Wo arbeitest du jetzt, Pierre?
Pierre Ich bin Angestellter in einem großen Unternehmen.

Tag 3 Lernwortschatz

3/3

à	in; an
âge *m*	Alter
agence *f* de marketing	Marketingagentur
an *m*, année *f*	Jahr
arriver	ankommen
avec	mit
avoir de la chance	Glück haben
beau *m*, bel *(m vor Vokal)*, belle *f*	schön; hübsch
c'est	das ist
c'est ça	das stimmt
chat *m*	Katze
chez	bei
commencer	beginnen, anfangen
dans	in
de	von
donc	also
enchanté(e)	(sehr) erfreut
enfant *m/f*	Kind
entreprise *f*	Unternehmen
grand(e)	groß
habiter	wohnen
maison *f*	Haus
métier *m*	Beruf
ou	oder
où	wo; wohin
pendant	während
porte *f*	Tür
pour	für
présenter	vorstellen
quel(le)	welche(r, s)
s'appeler	heißen
sans	ohne
semaine *f*	Woche
toujours	immer (noch)
travail *m*	Arbeit
travailler	arbeiten
vieux *m*, vieil *(m vor Vokal)*, vieille *f*	alt
voici	hier ist/sind

Beruf	
employé *m*, employée *f*	Angestellter, Angestellte
assistant *m*, assistante *f*	Assistent, Assistentin
journaliste *m/f*	Journalist, Journalistin
secrétaire *m/f*	Sekretär, Sekretärin
coiffeur *m*, coiffeuse *f*	Friseur, Friseurin
chanteur *m*, chanteuse *f*	Sänger, Sängerin
acteur *m*, actrice *f*	Schauspieler, Schauspielerin
policier *m*, policière *f*	Polizist, Polizistin
ouvrier *m*, ouvrière *f*	Arbeiter, Arbeiterin
technicien *m*, technicienne *f*	Techniker, Technikerin

Grammatik und Redemittel

Das Präsens der Verben auf *-er* ▸ *§8.1.1*

	présenter vorstellen		**présenter** vorstellen
je	prése**nte**	nous	prése**ntons**
tu	prése**ntes**	vous	prése**ntez**
il/elle	prése**nte**	ils/elles	prése**ntent**

Ebenso werden **arriver** *ankommen*, **habiter** *wohnen*, **travailler** *arbeiten* konjugiert.

Der Artikel ▸ *§1.1, §1.2*

	Bestimmter Artikel	**Unbestimmter Artikel**
Singular	**le** der	**un** ein
	la die	**une** eine
	l' der, die *(vor Vokal oder stummem **h**)*	
Plural	**les** die	**des** -

Haben Sie bemerkt, dass es im Französischen nur zwei Geschlechter gibt (Maskulinum und Femininum) und dass **des** keine Entsprechung im Deutschen hat: **des enfants** *Kinder*?

Das Substantiv ▸ *§3.1*

Das Anhängen von **-e** ans Maskulinum ist bei Personenbezeichnungen das Zeichen des Femininums: **cousin** *m*, **cousine** *f Cousin, Cousine*. Achten Sie auf die unregelmäßigen Endungen mancher Substantive (siehe Kasten **Berufe**).

Die Grundzahlen bis 99

20 vingt	40 quarante	80 quatre-vingt(s)
21 vingt et un(e)	50 cinquante	81 quatre-vingt-un(e)
22 vingt-deux	60 soixante	90 quatre-vingt-dix
30 trente	70 soixante-dix	91 quatre-vingt-onze
31 trente et un(e)	71 soixante et onze	

Ist Ihnen aufgefallen, dass z. B. 70 von 60 + 10 kommt?

Die Altersangabe wird mithilfe des Verbs **avoir** *haben* gebildet:
Il **a** 30 ans. *Er ist 30 Jahre alt.*

Übungen

1 Ergänzen Sie die passende Form des Verbs.

1. Delphine et Stéphane .... à Paris. (arriver)
2. Elle me .... son cousin Jean. (présenter)
3. Vous .... dans le marketing ? (travailler)
4. Le film .... deux heures. (durer)
5. Nous .... à Paris. (habiter)

1/8

2 Hören Sie die französischen Telefonnummern und notieren Sie die fehlenden Zahlen. Lesen Sie anschließend die vollständigen Nummern laut vor.

1. 03.05. .... .45. ....
2. 02. .... .81. .... .74
3. 06.94. .... .30
4. 04. .... .86.33. ....

3 Erkennen Sie die Berufsbezeichnungen? Bringen Sie die Buchstaben in die richtige Reihenfolge.

1. F E S O C I F E U ....
2. C E R I T C A ....
3. C I L I O P E R ....
4. C U H A R N T E ....
5. A R E S E C É T I R ....

1/9

4 Welche Person aus dem Dialog wird hier beschrieben? Raten Sie.

Je m'appelle ....

5 Finden Sie die richtige Verbform.

1. présenter elle ....
2. arriver tu ....
3. commencer vous ....
4. habiter nous ....
5. travailler ils ....
6. rencontrer je ....

6 Finden Sie das passende Ergebnis im Schüttelkasten. Notieren Sie es wie im Beispiel. Am Ende bleibt ein Ergebnis übrig!

soixante-huit cinquante-sept quarante-huit quarante
soixante-seize quatorze quatre-vingts

1. vingt et un + trente-sept → *21 + 37 = quarante-huit (48)*
2. quarante-huit + neuf → ....
3. quatre-vingt-onze - onze → ....
4. soixante-dix-huit - dix → ....
5. soixante-deux + quatorze → ....
6. quatre-vingt-six - soixante-douze → ....

7 Wie lautet die französische Entsprechung? Achten Sie auf die Artikel!

1. die Tür ....
2. ein Haus ....
3. die Woche ....
4. eine Frau ....
5. eine Reise ....
6. das Parkhaus ....

8 Notieren Sie die Plural-Formen der Wörter aus Übung 7. Vergessen Sie die Artikel nicht!

1. ....
2. ....
3. ....
4. ....
5. ....
6. ....

9 Vervollständigen Sie die Tabelle mit den fehlenden Formen im Femininum oder Maskulinum.

	Maskulinum	Femininum
1.	le cousin	
2.		l'assistante
3.		la journaliste
4.	le policier	
5.	l'employé	
6.		la coiffeuse

10 Lesen Sie die Visitenkarten und beantworten Sie die Fragen mit dem passenden Vornamen.

Jean Valérian
Chanteur

23, rue de la République
75 435 Paris
Tél. : 01.54.34.56.87

Muriel Lalie
Marketing

Entreprise Borélian et Frères
04.73.36.74.96

1. Wer könnte im Büro arbeiten? ....
2. Wer singt gerne? ....
3. Bei wem rufen Sie an, wenn die Telefonnummer auf **quatre-vingt-seize** endet? ....

11 Sagen Sie es auf Französisch! Wie lauten Ihre persönlichen Antworten auf die folgenden Fragen?

Vous avez quel âge ?

Vous avez des enfants ?

Vous travaillez où ? Vous êtes...

Kulturtipp
Les présentations

Wollen Sie sich im Französischen vorstellen, dann sagen Sie einfach, wie Sie heißen: **je m'appelle...** *ich heiße* ... oder **je suis...** *Ich bin* ... Man hat Sie vielleicht vorher gefragt: **Comment tu t'appelles ?** *Wie heißt du?*, wenn man Sie duzt, oder **Comment vous vous appelez ?** *Wie heißen Sie?*, wenn man Sie siezt. Wollen Sie jemanden vorstellen, dann sagen Sie **c'est...** *das ist* ... oder **voici...** *hier ist* ... Anschließend können Sie den Vornamen der Person nennen: **C'est Marie**. *Das ist Marie*. Wenn Sie formeller sein wollen, dann sagen Sie **Madame** *Frau*, **Monsieur** *Herr* oder **Mademoiselle** *Fräulein*, also zum Beispiel: **Voici Monsieur** *Martin*. Denken Sie daran, dass **Mademoiselle** sehr üblich ist, allerdings nur bei jungen oder unverheirateten Frauen! Übrigens: Die Franzosen können ihren Gesprächspartner mit Vornamen ansprechen und ihn dabei trotzdem siezen.

Was können Sie schon?

	☺	😐	☹	
■ jemanden nach seinem Beruf fragen	□	□	□	▸ Ü1, Ü11
■ sagen, wo Sie wohnen	□	□	□	▸ Ü1
■ Telefonnummern notieren	□	□	□	▸ Ü2
■ Berufsbezeichnungen erkennen und richtig schreiben	□	□	□	▸ Ü3, Ü9
■ verstehen, wenn jemand sich vorstellt	□	□	□	▸ Ü4

Tag 4 Im Café

In dieser Lektion lernen Sie

- Getränke zu bestellen
- sich zu bedanken, um etwas zu bitten und sich zu entschuldigen
- über Familienmitglieder zu sprechen

1/10 1/11 Un café, s'il vous plaît !

Pierre et Nina sont au café.

Pierre Tu prends une boisson chaude ?
Nina Oui. Un café avec du lait.
Pierre Moi, je préfère un café crème. Et tu manges quelque chose ?
Nina Je ne sais pas. Tu commandes quelque chose ?
Pierre (*regarde la carte*) Ils ont de la salade, des sandwichs, de l'omelette, des croque-monsieur, des croissants...
Nina Croque quoi ?
Pierre Croque-monsieur. C'est un sandwich avec des toasts, du jambon et du fromage.
Nina Oh non merci. Rien pour moi.
Pierre (*au serveur :*) Un café au lait et un café crème, s'il vous plaît.
Serveur Vous mangez quelque chose ?
Pierre Non merci. (*à Nina :*) Au fait, comment vont tes parents ?
Nina Bien. Ils sont en vacances dans le Sud. Et chez toi ?
Pierre Mon frère travaille à Paris.
Nina À Paris ?
Pierre Oui. Et mon père est déjà à la retraite...
Serveur Et voilà les cafés.
Pierre Merci.

Le serveur renverse un café.

Pierre Zut ! J'ai du café partout.
Serveur Oh, excusez-moi ! Je vous apporte tout de suite un autre café.
Nina Tu es marrant avec la tache, Pierre.
Pierre Merci, je sais.

Fragen zum Dialog

Kreuzen Sie an.

	oui	non
1. Pierre et Nina sont à la gare ?	☐	☐
2. Nina commande un croissant ?	☐	☐
3. Pierre a un frère ?	☐	☐

Einen Kaffee bitte!

Pierre und Nina sind im Café.

Pierre Nimmst du ein warmes Getränk?
Nina Ja. Einen Kaffee mit Milch.
Pierre Ich trinke lieber (bevorzuge) einen Kaffee mit aufgeschäumter Milch. Und isst du etwas?
Nina Ich weiß nicht. Bestellst du etwas?
Pierre (*schaut in die Karte*) Sie haben Salat, Sandwiches, Omelett, *Croque-monsieur*, Croissants ...
Nina *Croque* was?
Pierre *Croque-monsieur.* Das ist ein Sandwich mit Toast, Schinken und Käse.
Nina Ach, nein danke. Nichts für mich.
Pierre (*zum Kellner:*) Einen Milchkaffee und einen Kaffee mit aufgeschäumter Milch bitte.
Ober Essen Sie etwas?
Pierre Nein danke. (*zu Nina:*) Übrigens, wie geht es deinen Eltern?
Nina Gut. Sie sind im Urlaub in Südfrankreich (im Süden). Und bei dir?
Pierre Mein Bruder arbeitet in Paris.
Nina In Paris?
Pierre Ja. Und mein Vater ist schon in Rente ...
Ober Und hier sind die Kaffees.
Pierre Danke.

Der Ober verschüttet einen Kaffee.

Pierre Mist! Ich habe überall Kaffee.
Ober Oh, Entschuldigung! Ich bringe Ihnen sofort einen anderen Kaffee.
Nina Du siehst lustig aus (bist lustig) mit dem Fleck, Pierre.
Pierre Danke, ich weiß.

Tag 4 Lernwortschatz

3/4

à la retraite	in Rente, pensioniert
apporter	bringen
au fait	übrigens
autre	andere(r, s)
bien	gut
boisson *f*	Getränk
café *m*	Kaffee; Café
café *m* **crème**	Kaffee mit aufgeschäumter Milch
carte *f*	(Speise-)Karte
chaud(e)	warm
commander	bestellen
croissant *m*	Croissant
croque-monsieur *m*	Käse-Schinken-Toast
déjà	schon
en vacances	im Urlaub
Excusez-moi !	Entschuldigung! (Plural oder Höflichkeitsform)
fromage *m*	Käse
jambon *m*	Schinken
Je ne sais pas.	Ich weiß nicht.
lait *m*	Milch
manger	essen
marrant(e)	lustig
omelette *f*	Omelett
partout	überall
préférer	bevorzugen; lieber **haben**
prendre (tu prends)	nehmen (du nimmst)
quelque chose	etwas
quoi	was
regarder	schauen; sehen
renverser	verschütten
rien	nichts
s'il te plaît	bitte (bei einer Person)
s'il vous plaît	bitte (Plural oder Höflichkeitsform)
salade *f*	Salat
serveur *m*, **serveuse** *f*	Kellner, Kellnerin; Bedienung
Sud *m*	Süden; Südfrankreich
tache *f*	Fleck
tout de suite	sofort; gleich
voilà	hier ist/sind
vous	euch/Ihnen
Zut !	Mist!

Familie	
famille *f*	Familie; Verwandschaft
père *m*, **mère** *f*	Vater, Mutter
parents *m Pl*	Eltern
frère *m*, **sœur** *f*	Bruder, Schwester
fils *m*, **fille** *f*	Sohn, Tochter
grand-parents *m Pl*	Großeltern
grand-père *m*	Großvater
grand-mère *f*	Großmutter
petit-fils *m*	Enkel
petite-fille *f*	Enkelin
oncle *m*, **tante** *f*	Onkel, Tante

Grammatik und Redemittel

Verben auf *-er* mit Besonderheiten ▸ *§ 8.1.1*

	préférer bevorzugen	**s'appeler** heißen
je	préf**è**re	m'appe**ll**e
tu	préf**è**res	t'appe**ll**es
il/elle	préf**è**re	s'appe**ll**e
nous	préférons	nous appelons
vous	préférez	vous appelez
ils/elles	préf**è**rent	s'appe**ll**ent

Das Verb **s'appeler** *heißen* ist im Französischen reflexiv. Es steht, wie in der Tabelle, immer in Verbindung mit einem Reflexivpronomen (▸ *Tag 18*). Aufgrund der Aussprache werden **manger** *essen* und **commencer** *beginnen* in der 1. Person Plural zu **nous mangeons** und **nous commençons**.

Der Teilungsartikel ▸ *§ 1.3*

	Singular	**Plural**
Maskulinum	**du** (de + le) jambon Schinken	
Femininum	**de la** crème Creme	
	*Vor Vokal und stummem **h**:*	**des** croissants Croissants
	de l'alcool *m* Alkohol	
	de l'omelette *f* Omelett	

Im Französischen gibt es einen weiteren Artikel, den Teilungsartikel, der bei unbestimmten Mengen (**manger du jambon** *Schinken essen*) und bei manchen Wendungen wie **faire du sport** *Sport treiben* verwendet wird.

Die Intonationsfrage ▸ *§ 10*

Haben Sie schon erkannt, wie Sie im Französischen eine Frage stellen können? Heben Sie einfach die Stimme am Ende des Aussagesatzes an.
Ils sont à Grenoble. *Sie sind in Grenoble.*
Ils sont à Grenoble ? *Sind Sie in Grenoble?*

Tag 4 Übungen

1 Setzen Sie den richtigen Teilungsartikel ein.

1. Tu me donnes .... salade, s'il te plaît.
2. Vous avez .... café au lait ?
3. Nous mangeons .... spaghettis.
4. Je prends .... omelette.

1/12

2 Kreuzen Sie an, wie die Nasallaute ausgesprochen werden. Hören Sie anschließend die Wörter und sprechen Sie sie nach.

	[ɛ̃] wie in tr**ain**	[õ] wie in jamb**on**	[ã] wie in m**an**ger
1. les par**en**ts	☐	☐	☐
2. le cous**in**	☐	☐	☐
3. l'**on**cle	☐	☐	☐
4. la t**an**te	☐	☐	☐
5. le gr**an**d-père	☐	☐	☐
6. l'**en**f**an**t	☐	☐	☐

3 Lesen Sie die Sätze und streichen Sie die falsche Verbform durch.

1. Nous *mange* | *mangeons* des bonbons.
2. Je *m'appelle* | *nous appelons* Armelle.
3. Vous *commandes* | *commandez* un café ?
4. Son père *préfères* | *préfère* la bière.
5. Raymond *commence* | *commençons* dans trois semaines.

1/13

4 Schauen Sie sich zuerst die Speisekarte an. Stellen Sie dann Fragen zu den nummerierten Wörtern wie in dem Beispiel: *Tu prends un café ?* Achten Sie dabei auf die Betonung.

Boissons

café *m*
café *m* crème
thé *m* (1.)
eau *f*
coca cola *m*
limonade *f* (2.)

Snacks

croissant *m* (3.)
muffin *m*
sandwich *m*
croque-monsieur *m*
omelette *f* (4.)
salade *f* (5.)

5 Lesen Sie diese Werbung aus einem Magazin. Leider ist ein Fehler passiert: Fast alle Verben stehen im Infinitiv. Unterstreichen Sie diese Verben und notieren Sie unten die korrekte Form.

Toi aussi, tu commander sur Internet ? C'est super ! Tu chercher des vacances online ? C'est parfait !
Pour une ou deux personnes ? Vous préférer à deux ? Alors, vous regarder tout de suite sur www.vacancesadeux.fr. Des questions importantes pour le formulaire : Vous s'appeler comment ? Vous habiter où ? Vous avoir quel âge ? Vous manger végane ? Et voilà, vous être presque en vacances !

....

....

....

6 Ergänzen Sie in den kurzen Dialogen die richtigen Formen von préférer, manger, commencer oder s'appeler.

1. ► Tu .... le thé ou le café ?
   ◄ Moi, je .... le thé, et toi ?
2. ► Vous .... un sandwich ?
   ◄ Oui, nous .... un sandwich au jambon !
3. ► Ils .... comment ?
   ◄ Elle, elle .... Julie et lui, il .... Luc.
4. ► Nous .... maintenant ?
   ◄ Non, on .... dans une minute.

7 Sagen Sie es auf Französisch!

1. Sie möchten einen Kaffee bestellen.
2. Sie möchten sich bedanken.
3. Sie entschuldigen sich.
4. Sie wissen etwas nicht.

Tag 4

8 Bilden Sie aus den Satzteilen Intonationsfragen.

1. ils – manger – chocolat *(m)*

....

2. tu – préférer – limonade

....

3. nous – commander – salade

....

4. je – prendre – omelette

....

9 Welche Verwandtschaftsbezeichnungen werden hier beschrieben? Finden Sie die Wörter im Wortgitter und kreisen Sie sie ein.

1. C'est le frère de ma mère.
2. Ce sont mon père et ma mère.
3. C'est la fille de ma mère.
4. C'est la femme de mon père.
5. C'est la sœur de mon père.

T	A	M	O	C	H	E
I	È	B	N	A	M	M
M	S	P	C	T	Œ	O
O	S	È	L	A	A	U
P	A	R	E	N	T	S
G	N	E	F	T	B	Œ
O	R	V	I	E	C	U
N	M	È	R	E	D	R

10 Ergänzen Sie in der Einkaufsliste jeweils den passenden Teilungsartikel.

du (3x) de la (1x) des (3x) de l' (1x)

.... *croissants,* .... *jambon,* .... *salades,*

.... *coca cola,* .... *eau,* .... *crème,*

.... *fromage,* .... *muffins*

Kulturtipp Cafés, bars et bureaux de tabac

Bars, Cafés und **bureaux de tabac** *Tabakgeschäfte* gehören zur französischen Kultur. Es sind Begegnungsorte für Menschen jeder Nationalität, jedes Alters und jeder sozialen Herkunft. Die **habitués** *Stammgäste* kommen fast jeden Tag, morgens, in der Mittagspause oder nach Feierabend.

Im **bureau de tabac** können Sie sowohl Zigaretten (daher der Name), Briefmarken, Zeitungen und Zeitschriften kaufen als auch Lotto spielen. Wenn Sie ein bisschen Zeit haben, setzen Sie sich doch an die Theke und trinken Sie einen **petit noir** **Espresso**. Sie werden dabei die letzten Neuigkeiten aus dem Stadtteil erfahren! Sie können Snacks wie **quiche** *eine Art Zwiebelkuchen*, **croque-monsieur** *Käse-Schinken-Toast* oder **sandwich jambon-beurre** *Sandwich mit Schinken und Butter* essen.

Übrigens: Rauchen dürfen Sie seit Anfang 2008 nur noch vor der Tür.

Was können Sie schon?

	☺	😐	☹	
höflich um etwas bitten	□	□	□	▸ *Ü1, Ü7*
ein Getränk oder ein kleines Gericht bestellen	□	□	□	▸ *Ü1, Ü7, Ü8*
Nasallaute verstehen und richtig aussprechen	□	□	□	▸ *Ü2*
verstehen, wie jemand heißt	□	□	□	▸ *Ü3*
in einem Gespräch etwas über sich erzählen	□	□	□	▸ *Ü3, Ü6, Ü7, Ü8*
jemanden fragen, was er trinken oder essen möchte	□	□	□	▸ *Ü3, Ü6*

Tag 5 Sie können schon mehr, als Sie denken!

In dieser Lektion lernen Sie

- Internationalismen und Anglizismen zu erkennen
- Fallen mit „falschen Freunden" zu vermeiden
- über alltägliche Freizeitbeschäftigungen zu sprechen

Footing ou shopping ?

1/15

Pierre et Nina préparent le week-end.

Pierre Tu as une idée pour ce week-end ?
Nina On va en ville ? On fait du shopping ?
Pierre Oh, non...
Nina Tu proposes autre chose ?
Pierre On fait du sport ? On va au resto ? On joue aux cartes ?
Nina J'ai une idée : on fait un footing.
Pierre Ok. Tu as des baskets ?
Nina J'ai des chaussures de sport...
Pierre Oui, des baskets. Un jogging ?
Nina Un jogging ?
Pierre Oui, des vêtements de sport !
Nina Je ne comprends rien. Tu parles français ?
Pierre Oui... Enfin presque.
Nina Après le sport, on va au restaurant ?
Pierre Oui, super ! Et avant, tu retrouves Pauline en ville et vous faites du shopping entre filles.
Nina Bonne idée !
Pierre Pauline adore faire les magasins, manger une glace.
Nina Moi, j'adore les gâteaux et les baisers.
Pierre Moi aussi, j'adore les baisers... Toi, tu trouves des baisers en ville ?
Nina Tu es surpris ? Oui, dans une pâtisserie. C'est blanc... Avec du sucre.
Pierre Tu veux dire des meringues... Excellent !

Fragen zum Dialog

Ergänzen Sie die Sätze. Kreuzen Sie die richtige Lösung an.

1. Nina propose
   a) ☐ un gâteau. b) ☐ des meringues. c) ☐ du sport.
2. Pauline adore
   a) ☐ les verres. b) ☐ les desserts. c) ☐ les chats.
3. Pierre et Nina ont
   a) ☐ des chaussures. b) ☐ des vêtements. c) ☐ des idées.

Jogging oder Shopping?

Pierre und Nina bereiten das Wochenende vor.

Pierre Hast du eine Idee für dieses Wochenende?
Nina Gehen wir in die Stadt? Gehen wir shoppen?
Pierre Ach, nein ...
Nina Schlägst du etwas anderes vor?
Pierre Machen wir Sport? Gehen wir ins Restaurant? Spielen wir Karten?
Nina Ich habe eine Idee: Wir gehen joggen.
Pierre Ok. Hast du *baskets* (Turnschuhe)?
Nina Ich habe Turnschuhe ...
Pierre Ja, *baskets*. Einen *jogging* (Jogginganzug)?
Nina Einen *jogging* (Jogginganzug)?
Pierre Ja, Sportbekleidung!
Nina Ich verstehe nichts. Sprichst du Französisch?
Pierre Ja ... Naja, fast.
Nina Gehen wir nach dem Sport ins Restaurant?
Pierre Ja, super! Und davor triffst du Pauline in der Stadt und ihr geht unter Frauen (Mädchen) shoppen.
Nina Gute Idee!
Pierre Pauline liebt es, durch die Geschäfte zu bummeln, ein Eis zu essen.
Nina Und i c h liebe Kuchen und Baisers.
Pierre I c h liebe auch *baisers* ... Findest d u *baisers* in der Stadt?
Nina Bist du überrascht? Ja, in einer Konditorei. Das ist weiß ... Mit Zucker.
Pierre Ach, *meringues* meinst du ... Prima!

Tag 5 Lernwortschatz

3/5

adorer	sehr lieben; sehr mögen
après	nach; danach
autre chose	etwas anderes
avant	vorher; davor
basket *f*	Sportschuh
blanc, blanche	weiß
chaussure *f* **de sport**	Sportschuh
en ville	in die/der Stadt
entre	zwischen, hier: unter
Excellent !	Prima!
fille *f*	Mädchen
gâteau *m*	Kuchen
jogging *m*	Jogginganzug
jouer	spielen
ne ... rien	nichts
parler	sprechen
parler français	französisch sprechen
pâtisserie *f*	Konditorei
préparer	vorbereiten
proposer	vorschlagen
retrouver	wiederfinden; treffen
restaurant *m* **(***ugs.* **resto)**	Restaurant
sucre *m*	Zucker
surpris(e)	überrascht
trouver	finden
un peu	ein bisschen
vêtement *m*	Kleidungsstück
vouloir dire (tu veux dire)	meinen (du meinst)
week-end *m*	Wochenende

Falsche Freunde

baiser *m*	Kuss
Baiser	meringue *f*
glace *f*	Eis
Glas	verre *m*
tache *f*	Fleck
Tasche	sac *m*
banque *f*	Bank *f*
(Sitz-)Bank *f*	banc *m*

Grammatik und Redemittel

Das Präsens von *faire* und *aller*

Haben Sie schon gesehen, wie viel Sie mit diesen Verben ausdrücken können? Hier sind die Konjugationen:

	faire machen; tun	**aller** gehen; fahren
je	fais	**vais**
tu	fais	**vas**
il/elle	fait	**va**
nous	fais**ons**	all**ons**
vous	fai**tes**	all**ez**
ils/elles	**font**	**vont**

Das Substantiv – Die Pluralbildung ▸ § 3.2

Durch das Anhängen von **-s** an ein Substantiv setzen Sie dieses in den Plural:
le restaurant *das Restaurant* – **les restaurants** *die Restaurants.*
Endet das Substantiv bereits auf **-s**, **-x** oder **-z**, bleibt es unverändert:
le fils *der Sohn* – **les fils** *die Söhne.*
Achten Sie auf die Substantive mit Endungen auf **-eau**, deren Pluralform **-eaux** ist:
le gâteau *der Kuchen* – **les gâteaux** *die Kuchen.*
(Ebenso: **le bureau** *das Büro* oder **le cadeau** *das Geschenk*)

Falsche Freunde und Internationalismen

Haben Sie auch viele Wörter im Dialog verstanden, ohne sie vorher gelernt zu haben? Es sind internationale Wörter – Internationalismen –, die oft aus dem Lateinischen, Griechischen oder Englischen stammen. Sie sind daher sehr hilfreich.
Passen Sie allerdings auf die sogenannten falschen Freunde auf, wie **la glace** *das Eis*, aber *das Glas* **le verre** (siehe Kästchen **Falsche Freunde**)!

Ausdrücke mit *faire*

faire du sport	*Sport treiben*
faire du footing	*joggen*
faire les magasins	*(durch die Geschäfte) bummeln*
faire du shopping	*bummeln, shoppen*

Tag 5 Übungen

1/16

1 Setzen Sie zuerst die Substantive in den Plural bzw. in den Singular. Lesen Sie anschließend Ihre Lösungen laut vor und überprüfen Sie Ihre Aussprache anhand der CD.

Singular	Plural	Singular	Plural
1. l'enfant	les	5. l'heure	les ....
2. la	les filles	6. le verre	les ....
3. l'	les omelettes	7. l'	les entreprises
4. le gâteau	les		

2 Erkennen Sie diese internationalen Wörter? Verbinden Sie sie mit der passenden deutschen Entsprechung.

1. le supermarché	a) die Karte
2. l'hôtel	b) das Restaurant
3. la banque	c) das Hotel
4. la police	d) der Supermarkt
5. le restaurant	e) die Bank
6. la carte	f) die Polizei

1/17

3 Hören Sie gut zu. Was fällt Ihnen bei diesen Wörtern auf? Kreuzen Sie die richtige Aussage an.

1. ☐ Sie werden wie im Englischen ausgesprochen.
2. ☐ Sie wurden „französisiert".

4 Übersetzen Sie die kurzen Sätze.

1. Ich treibe Sport.

....

2. Wir gehen in die Stadt.

....

3. Gehst du einkaufen?

....

5 Suchen Sie in der Buchstabenschlange alle Formen der Verben faire und aller im Präsens und kreisen Sie sie ein.

aivaisarriveesfaiscommandonssuisavonscommencent
répètesestfaisvaaallezsontfaitavonsfontfilleontvont
faitespreferèreêtesfaisonsallonsmangeavezsommesvas

6 Setzen Sie die Sätze in den Plural.

1. L'enfant commande.

....

2. Le gâteau est où ?

....

3. Le fils est là.

....

4. Le cadeau fait* 20 €.

....

*fait *(hier): kostet*

7 Welcher der Sätze stellt die korrekte französische Übersetzung dar?

1. Er geht zum Sport.
   a) ☐ Il fait du sport. b) ☐ Il va au sport.
2. Ich habe eine Tasche.
   a) ☐ J'ai une tache. b) ☐ J'ai un sac.
3. Sie bummeln durch die Geschäfte.
   a) ☐ Elles font les magasins. b) ☐ Elles vont dans un magasin.
4. Sie ist auf einer Bank.
   a) ☐ Elle est à la banque. b) ☐ Elle est sur un banc.
5. Hast du ein Glas für mich?
   a) ☐ Tu as une glace pour moi ? b) ☐ Tu as un verre pour moi ?
6. Ich mache Salat.
   a) ☐ Je mange la salade. b) ☐ Je fais de la salade.
7. Treibt ihr Sport?
   a) ☐ Vous faites du sport ? b) ☐ Vous aimez le sport ?

8 Marie ist in einem Einkaufszentrum und schreibt ihrer französischen Freundin eine SMS. Sie hat dabei aber einige Wörter verwechselt! Unterstreichen Sie die falschen Wörter und schreiben Sie das korrekte Wort rechts daneben.

On fait du camping. On a beaucoup de* taches ! Après, on va au café. On mange un baiser, un croissant ou un cadeau. Au fait, on mange aussi une glace. Et on va à la maison. Salade !

*beaucoup de: *viele*

9 Sagen Sie es auf Französisch! Wie lauten Ihre persönlichen Antworten auf die folgenden Fragen?

Vous vous appelez comment ?

Vous faites du sport ?

Vous allez au café aujourd'hui ?

Vous faites du shopping ce week-end ?

Vous aimez les gâteaux ?

Vous faites souvent* les magasins ?

* souvent: *oft*

Kulturtipp La langue française et la francophonie

1970 wurde die Internationale Organisation der Frankofonie gegründet, deren Ziel es ist, die französische Sprache und Kultur zu fördern und zu schützen. Ihr gehören 56 Mitgliederstaaten – und damit rund 200 Millionen Menschen – in Europa, Nordamerika und Afrika an. Französisch ist Landessprache in Frankreich, Belgien (Wallonien und Brüssel), in einigen Kantonen der Schweiz, in Luxemburg (neben Luxemburgisch und Deutsch), in Monaco, in der Provinz Quebec in Kanada und in Haiti. Darüber hinaus ist Französisch Amtssprache in vielen west- und zentral-afrikanischen Staaten sowie Verkehrsprache unter anderem in Nordafrika und Arbeitssprache der Vereinten Nationen und der Europäischen Union.

Aufgrund des steigenden Einflusses der amerikanischen Kultur strömen seit Ende des Zweiten Weltkriegs viele angelsächsische Wörter in die französische Sprache. **Parking, t-shirt, fast-food, cool** oder **week-end** gehören schon längst zur Alltagssprache und haben sogar einen festen Platz im französischen Wörterbuch! Als Reaktion darauf hat Frankreich 1994 u. a. eine Quote für französischsprachige Musik in den Medien eingeführt. Somit müssen im Radio mindestens 40 % frankofone Musik gespielt werden. Große Namen wie Jacques Brel oder Édith Piaf bleiben dadurch im Alltag präsent.

Was können Sie schon?

	☺	😐	☹	
■ bekannte Wörter richtig schreiben und aussprechen	■	■	■	▸ Ü1
■ internationale Wörter lesen und verstehen	■	■	■	▸ Ü2
■ Anglizismen und falsche Freunde verstehen	■	■	■	▸ Ü3, Ü9
■ über alltägliche Freizeitbeschäftigungen sprechen	■	■	■	▸ Ü4, Ü9
■ sagen, dass Sie Sport treiben	■	■	■	▸ Ü4, Ü9

Tag 6 Wiederholen und üben Sie

Hier wiederholen Sie

- Standardbegrüßungen und Höflichkeitsfloskeln zu verwenden
- einfache mündliche Aussagen und kurze Dialoge zu verstehen
- sich vorzustellen (Name, Beruf, Alter, Adresse, Telefonnummer)
- Ihre Familie und Ihren Alltag zu beschreiben
- einfache Fragen zu stellen und zu beantworten

1/18

1 Hören Sie den kurzen Dialog und kreuzen Sie die richtige Antwort an.

	oui	non
1. Christelle commande un thé ?	☐	☐
2. Marie commande les boissons ?	☐	☐
3. Le serveur apporte un café ?	☐	☐
4. Marie prend un coca ?	☐	☐
5. Christelle commande aussi du lait ?	☐	☐

1/19

2 Lesen Sie nun den Dialog aus Übung 1 und übernehmen Sie die Rolle von Christelle.

Marie et Christelle sont dans un café.

Marie	Christelle, tu commandes quelque chose ?
Christelle	Oui, une boisson chaude. Et toi, Marie ?
Marie	Je ne sais pas.
Christelle	Ah oui, je prends un thé !
Marie	Moi, je préfère un coca.
Christelle	(*au serveur* :) Un thé et un coca cola, s'il vous plaît.
Serveur	Je vous les apporte tout de suite. (*Cinq minutes après*) Et voilà les boissons !
Christelle	(*au serveur* :) Oh, du sucre aussi, s'il vous plaît.
Serveur	Oui. Tout de suite.
Christelle	Merci.

3 Hören Sie gut zu und achten Sie auf die Aussprache der Wörter. Kreuzen Sie die richtigen Laute an. Mehrere Antworten sind möglich.

	[y] wie in **tu**	[u] wie in n**ou**s	[ʒ] wie in **j**e	[ʃ] wie in **ch**at
1. bonjour	☐	☐	☐	☐
2. sucre	☐	☐	☐	☐

3. cousin	☐	☐	☐	☐
4. jouer	☐	☐	☐	☐
5. chouette	☐	☐	☐	☐
6. voyage	☐	☐	☐	☐
7. tache	☐	☐	☐	☐

4 Was sagen Sie im Französischen? Überprüfen Sie Ihre Antworten mithilfe der CD.

1/21

1. ... wenn Sie jemanden morgens begrüßen?
2. ... wenn Sie jemanden abends begrüßen?
3. ... wenn Sie einen guten Freund begrüßen?
4. ... wenn Sie sich verabschieden?
5. ... wenn Sie jemanden nach seinem Befinden fragen?
6. ... wenn Sie jemandem sagen wollen, wie Sie heißen?
7. ... wenn Sie etwas nicht verstanden haben?

Regel 1: Das Substantiv

Durch Anhängen von .... (a) ans Substantiv wird bei vielen Personenbezeichnungen das Femininum gebildet. Ein .... (b) am Wortende ist das Zeichen des Plurals.

5 Falsche Freunde. Welches Wort passt nicht in die Reihe? Kreuzen Sie es an.

1. a) ☐ la tache b) ☐ le sac c) ☐ les bagages
2. a) ☐ la glace b) ☐ le verre c) ☐ le dessert
3. a) ☐ la banque b) ☐ l'euro c) ☐ le banc

6 Kreuzworträtsel. Finden Sie das richtige Lösungswort.

1. Man trägt sie an den Füßen.
2. Man braucht sie für den Urlaub.
3. Dazu gehören die Eltern, Kinder, Großeltern.
4. Er arbeitet in einer Fabrik.
5. Man geht zum Essen gerne hin.

Lösungswort: ....

Tag 6

7 Füllen Sie Ihren eigenen Stammbaum aus.

grands-parents : .... grands-parents : ....

oncles/tantes : .... mon père : .... ma mère : .... oncles/tantes : ....

cousins/cousines : .... moi : .... frères/sœurs : .... cousins/cousines : ....

Regel 2: Die Grundzahlen

Die Zahl 70 wird aus 60 + 10 gebildet, 80 aus .... *(a) und 90 aus* .... *(b).*

8 Die französischen Departements werden alphabetisch nummeriert. Schreiben Sie die Zahlen aus. Wenn Sie Lust haben, können Sie sich anschließend auf einer Karte anschauen, wo die Departements liegen.

1. Das *Morbihan* steht auf Platz 56. ....
2. Die *Lozère* steht auf Platz 48. ....
3. Das *Var* steht auf Platz 83. ....
4. Das *Val-d'Oise* steht auf Platz 95. ....

1/22

9 Christian, Gérard und Isabelle stellen sich vor. Hören Sie sich die CD an und ergänzen Sie die fehlenden Angaben auf den Visitenkarten.

1.

Christian Lalune

....

23, rue de l'Hôtel de Ville
56 000 Vannes
Tél. : 02. .... .54.66. ....

2.

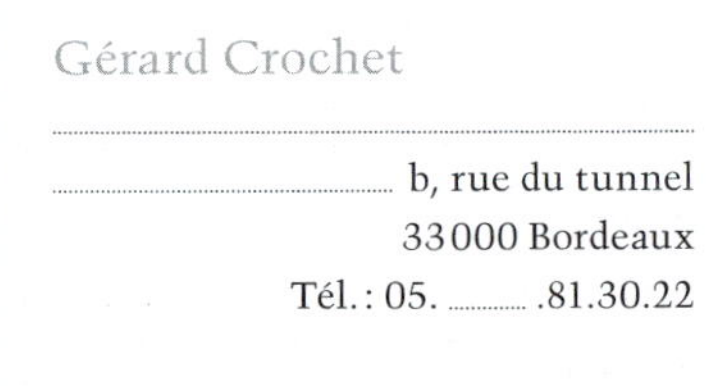

Gérard Crochet

....

.... b, rue du tunnel
33000 Bordeaux
Tél. : 05. .... .81.30.22

3.

Isabelle Maurice

....

.... , avenue Charles de Gaulle
33 63 100 Clermont-Ferrand
Tél. : 04. .... .56.41.76
E-mail : maurice@orange.fr

10 Schreiben Sie jetzt Ihre eigene Visitenkarte mit Namen, Beruf, Adresse und Telefonnummer und lesen Sie sie laut vor.

....

....

....

....

....

Regel 3: Die Artikel

*Sie kennen schon den .... (a) Artikel (**un**, **une**, **des**),*

den bestimmten Artikel (.................... , ... , ... , ...) (b) und den

Teilungsartikel (.................... , ... , ... , ...) (c).

11 Kreuzen Sie den richtigen Artikel an.

1. .... chat est à la maison. ☐ Du ☐ Le ☐ La
2. J'ai .... frère. ☐ le ☐ du ☐ un
3. Fabrice fait .... tennis. ☐ du ☐ le ☐ de la
4. Nous allons à .... hôtel. ☐ du ☐ le ☐ l'
5. Il mange .... chips. ☐ du ☐ de la ☐ des

Tag 6

Regel 4: Die Bindungen

Endet ein Begleiter mit einem Konsonant, wird dieser vor einem Substantiv, das mit .... (a) oder .... (b) beginnt, ausgesprochen.

12 Setzen Sie zuerst die Wörter in den Plural und lesen Sie anschließend Ihre Lösung vor.

1. la banque ....
2. un enfant ....
3. la maison ....
4. une idée ....
5. la porte ....
6. l'hôtel ....
7. le policier ....

Regel 5: Die Personalpronomen

*Im Französischen gibt es die unbetonten Personalpronomen .... (a). **Moi**, **toi**, **lui/elle**, **nous**, **vous**, **eux/elles** sind .... (b) Personalpronomen.*

13 Lesen Sie die Sätze und kreisen Sie das richtige Personalpronomen ein.

1. *Il* | *Lui* | *Ils* a 20 ans.
2. *Elle,* | *Toi,* | *Je,* tu es chanteuse.
3. C'est à *il* | *vous* | *je*.
4. Il travaille avec *je* | *elle* | *il*.
5. *Eux* | *Nous* | *Toi* faisons les courses aujourd'hui.

Regel 6: Die Intonationsfrage

Die Betonungsfrage wird gebildet, indem Sie die Stimme am Ende der Aussage ....

1/23

14 Bilden Sie mündlich aus den Aussagesätzen der Übung 13 Intonationsfragen. Kontrollieren Sie Ihre Betonung mithilfe der CD.

15 So viel Small Talk können Sie schon. Verbinden Sie die Frage mit der richtigen Antwort.

1. Vous travaillez où ? → c)
2. Vous avez quel âge ?
3. Comment vous vous appelez ?
4. Vous parlez français ?
5. Vous habitez où ?
6. Vous avez des enfants ?
7. Vous allez bien ?

a) Oui.
b) J'habite à Lyon.
c) Je travaille chez un coiffeur.
d) Oui, je vais bien.
e) J'ai deux enfants.
f) Je m'appelle Charlotte.
g) J'ai 26 ans.

Regel 7: Die Verben

1. Verben, die im Infinitiv auf ***-er*** *enden, haben im Präsens die Endungen:*

…………………………………………………… .

2. Die Hilfsverben …………………… (a) und …………………… (b) sind unregelmäßig.

16 Vervollständigen Sie die Sätze mit dem Verb in Klammern.

1. Je …………………… (préparer) un gâteau.
2. Patricia et Fabien …………………… (parler) doucement.
3. Nous …………………… (jouer) au monopoly.
4. Ils ne …………………… (trouver) pas la maison.
5. Le concert …………………… (durer) trois heures.
6. Vous …………………… (travailler) dans une grande entreprise.

17 Schreiben Sie die richtige Infinitivform der Verben.

1. nous mangeons ……………………
2. tu répètes ……………………
3. vous faites ……………………
4. il va ……………………
5. je préfère ……………………
6. ils sont ……………………
7. j'ai ……………………

Zwischentest 1

1 Erkennen Sie die Berufe? Lesen Sie die Beschreibungen.

1. Je suis une femme. Je travaille dans une grande entreprise. J'ai un chef. Je travaille sur des projets avec mon chef.

   Je suis ....

2. Patrick travaille dans une voiture. Il a un uniforme. Le numéro de téléphone de son travail est le 17.

   Il est ....

3. Lucie travaille pour le cinéma. Elle fait des films.

__/3 Elle est ....

2 Ordnen Sie die folgenden Ausdrücke richtig zu.

	a) à Paris.
1. Je fais	b) du vélo.
	c) au cinéma.
2. Je vais	d) du tennis.
__/5	e) au restaurant.

1/24 **3 Sprechen Sie die Antworten aus der Übung 1 laut und deutlich aus. Überprüfen Sie Ihre Aussprache mithilfe der CD.**

__/3

1/25 **4 Lesen Sie die Wörter und kreuzen Sie an, ob eine Bindung nötig ist. Kontrollieren Sie Ihre Aussprache anhand der CD.**

	mit Bindung zwischen Artikel und Substantiv	ohne Bindung
1. un employé	☐	☐
2. des femmes	☐	☐
3. un appartement	☐	☐
4. un café	☐	☐
5. un homme	☐	☐

__/5

5 Was hören Sie? Kreuzen Sie an. ⊙ 1/26

1. commen**c**er
   a) ☐ [s] wie in **s**alut b) ☐ [z] wie in **z**éro
2. dem**an**der
   a) ☐ [a] wie in **a**voir b) ☐ [õ] wie in mais**on** c) ☐ [ɑ̃] wie in d**an**s
3. arriv**er**
   a) ☐ [ɛ] wie in fr**è**re b) ☐ [e] wie in l**es**
4. m**an**ger
   a) ☐ [õ] wie in mais**on** b) ☐ [ɑ̃] wie in d**an**s
5. renver**s**er
   a) ☐ [s] wie in **s**alut b) ☐ [z] wie in **z**éro

__/5

6 Hören Sie die Wörter und wiederholen Sie das Lösungswort. ⊙ 1/27

1. Bei welchem Wort hören Sie ein stimmloses **s** wie in **s**alut?
   a) ☐ boisson b) ☐ cousin c) ☐ maison
2. Bei welchem Wort hören Sie **f**?
   a) ☐ voyage b) ☐ fille c) ☐ vélo
3. Bei welchem Wort hören Sie **sch**?
   a) ☐ bagages b) ☐ journaliste c) ☐ chat
4. Bei welchem Wort hören Sie ein stimmhaftes **s** wie in **z**éro?
   a) ☐ salade b) ☐ cousine c) ☐ croissant
5. Bei welchem Wort hören Sie **a**?
   a) ☐ oncles b) ☐ enfants c) ☐ parents

__/5

7 Schreiben Sie die Zahlen, die Sie hören, auf. ⊙ 1/28

1. ....
2. ....
3. ....
4. ....
5. ....

__/5

8 Setzen Sie den richtigen Artikel ein.

1. Nous faisons .... sport.
2. .... coiffeur est en vacances.
3. Julie commande .... croissant.
4. Le serveur nous apporte .... sandwichs.
5. J'habite dans .... grande ville.

__/5

9 Schreiben Sie die Sätze wie im Beispiel um.

1. Nous mangeons.
   On mange.
2. Nous habitons à Marseille.
   ....
3. Nous sommes en vacances.
   ....
4. Nous faisons une pause.
   ....
5. Nous arrivons à la gare.
   ....
6. Nous regardons un film.
   ....

__/5

10 Kreuzen Sie an. Mehrere Antworten sind möglich.

	Singular		Plural	
	Femininum	Maskulinum	Femininum	Maskulinum
1. journaliste	☐	☐	☐	☐
2. boissons	☐	☐	☐	☐
3. employée	☐	☐	☐	☐
4. verre	☐	☐	☐	☐
5. gare	☐	☐	☐	☐
6. sucre	☐	☐	☐	☐
7. techniciennes	☐	☐	☐	☐
8. restaurants	☐	☐	☐	☐
9. secrétaire	☐	☐	☐	☐

__/9

__/50

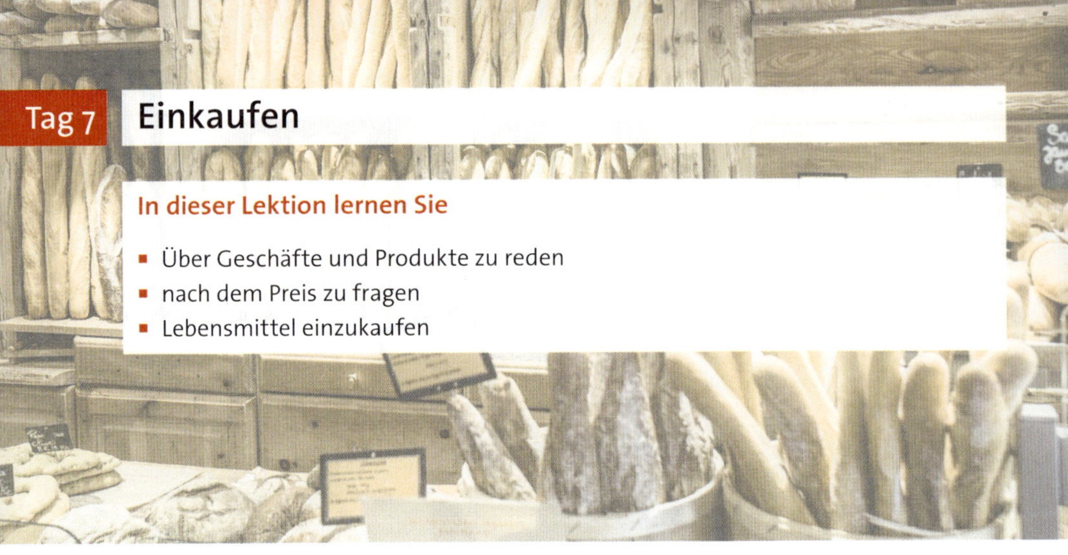

Tag 7

Einkaufen

In dieser Lektion lernen Sie

- Über Geschäfte und Produkte zu reden
- nach dem Preis zu fragen
- Lebensmittel einzukaufen

1/29
1/30

Les courses

Pierre, Nina et Pauline ont prévu une fondue pour ce soir.

Pierre Zut, on n'a pas de pain.
Nina Ce n'est pas grave. On va à la boulangerie...
Pierre Oui ! Et après, on passe à la boucherie.
Nina Quoi ? Tu n'as pas de viande pour la fondue ?
Pierre Non, dans le frigo..., j'ai un pot de confiture, une bouteille d'eau et des œufs, je crois.
Nina Pierre ! On va faire les courses, alors ?
Pierre Oui, je fais une liste de courses : il faut du pain, une livre de viande, un kilo de pommes de terre, des fruits et de l'huile.
Nina Et moi, je paie un bon dessert pour ce soir !
Pierre C'est gentil ! Tu achètes le dessert et moi, pendant ce temps, j'achète le reste.

À la boulangerie-pâtisserie

Nina Je voudrais une baguette et un gâteau, s'il vous plaît.
Vendeuse Un Paris-Brest au chocolat par exemple ? C'est un gâteau avec beaucoup de crème chantilly et de chocolat.
Nina Mon cousin adore ça ! Il coûte combien ?
Vendeuse 15 euros. Ça fait 16,50 euros au total.
Nina Parfait. Voilà 20 euros. Au revoir.

Nina ouvre la porte du magasin.

Vendeuse Madame ! Vous oubliez la monnaie !
Nina Oh, merci !

Fragen zum Dialog

Verbinden Sie die passenden Satzteile.

1. Dans le frigo, Pierre a → c)
2. Nina paie
3. À la boulangerie-pâtisserie, Nina oublie
4. Pierre, le cousin de Nina, adore

a) la baguette et le gâteau.
b) le chocolat et la crème chantilly.
c) un pot de confiture, une bouteille d'eau et des œufs.
d) la monnaie.

Einkäufe

Pierre, Nina und Pauline haben für heute Abend ein Fleischfondue geplant.

Pierre Mist, wir haben kein Brot.
Nina Das ist nicht schlimm. Wir gehen in die Bäckerei ...
Pierre Ja! Und danach gehen wir kurz in die Metzgerei.
Nina Was? Du hast kein Fleisch für das Fondue?
Pierre Nein, im Kühlschrank ... habe ich ein Glas Marmelade, eine Flasche Wasser und Eier, glaube ich.
Nina Pierre! Wir gehen also einkaufen?
Pierre Ja, ich mache eine Einkaufsliste: Wir brauchen (man benötigt) Brot, ein Pfund Fleisch, ein Kilo Kartoffeln, Obst und Öl.
Nina Und ich bezahle einen schönen Nachtisch für heute Abend!
Pierre Das ist nett! Du kaufst den Nachtisch und ich kaufe in der Zeit den Rest.

In der Bäckerei-Konditorei

Nina Ich möchte ein Baguette und einen Kuchen bitte.
Verkäuferin Einen Paris-Brest mit Schokolade zum Beispiel? Das ist ein Kuchen mit viel Schlagsahne und Schokolade.
Nina Mein Cousin liebt das. Wie viel kostet er?
Verkäuferin 15 Euro. Das macht insgesamt 16,50 Euro.
Nina Perfekt. Hier sind 20 Euro. Auf Wiedersehen.

Nina macht die Tür des Geschäfts auf.

Verkäuferin Madame! Sie vergessen das Wechselgeld!
Nina Oh, danke!

Tag 7 Lernwortschatz

3/6

acheter (j'achète, tu achètes)	kaufen (ich kaufe, du kaufst)
au total	insgesamt
aujourd'hui	heute
beaucoup	viel
ça	das
ça fait ...	das macht ...
ce soir	heute Abend
chocolat *m*	Schokolade
combien	wie viel
confiture *f*	Marmelade
courses *f Pl*	Einkäufe; Besorgungen
coûter	kosten
crème *f* chantilly	Schlagsahne
croire (je crois)	glauben (ich glaube)
dessert *m*	Nachtisch
faire les courses	einkaufen gehen
frigo *m*	Kühlschrank
fruits *m Pl*	Obst; Früchte
gentil(le)	nett; freundlich
grave	schlimm
il faut	man braucht; man benötigt
liste *f* (de courses)	(Einkaufs-)Liste
monnaie *f*	Wechselgeld; Kleingeld
œuf *m*	Ei
oublier	vergessen
ouvrir (elle ouvre)	aufmachen (sie macht auf)
pain *m*	Brot
par exemple	zum Beispiel
parfait(e)	perfekt
Paris-Brest *m*	Kuchen mit Sahne (franz. Spezialität)
passer	vorbeischauen
payer (je paie)	(be)zahlen (ich bezahle)
pendant ce temps	in der Zeit; währenddessen
pot *m*	Topf; Glas
prévoir (prévu)	planen (geplant)
reste *m*	Rest
viande *f*	Fleisch
vouloir (je voudrais)	wollen (ich möchte; ich hätte gern)

Mengenangaben	
un kilo de pommes	ein Kilo Äpfel
deux kilos de poires	zwei Kilo Birnen
un sac de pommes de terre	ein Sack Kartoffeln
une livre de carottes	ein Pfund Möhren
une bouteille d'huile	eine Flasche Öl

Geschäfte	
boucherie *f*	Metzgerei
boulangerie *f*	Bäckerei
épicerie *f*	Lebensmittelgeschäft; Tante-Emma-Laden
magasin *m*	Laden, Geschäft
magasin *m* de chaussures	Schuhgeschäft
magasin *m* de vêtements	Bekleidungsgeschäft
pâtisserie *f*	Konditorei

Grammatik und Redemittel

Verben auf *-er* mit Besonderheiten: *acheter* und *payer* ▸ *§ 8.1.1*

	acheter kaufen	**payer** bezahlen
je/j'	achète	paie
tu	achètes	pai**es**
il/elle	achète	pai**e**
nous	achetons	payons
vous	achetez	payez
ils/elles	achètent	pai**ent**

Mengenangaben mit *de* ▸ *§ 1.3*

Bestimmte Mengenangaben werden mit einem Substantiv, z. B. **un kilo** *ein Kilo*, oder einem Adverb (**beaucoup** *viel*, **un peu** *ein bisschen*) gefolgt von der Präposition **de** (oder **d'** vor Vokal oder stummem **h**) gebildet:
un kilo de viande *ein Kilo Fleisch*
un peu de pain *ein bisschen Brot.*

Die Verneinung (I) ▸ *§ 11*

Die Verneinung besteht aus zwei Teilen **ne... pas** (oder **n'... pas** vor Vokal oder stummem **h**), die das konjugierte Verb umschließen:
Il **ne** va **pas** en ville. *Er geht nicht in die Stadt.*
Ce **n'**est **pas** grave. *Das ist nicht schlimm.*

Achtung:
Haben Sie gewusst, dass die Franzosen das **ne** in der gesprochenen Sprache oft weglassen? Sie sagen:
C'est **pas** grave.

Unbestimmter Artikel und Teilungsartikel werden mit **ne... pas de** *kein* verneint:

Il prend **un** dessert.	Il **ne** prend **pas de** dessert.	*Er nimmt keinen Nachtisch.*
Il achète **de l'**eau.	Il **n'**achète **pas d'**eau.	*Er kauft kein Wasser.*

Tag 7 Übungen

⊙ 1/31

1 Hören Sie den Dialog zwischen einem Gemüsehändler und einer Kundin auf dem Wochenmarkt. Kreuzen Sie an.

	vrai	faux
1. La cliente achète des carottes.	☐	☐
2. Aujourd'hui, le marchand a des poires.	☐	☐
3. La cliente paie 15 euros.	☐	☐

⊙ 1/32

2 Hören Sie noch einmal die Sätze aus der Übung 1, bei denen die Kundin ihr Obst und ihr Gemüse kauft, und wiederholen Sie sie.

3 Verneinen Sie die Sätze.

1. Patricia va à la boucherie.

....

2. Martine ouvre le sac.

....

3. Nous achetons du pain.

....

4. Je regarde un film.

....

5. Vous allez en ville aujourd'hui ?

....

4 Welches Wort passt nicht in die Reihe?

1. a) ☐ la boucherie b) ☐ la femme c) ☐ la viande
2. a) ☐ le parking b) ☐ la boulangerie c) ☐ le pain
3. a) ☐ les pommes de terre b) ☐ le magasin de chaussures c) ☐ les chaussures de sport
4. a) ☐ la pâtisserie b) ☐ le gâteau c) ☐ la cousine
5. a) ☐ les portes b) ☐ les fruits c) ☐ l'épicerie

5 Kreuzen Sie an, was man in den jeweiligen Geschäften für gewöhnlich kaufen kann. Mehrere Lösungen sind möglich!

1. À la boulangerie :
   a) ☐ du pain b) ☐ des croissants c) ☐ de la viande
2. Au magasin de vêtements :
   a) ☐ de la confiture b) ☐ de la monnaie c) ☐ un t-shirt
3. À la boucherie :
   a) ☐ de la confiture b) ☐ de la viande c) ☐ des œufs
4. À la pâtisserie :
   a) ☐ du pain b) ☐ de l'eau c) ☐ des gâteaux
5. À l'épicerie :
   a) ☐ de la crème b) ☐ de la confiture c) ☐ des œufs

6 In diesem kurzen Text hat der Autor alle Akzente vergessen. Tragen Sie sie nachträglich ein.

Louise est la mere de Tom. Aujourd'hui, elle fait les courses au marche. Elle achete des pommes de terre, des carottes et des pommes. Tom aime bien les pommes, mais il prefere les poires. Il ne mange pas beaucoup de legumes. Mais il aime les carottes a la creme*. Apres, Tom et Louise vont a la patisserie. Ils achetent un bon gateau. Et vous ? Vous achetez aussi des gateaux ?

*carottes à la crème: *Sahnekarotten*

7 Verbinden Sie die zusammengehörigen Satzteile.

1. Nous ne travaillons → c)	a) les carottes.
2. Marie ne parle pas	b) pas les chaussures.
3. Il n'aime pas	c) pas aujourd'hui.
4. Tu ne prépares	d) français.
5. Ils ne sont pas	e) en vacances.
6. Je n'achète	f) pas ton week-end à Paris ?

8 Verneinen Sie die Sätze mithilfe von **ne ... pas**.

1. Ils mangent de la confiture ?

   Non, ils ....

2. Vous achetez des fruits ?

   Non, nous ....

3. Il prend un œuf ?

   Non, il ....

4. Tu prépares une liste de courses ?

   Non, je ....

5. Elle achète du jambon ?

   Non, elle ....

9 Ergänzen Sie die Einkaufsliste mit den Wörtern aus dem Schüttelkasten.

kilos de — pot de — livre de — des — bouteilles d' — du

six .... *eau,*

.... *lait,*

un .... *confiture,*

une .... *pommes de terre,*

deux .... *carottes,*

.... *fruits*

10 Was sagen Sie auf Französisch, ...

1. ... wenn Sie nach dem Preis fragen möchten?
2. ... wenn Sie auf dem Markt ein Kilo Kartoffeln kaufen möchten?
3. ... wenn Sie anbieten, eine Einkaufsliste zu schreiben?

Kulturtipp
Faire les courses

Der Franzose verpasst selten seinen wöchentlichen Besuch im **supermarché** *Supermarkt*, denn er findet dort alles: vom Pflaster über Autoreifen, Lebensmittel, Reinigungs- und Pflegeprodukte, Pflanzen, frischen Fisch, Geschirr, Handwerkerbedarf, Schmuck- und Kosmetikartikel bis hin zu Sportbekleidung oder Hausschuhen! Der Supermarkt hat sich sogar zum **hypermarché** entwickelt, an den Geschäfte im Eingangsbereich angekoppelt werden, wie **salon de coiffure** *Friseursalon*, **pressing** *Reinigung*, **magasin de chaussures** *Schuhgeschäft* oder **bijouterie** *Schmuckgeschäft*. Sie finden hier also eine Stadt in der Stadt! Einen Nachteil hat es: Ihr Einkauf dauert lange. Der neueste Trend ist allerdings der Einkauf online, insbesondere in Großstädten. Sie können im Internet bestellen und Ihre Einkäufe werden Ihnen frei Haus geliefert.

Neben den Supermärkten sind auch die Wochenmärkte sehr beliebt, insbesondere in Südfrankreich. Buntes Treiben, zahlreiche Farben, zauberhafte Düfte zeichnen sie aus. Wenn Sie in der Provence sind, gehen Sie auf den **marché** *Markt* und lassen sich von den Lavendel-Produkten verzaubern!

Was können Sie schon?

	☺	😐	☹	
■ ein kurzes Gespräch zwischen Käufer und Verkäufer verstehen	☐	☐	☐	▸ *Ü1*
■ auf dem Wochenmarkt selbst etwas bestellen	☐	☐	☐	▸ *Ü2, Ü10*
■ sagen, was Sie tun und nicht tun	☐	☐	☐	▸ *Ü3, Ü8*
■ sagen, was Sie wo kaufen können	☐	☐	☐	▸ *Ü4, Ü5*

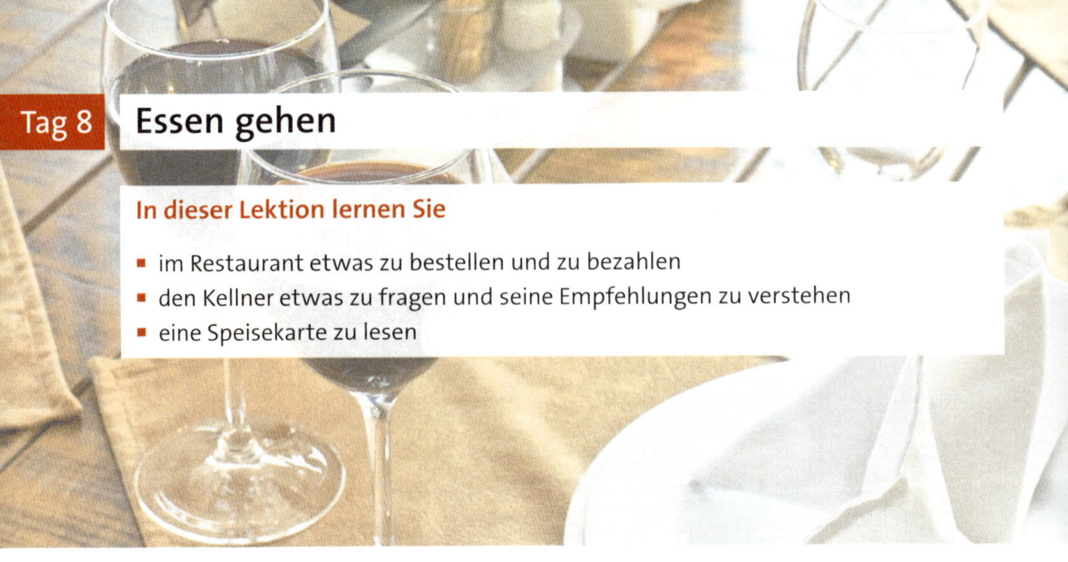

Tag 8

Essen gehen

In dieser Lektion lernen Sie

- im Restaurant etwas zu bestellen und zu bezahlen
- den Kellner etwas zu fragen und seine Empfehlungen zu verstehen
- eine Speisekarte zu lesen

1/33
1/34

Bon appétit !

Nina, Pierre et Pauline sont au restaurant « Chez Raymond ».

Pierre *(à la serveuse :)* Bonsoir. Une table pour trois personnes, s'il vous plaît.
Serveuse Oui. Par ici. Voilà les cartes.
Pierre Qu'est-ce que vous prenez, les filles ?
Nina Un plat typique de la région.
Pierre Prends le plat du jour, la tartiflette ! C'est délicieux !
Nina Qu'est-ce que c'est ?
Pierre C'est un plat au four avec des pommes de terre, des oignons et du fromage. C'est souvent avec du vin blanc.
Pauline Et qu'est-ce qu'on boit avec ce repas ?
Pierre Attends ! *(Pierre appelle la serveuse :)* S'il vous plaît ! Qu'est-ce que vous nous recommandez ?
Serveuse Le menu du jour à 18 euros. Vous avez une entrée, un plat principal et le choix entre du fromage ou un dessert.
Pierre Moi, je prends le menu avec un dessert au chocolat !
Nina et Pauline Nous, le plat du jour !
Pierre *(à la serveuse :)* Et en boisson ?
Serveuse Regardez la carte des vins ! Je vous recommande un vin rouge.
Pierre D'accord. Apportez-nous un vin du pays et une carafe d'eau, s'il vous plaît.

En fin de soirée

Pierre *(à la serveuse :)* L'addition, s'il vous plaît !
Serveuse Oui, je vous l'apporte.

Fragen zum Dialog

Lesen Sie die Fragen und kreuzen Sie die richtige Antwort an.

1. Comment s'appelle le restaurant ?	☐ « Chez Raymond »	☐ « La tartiflette »
2. Combien coûte le menu du jour ?	☐ 12 euros	☐ 18 euros
3. Qu'est-ce que Pierre commande ?	☐ du vin et de l'eau	☐ de la bière

Guten Appetit!

Nina, Pierre und Pauline sind im Restaurant „Chez Raymond".

Pierre	*(zur Kellnerin:)* Guten Abend. Einen Tisch für drei Personen bitte.
Kellnerin	Ja. Hier bitte. Hier sind die Speisekarten.
Pierre	Was nehmt ihr, Mädels?
Nina	Ein typisches Gericht aus der Region.
Pierre	Nimm das Tagesgericht, die *Tartiflette*! Das ist lecker!
Nina	Was ist das?
Pierre	Das ist ein Ofengericht mit Kartoffeln, Zwiebeln und Käse. Das ist oft mit Weißwein.
Pauline	Und was trinkt man zu diesem Essen?
Pierre	Warte. *(Pierre ruft die Kellnerin:)* (Kommen Sie) Bitte. Was empfehlen Sie uns?
Kellnerin	Das Tagesmenü für 18 Euro. Sie haben eine Vorspeise, ein Hauptgericht und die Wahl zwischen Käse oder einem Dessert.
Pierre	Ich nehme das Menü mit einem Schokoladendessert!
Nina und Pauline	Wir das Tagesgericht!
Pierre	*(zur Kellnerin:)* Und als Getränk?
Kellnerin	Schauen Sie in die Weinkarte. Ich empfehle Ihnen einen Rotwein.
Pierre	Einverstanden. Bringen Sie uns bitte einen Landwein und eine Karaffe Wasser.

Gegen Ende des Abends

Pierre	*(zur Kellnerin:)* Die Rechnung bitte!
Kellnerin	Ja, ich bringe sie Ihnen.

Tag 8 Lernwortschatz

3/7

addition *f*	Rechnung
appeler	rufen
boire	trinken
Bon appétit !	Guten Appetit!
carafe *f*	Karaffe
carte *f*	Speisekarte
ce *m*, cet *(m vor Vokal)*, cette *f*	diese(r, s)
choix *m*	(Aus-)Wahl
délicieux *m*, délicieuse *f*	lecker
eau *f*	Wasser
fin *f*	Ende
four *m*	Ofen
ici	hier
oignon *m*	Zwiebel
personne *f*	Person
plat *m*	Gericht
Qu'est-ce que c'est ?	Was ist das?
recommander	empfehlen
région *f*	Region
soirée *f*	Abend
souvent	oft
table *f*	Tisch
tartiflette *f*	Ofengericht mit Kartoffeln, Zwiebeln und Käse
typique	typisch
vin *m* blanc	Weißwein
vin *m* du pays	Landwein
vin *m* rouge	Rotwein

Speisekarte	
carte *f* des vins	Weinkarte
menu *m*	Menü
menu *m* du jour	Tagesmenü
entrée *f*, hors-d'œuvre *m*	Vorspeise
crudités *f Pl*	gemischter Salat; Rohkost
salade *f*	Salat
saucisson *m*	Salami
plat *m* principal	Hauptgericht
plat *m* du jour	Tagesgericht
viande *f*	Fleisch
poisson *m*	Fisch
légumes *m Pl*	Gemüse
fromage *m*	Käse
dessert *m*	Nachtisch

Mahlzeiten	
repas *m*	Mahlzeit; Essen
petit déjeuner *m*	Frühstück
déjeuner *m*	Mittagessen
goûter *m*	Zwischenmahlzeit (meist für Kinder)
dîner *m*	Abendessen

Grammatik und Redemittel

Die Verben auf *-re* ▸ *§8.1.3*

	attendre warten	**prendre** nehmen	**boire** trinken
je/j'	atten**ds**	pren**ds**	boi**s**
tu	atten**ds**	pren**ds**	boi**s**
il/elle	atten**d**	pren**d**	boi**t**
nous	atten**dons**	**prenons**	**buvons**
vous	atten**dez**	**prenez**	**buvez**
ils/elles	atten**dent**	**prennent**	**boivent**

Wie **prendre** wird auch **comprendre** *verstehen* konjugiert.

Der Imperativ ▸ *§8.6*

Der Imperativ drückt eine Aufforderung aus. Seine Formen sind die 2. Person Singular (ohne **-s** für Verben auf **-er**) und die 1. und 2. Person Plural des Präsens.

regarder	schauen	**attendre**	warten
regarde !	Schau!	**attends !**	Warte!
regard**ons !**	Schauen wir!	attend**ons !**	Warten wir!
regard**ez !**	Schaut!/Schauen Sie!	attend**ez !**	Wartet!/Warten Sie!

Der Fragesatz mit *est-ce que* ▸ *§10*

In der gesprochenen Sprache können Sie Fragen mit **est-ce que** stellen.
Est-ce que ist unveränderlich und steht am Anfang der Frage bzw. direkt hinter dem Fragewort. Die Wortstellung bleibt wie im Aussagesatz.
Est-ce que tu prends du fromage ? *Nimmst du Käse?*
Où est-ce que tu vas ? *Wohin gehst du?*

Vor einem Vokal oder einem stummen **h** wird **est-ce que** zu **est-ce qu'**.
Est-ce qu'il veut du fromage ? *Will er Käse?*

Tag 8 Übungen

1/35

1 Stellen Sie sich vor, Sie sind im Restaurant. Hören Sie die Antworten des Kellners / der Kellnerin und kreuzen Sie jeweils die passende an.

	Réponse 1	Réponse 2
1. Qu'est-ce que vous nous recommandez ?	☐	☐
2. Vous avez un plat typique ?	☐	☐
3. Qu'est-ce que c'est ?	☐	☐

2 Kreuzen Sie die passende Verbform an.

1. a) ☐ Appelons la serveuse !
   b) ☐ Appeler
2. a) ☐ Regardez la carte des desserts !
   b) ☐ Regarder
3. a) ☐ Prend du pain !
   b) ☐ Prends

3 Vervollständigen Sie den Text mit den Verben in Klammern.

J' .... (1. aimer) bien le restaurant « Le Moulin ».

Nous n' .... (2. attendre) pas. Le serveur ....

(3. arriver) tout de suite et nous .... (4. commander)

le menu du jour. Nous .... (5. prendre) souvent un dessert.

Moi, je .... (6. prendre) une mousse au chocolat et ma femme

.... (7. prendre) une glace. Nous .... (8. boire)

toujours un café après le repas.

1/36

4 Geben Sie einem Freund Gesundheitstipps. Bilden Sie dafür Sätze im Imperativ und überprüfen Sie sie mithilfe der CD.
Sagen Sie ihm, dass ...

1. ... er Obst und Gemüse essen soll.
2. ... er Sport treiben soll.
3. ... er viel Wasser trinken soll.
4. ... er Fisch essen soll.

5 Verwenden Sie die passende Verbform im Imperativ.

1. .... du fromage ! (prendre – *2. Person Singular*)

2. Sandra et Mattéo, ... la tartiflette ! (préparer – *2. Person Plural*)

3. .... la serveuse ! (attendre – *1. Person Plural*)

4. Claire, ... le gâteau ! (acheter – *2. Person Singular*)

5. .... les courses aujourd'hui ! (faire – *2. Person Plural*)

6. C'est très bon, ... la recette ! (trouver – *1. Person Plural*)

6 Streichen Sie alles durch, was auf einer Speisekarte nichts zu suchen hat.

Menu du jour

Entrée

Soupe* de poisson

Salade de la région

Soirée typique

Plat principal

Tartiflette

Table au choix

Gratin à la viande et aux oignons

Fromage

ou

Personne

Mousse au chocolat

Four délicieux

Gâteau à la crème

*la soupe: *die Suppe*

7 Bringen Sie die Buchstaben in die richtige Reihenfolge, so dass Sie Formen von **attendre**, **prendre** oder **boire** erhalten. Ergänzen Sie die passenden Pronomen.

1. S I B O *je, tu* ....

2. S N O N E R P ....

3. N O B V E T I ....

4. S E T A N T D ....

5. D R P N E ....

6. N E T D E T Z A ....

8 Verbinden Sie die Fragen miteinander, die die gleiche Bedeutung haben.

1. Elle cherche la serveuse ? → e)
2. Vous aimez le poisson ?
3. Nous prenons le plat du jour ?
4. Tu fais quoi ?
5. On commande une pizza ?
6. Ils vont où ?

a) Est-ce que vous aimez le poisson ?
b) Où est-ce qu'ils vont ?
c) Est-ce que nous prenons le plat du jour ?
d) Est-ce qu'on commande une pizza ?
e) Est-ce qu'elle cherche la serveuse ?
f) Qu'est-ce que tu fais ?

9 Bilden Sie eine Frage mit **est-ce que**, die zum hervorgehobenen Satzteil passt.

1. ....

Oui, il prend un dessert.

2. ....

C'est **de la tartiflette** ! C'est un plat de la région !

3. ....

Non, je n'aime pas les oignons.

4. ....

Ils prennent **du vin rouge**.

10 Kreuzen Sie die Aussagen an, die zu den folgenden Situationen passen. Mehrere Lösungen sind möglich.

1. Sie möchten im Restaurant etwas zum Essen bestellen:
   a) ☐ Le menu du jour, s'il vous plaît !
   b) ☐ Je voudrais du poisson.
   c) ☐ Je prends le plat avec la viande.
   d) ☐ Je prépare le plat du jour !
2. Sie möchten den Kellner rufen:
   a) ☐ Bonjour !
   b) ☐ Salut !
   c) ☐ S'il vous plaît !
   d) ☐ Merci !
3. Sie möchten etwas zum Trinken bestellen:
   a) ☐ De l'eau, s'il vous plaît !
   b) ☐ Je voudrais de la limonade.
   c) ☐ C'est du vin ?
   d) ☐ Un verre de vin, s'il vous plaît !
4. Sie möchten dem Kellner sagen, dass das Essen Ihnen gut schmeckt:
   a) ☐ Un dessert au chocolat !
   b) ☐ C'est délicieux, Monsieur !
   c) ☐ C'est très bon.
   d) ☐ Monsieur, un bon dessert, s'il vous plaît !

Kulturtipp
Au restaurant

Wenn Sie in Frankreich essen gehen wollen, finden Sie sicherlich das passende Restaurant. Die Franzosen sind sehr anspruchsvoll, was die Originalität, das Aussehen und den Geschmack des Essens betrifft.

Nachdem der Kellner Ihnen das Tagesangebot vorgelesen oder Ihnen die Speisekarte gebracht hat, können Sie bestellen. Allerdings sollten Sie mindestens zwei Gänge wählen. Das Tagesmenü, bestehend aus Vorspeise, Hauptgericht und Käse oder Nachtisch, ist oft eine preiswertere Alternative. Zu jedem Gang gibt es natürlich den passenden Wein! Lassen Sie sich vom **sommelier** *Weinkellner* beraten, bevor Sie etwas falsch machen.

Nachdem Sie nach der **addition** *Rechnung* gefragt haben, wird Ihnen der Kellner diese auf einem kleinen Teller bringen. Achten Sie auch darauf, dass die Preise **service compris** *inklusive Bedienung* sind. Der Kellner wird dann das Tellerchen abholen, auf das Sie das Geld gelegt haben. Wollen Sie ein **pourboire** *Trinkgeld* hinterlassen? Dann legen Sie es ohne jeglichen Kommentar auf den Tisch, bevor Sie gehen.

Was können Sie schon?

	☺	😐	☹	
▪ die Empfehlungen eines Kellners verstehen	☐	☐	☐	▸ *Ü1*
▪ Aufforderungen verstehen	☐	☐	☐	▸ *Ü2, Ü5*
▪ einen kurzen Kommentar zu einem Restaurant abgeben	☐	☐	☐	▸ *Ü3*
▪ einem Freund Tipps geben	☐	☐	☐	▸ *Ü4*

Tag 9 Freizeit in der Stadt

In dieser Lektion lernen Sie

- Vorschläge zu machen
- über Geschmäcker und Vorlieben zu reden
- sich über Freizeitmöglichkeiten zu informieren

1/37 1/38

Séance de 20 heures

Pauline lit le programme du week-end dans le journal.

Pauline Tu as vu dans le journal ? Il se passe beaucoup de choses en ville ce soir : concert de rock à la salle des spectacles, pièce de théâtre en anglais.

Nina Non, pas d'anglais. Je préfère apprendre le français ici !

Pauline Je continue. Il y a un super film au ciné à la séance de 20 heures, un karaoké avec des chansons françaises au bar « Le navire ».

Nina Tu ne veux pas venir au ciné avec moi ?

Pauline Si, pourquoi pas.

Nina Mais je ne connais pas le programme.

Pauline Le film dont je te parle est un beau film romantique.

Nina Ah non !

Pauline Quels sont tes films préférés, Nina ?

Nina Mes films préférés sont les films d'action. Et toi ?

Pauline Mon film préféré est « Titanic ».

Nina Qu'est-ce qu'on décide alors ?

Pauline On peut peut-être demander à Pierre.

Nina Pierre, tu veux venir au cinéma ce soir ?

Pierre Volontiers.

Pauline Tu préfères voir un film d'action ou un film romantique ?

Pierre Mais quelle question ! Un film romantique bien sûr !

Fragen zum Dialog

Beantworten Sie die Fragen.

1. Qu'est-ce que Pauline lit ?

....

2. Qu'est ce qu'il y a au bar « Le navire » ?

....

3. Qu'est-ce que Nina veut faire ?

....

20-Uhr-Vorstellung

Pauline liest das Wochenendprogramm aus der Zeitung vor.

Pauline Hast du dir die Zeitung angeschaut? Es ist viel los (es passieren viele Sachen) heute Abend in der Stadt: Rockkonzert im Konzertsaal, Theaterstück auf Englisch.

Nina Nein, kein Englisch. Ich lerne hier lieber Französisch!

Pauline Ich lese weiter (fahre fort). Es gibt einen super Film in der 20-Uhr-Vorstellung im Kino, ein Karaoke mit französischen Liedern in der Bar „Le navire".

Nina Willst du nicht mit mir ins Kino gehen?

Pauline Doch, warum nicht.

Nina Aber ich kenne das Programm nicht.

Pauline Der Film, von dem ich rede, ist ein schöner romantischer Film.

Nina Ach nein!

Pauline Was sind deine Lieblingsfilme, Nina?

Nina Meine Lieblingsfilme sind Actionfilme. Und deine (du)?

Pauline Mein Lieblingsfilm ist „Titanic".

Nina Wofür (was) entscheiden wir uns dann?

Pauline Wir können vielleicht Pierre fragen.

Nina Pierre, willst du heute Abend mit ins Kino kommen?

Pierre Gerne.

Pauline Möchtest du lieber einen Actionfilm oder einen romantischen Film sehen?

Pierre Aber was für eine Frage! Einen romantischen Film natürlich!

Tag 9 Lernwortschatz

3/8

apprendre	lernen
bar *m*	Bar
bien sûr	natürlich
chanson *f*	Lied
connaître (je connais)	kennen (ich kenne)
continuer	fortfahren (hier: weiterlesen)
décider	entscheiden
demander	fragen
dont	von dem; wovon
en anglais	auf Englisch
français(e)	französisch
film *m*	Film
film *m* d'action	Actionfilm
film *m* préféré	Lieblingsfilm
heure *f*	Uhr; Stunde
il se passe beaucoup de choses	es ist viel los
il y a	es gibt
journal *m*	Zeitung
karaoké *m*	Karaoke
lire (elle lit)	lesen (sie liest)
peut-être	vielleicht
pièce *f* de théâtre	Theaterstück
Pourquoi pas ?	Warum nicht?
pouvoir	können, dürfen
préféré(e)	Lieblings ...
programme *m*	Programm
question *f*	Frage
rock *m*	Rockmusik
romantique	romantisch
salle *f*	Saal
séance *f*	Vorstellung
si	doch
venir	(mit)kommen
volontiers	gerne
vouloir	wollen
voir (vu)	sehen (gesehen)

Freizeitaktivitäten	
loisirs *m Pl*	Freizeit
exposition *f*	Ausstellung
cinéma *m* (*ugs.* ciné)	Kino
cirque *m*	Zirkus
concert *m*	Konzert
musée *m*	Museum
spectacle *m*	Vorstellung; Live-Show
théâtre *m*	Theater

Grammatik und Redemittel

Modalverben und Infinitivergänzung ▸ *§ 8.1.5*

	pouvoir können/dürfen	**vouloir** wollen/mögen	**devoir** müssen/sollen
je	**peux**	**veux**	**dois**
tu	**peux**	**veux**	**dois**
il/elle	**peut**	**veut**	**doit**
nous	pou**vons**	vou**lons**	de**vons**
vous	pou**vez**	vou**lez**	de**vez**
ils/elles	**peuvent**	**veulent**	**doivent**

Auf Modalverben und auch auf Verben wie **préférer** *bevorzugen*, **aimer** *gern haben; mögen*, **passer** *vorbeigehen* oder **penser** *denken* folgen Verben im Infinitiv.
Je **veux aller** au cinéma. *Ich will ins Kino gehen.*
Je **préfère aller** au théâtre. *Ich gehe lieber ins Theater.*

Die Possessivadjektive ▸ *§ 7.2*

Beachten Sie, dass die Possessivadjektive sich in Geschlecht und Zahl nach dem dazugehörigen Substantiv richten:
C'est **son** journal. *Es ist seine/ihre Zeitung.*
C'est **leur** film préféré. *Es ist ihr Lieblingsfilm.*

Ein Besitzer		
Singular		**Plural**
mon mein	**ma** meine	**mes** meine
ton dein	**ta** deine	**tes** deine
son sein/ihr	**sa** seine/ihre	**ses** seine/ihre
Mehrere Besitzer (oder Höflichkeitsform)		
notre unser; unsere		**nos** unsere
votre euer/Ihr; eure/Ihre		**votre** euer/Ihr; eure/Ihre
leur ihr; ihre		**leurs** ihre

Achtung:
Vor Vokal oder stummem **h**, werden **ma**, **ta**, **sa** zu **mon**, **ton**, **son**:
Femininum **mon** *amie* *meine Freundin*
Maskulinum **mon** ami *mein Freund*

Tag 9 Übungen

1 Kreisen Sie das richtige Possessivadjektiv ein.

1. C'est le cousin de Lucie. C'est *mon* | *son* | *leur* cousin.
2. Claire est l'amie de Carine. C'est *mon* | *sa* | *son* amie.
3. C'est la maison de Christelle et Jean. C'est *leur* | *son* | *sa* maison.
4. Ce sont les CDs de Christophe et Jérôme. Ce sont *leur* | *ses* | *leurs* CDs.

2 Schreiben Sie die richtige Form des Verbs.

1. Je ne ………………………… pas venir. (*können*)
2. Aujourd'hui, nous ………………………… aller au musée. (*wollen*)
3. Est-ce que tu ………………………… du pain ? (*wollen*)
4. Est-ce que vous ………………………… m'aider ? (*können*)

1/39

3 Lesen Sie die Sätze aus der Übung 2 laut vor und kontrollieren Sie Ihre Aussprache anhand der CD.

1/40

4 Was hören Sie? Kreuzen Sie an.

	[s] wie in **s**alut	[z] wie in **z**éro
1. la **s**alle	☐	☐
2. l'expo**s**ition	☐	☐
3. le con**c**ert	☐	☐
4. le **c**inéma	☐	☐
5. le mu**s**ée	☐	☐
6. la chan**s**on	☐	☐
7. la **s**éance	☐	☐

Haben Sie die Regel herausgefunden? Am ………………………… (8.) oder nach einem ………………………… (9.) spricht man den Laut [s]. Der Buchstabe ………………………… (10.) wird vor einem Vokal ebenfalls [s] ausgesprochen. Hingegen kommt der Laut [z] zwischen ………………………… (11.) vor.

5 Ordnen Sie die Zeitungsanzeigen einer der fünf Kategorien zu. Tragen Sie dazu den jeweiligen Buchstaben ein.

1. Cinéma	2. Musée	3. Théâtre	4. Cirque	5. Concert

a) Exposition de la semaine : Matisse, Monet. Fin : vendredi à 16.00.

b) Vous voulez voir des clowns, de l'action et des artistes excellents ? Chez nous, il se passe toujours beaucoup de choses !

c) Une pièce typique de la région. Pourquoi pas ce soir ?

d) Enfin un groupe de rock avec des chansons françaises. Vous devez voir notre groupe préféré !

e) Séances de 20.00 : les films sont en anglais !

6 Kreuzworträtsel. Tragen Sie die korrekten französischen Verbformen in das Kreuzworträtsel ein. Wie lautet das Lösungswort? Ergänzen Sie das passende Personalpronomen.

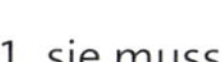

1. sie muss
2. du darfst
3. Sie müssen
4. wir wollen
5. wir können
6. du sollst

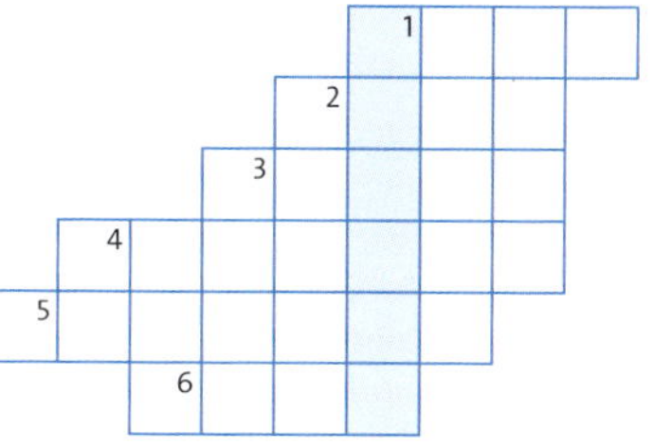

Lösungswort: ....

Tag 9

7 Übersetzen Sie die folgenden Sätze ins Französische.

1. Er möchte ins Kino gehen.

....

2. Sie geht gerne shoppen.

....

3. Wir treiben lieber Sport.

....

4. Ihr müsst das Lied lernen.

....

5. Ich gehe gerne ins Restaurant.

....

6. Ich kann nicht kommen.

....

8 Ergänzen Sie im folgenden Dialog die fehlenden Possessivadjektive.

1. ▸ Stéphane, c'est mon journal ?

   ◂ Non, ce n'est pas .... journal. C'est le journal de Léa.

2. ▸ Andrea, quel est le film préféré de .... mère ?

   ◂ Ma mère ? .... film préféré est « Intouchables* ».

3. ▸ Comment s'appelle l'amie de Fabienne ?

   ◂ .... amie s'appelle Theresa.

4. ▸ Mme Florentin, où est .... sac ?

   ◂ Mon sac ? Zut**, il est encore à la gare.

5. ▸ M. et Mme Duchamp ont deux filles.

   ◂ Oui ! .... filles ont dix ans et quatorze ans maintenant.

6. ▸ André et Anna sont frère et sœur. .... mère, c'est Magalie.

   ◂ Non ? Magalie est .... tante !

* „Ziemlich beste Freunde“ in Deutschland
**zut: *verflixt*

Kulturtipp Les loisirs

In ihrer Freizeit besuchen viele Franzosen die **clubs de peinture**, **clubs de théâtre** oder **clubs de sport** *Mal-, Theater-* oder *Sportvereine*. Staatliche und private Museen, die meistens dienstags geschlossen haben, bieten eine große Vielfalt an kulturellen Angeboten.

Traditionell ist der Mittwoch der wöchentliche „Freizeittag". Grundschüler gehen nicht zur Schule, ältere Schüler nur bis mittags. Angestellte, insbesondere Mütter, pausieren. Der Eintritt in die meisten Museen ist frei und Sport-, Kunst- und Musikaktivitäten sind an der Reihe. Übrigens: Auch jedes erste Wochenende im Monat können Sie kostenfrei in die meisten Museen gehen.

Sind Sie abends bei Freunden eingeladen, werden Sie Ihre Freizeit nicht selten mit Rollenspielen oder **jeux de société** *Gesellschaftsspielen* verbringen.

Was können Sie schon?

	☺	😐	☹	
ausdrücken, wem etwas gehört				▸ *Ü1, Ü8*
sagen, was Sie tun können, wollen, mögen oder müssen				▸ *Ü2, Ü3, Ü6, Ü7*
jemanden fragen, ob er Ihnen helfen kann				▸ *Ü2, Ü3*
über Pläne und Vorhaben sprechen				▸ *Ü2, Ü7*
das Freizeitangebot einer Stadt verstehen				▸ *Ü4, Ü5*

Tag 10

Sport

In dieser Lektion lernen Sie

- sich über verschiedene Sportarten zu unterhalten
- über Ihre eigenen sportlichen Fähigkeiten und Interessen zu sprechen

1/41
1/42

À l'entraînement de volley

Dimanche matin, Pierre emmène Nina à l'entraînement de volley. Il retrouve son ami Antoine.

Pierre	Salut Antoine ! Ça va ?
Antoine	C'est la forme, merci. Et toi ?
Pierre	Ça va bien. Je te présente Nina, ma cousine allemande.
Antoine	Enchanté.
Nina	Bonjour.
Antoine	Ah, tu es comme ton cousin. Tu sais aussi jouer au volley ?
Nina	Non, moi, je ne sais pas trop. Je veux essayer.
Antoine	C'est un sport intéressant.
Nina	Le filet est haut !
Antoine	Mais ce n'est pas un problème pour toi, tu es assez grande.
Nina	Je ne connais pas les règles du jeu.
Antoine	Regarde un peu. C'est simple.
Nina	J'espère !

L'entraîneur siffle et Nina s'assoit sur le banc.

Entraîneur	Finissez vos discussions et choisissez un ballon. La semaine prochaine, on a un match important… C'est parti !
Nina	Wouah ! Pierre est un bon joueur. Il forme une équipe parfaite avec Antoine.
Antoine	Nina, tu veux jouer avec nous maintenant ?
Nina	Déjà ? Vous ne finissez pas le match ?
Antoine	Nina ! Ce n'est pas encore un vrai match, c'est l'échauffement !

Fragen zum Dialog

Ergänzen Sie die Zusammenfassung des Dialogs mit den Wörtern:

Antoine dimanche entraîneur cousine entraînement ballon

C'est .... (1.) matin. Pierre et Nina vont à l' .... (2.) de volley. .... (3.), est déjà là. Pierre lui présente sa .... (4.). L' .... (5.) siffle et les joueurs prennent un .... (6.).

Beim Volleyballtraining

Am Sonntagvormittag nimmt Pierre Nina zum Volleyballtraining mit. Er trifft seinen Freund Antoine.

Pierre Hallo Antoine! Wie geht's?
Antoine Ich bin in Form (Das ist die Form), danke. Und du?
Pierre Es geht mir gut. Ich stelle dir Nina, meine deutsche Cousine, vor.
Antoine Sehr erfreut.
Nina Guten Morgen.
Antoine Ach, du bist wie dein Cousin. Kannst du auch Volleyball spielen?
Nina Nein, i c h kann es nicht so recht. Ich möchte es probieren.
Antoine Das ist ein interessanter Sport.
Nina Das Netz ist hoch!
Antoine Aber das ist kein Problem für dich, du bist groß genug.
Nina Ich kenne die Spielregeln nicht.
Antoine Schau ein bisschen zu. Es ist einfach.
Nina Ich hoffe!

Der Trainer pfeift und Nina setzt sich auf die Bank.

Trainer Beendet eure Unterhaltungen und sucht euch einen Ball aus. Nächste Woche haben wir ein wichtiges Spiel ... Los geht's!
Nina Wow! Pierre ist ein guter Spieler. Er bildet ein perfektes Team mit Antoine.
Antoine Nina, willst du jetzt mit uns spielen?
Nina Schon? Beendet ihr das Spiel nicht?
Antoine Nina! Das ist noch kein richtiges Spiel, das ist das Aufwärmen.

Lernwortschatz

3/9

allemand(e)	deutsch
assez	genug; ziemlich
ballon *m*	Ball
banc *m*	(Sitz-)Bank
choisir	(aus)wählen
comme	wie
dimanche *m*	Sonntag
discussion *f*	Unterhaltung; Diskussion
échauffement *m*	Aufwärmen
emmener	mitnehmen
entraînement *m*	Training
entraîneur *m*, entraineuse *f*	Trainer, Trainerin
équipe *f*	Mannschaft; Team
espérer	hoffen
essayer	versuchen, probieren
filet *m*	Netz
finir	beenden
forme *f*	Form
haut(e)	hoch
important(e)	wichtig
intéressant(e)	interessant
joueur *m*, joueuse *f*	Spieler, Spielerin
match *m*	Spiel
matin *m*	Vormittag; Morgen
ne ... pas encore	noch nicht
pas trop	nicht so recht; nicht zu viel
problème *m*	Problem
prochain(e)	nächste(r, s)
règle *f* du jeu	Spielregel
s'asseoir (elle s'assoit)	sich setzen (sie setzt sich)
savoir	wissen; können
siffler	pfeifen
simple	einfach
sur	auf
temps *m*	Zeit

Sport treiben	
faire du sport	Sport treiben
faire du foot	Fussball spielen
faire du ski	Ski fahren
faire du tennis	Tennis spielen
faire du vélo	Fahrrad fahren
faire du volley	Volleyball spielen
faire du badminton	Federball spielen
faire du bateau	segeln
faire du cheval	reiten
faire de la natation	schwimmen
faire de la randonnée	wandern

Grammatik und Redemittel

Das Adjektiv: Formen und Stellung ▸ §4

Das Adjektiv richtet sich in Geschlecht und Zahl nach dem dazugehörigen Substantiv (auch nach **être**). Denken Sie daran, dass der Endkonsonant des Adjektivs ausgesprochen wird, wenn ein **-e** oder **-es** angehängt wird.

Singular

un sport intéressant *ein interessanter Sport* **Il** est intéressant.

une équipe intéressant**e** *eine interessante Mannschaft* **Elle** est intéressant**e**.

Plural

des sports intéressant**s** *interessante Sportarten* **Ils** sont intéressant**s**.

des équipes intéressant*es* *interessante Mannschaften* **Elles** sont intéressant**es**.

Achtung:

Die meisten Adjektive stehen **nach** dem Substantiv:

un joueur parfait *ein perfekter Spieler.*

Kurze Adjektive hingegen stehen **vor** dem Substantiv:

un petit ballon *ein kleiner Ball.*

Die Verben auf *-ir* mit Stammerweiterung ▸ *§ 8.1.2*

	finir beenden	
	Präsens	**Imperativ**
je	fini**s**	
tu	fini**s**	fini**s** !
il/elle	fini**t**	
nous	fini**ssons**	fini**ssons** !
vous	fini**ssez**	fini**ssez** !
ils/elles	fini**ssent**	

Ebenso wird **choisir** *wählen* konjugiert.

Das Modalverb *savoir* ▸ *§ 8.1.5*

Savoir bedeutet sowohl *wissen* als auch *können*:

Je ne **sais** pas. *Ich weiß nicht.* Tu **sais** jouer au tennis ? *Kannst du Tennis spielen?*

	Präsens
je	**sais**
tu	**sais**
il/elle	**sait**
nous	sav**ons**
vous	sav**ez**
ils/elles	sav**ent**

Übungen

1/43

1 Hören Sie die Personenbeschreibung. Es handelt sich um eine Figur aus dem Dialog. Aber um wen?

Je suis : …………………………………………………………………… .

2 Lesen Sie die Schlagzeilen. Leider fehlen die Endungen der Verben. Ergänzen Sie sie. Ordnen Sie anschließend jeder Schlagzeile ein Bild zu.

1. Sav ……………………………-vous faire du ski ?
2. Le match fini …………………………… par 3 à 1.
3. Vous pouvez choisi …………………………… votre programme aujourd'hui : foot ou basket ?

a) b) c)

3 Ergänzen Sie, falls nötig, die richtige Endung.

1. Marie est grand…………………… .
2. Pierre aime les bon…………………… gâteaux.
3. Magalie et Jules sont content…………………… .
4. C'est un match intéressant…………………… .

1/44

4 Lesen Sie die Sätze aus der Übung 3 laut vor. Überprüfen Sie Ihre Aussprache mithilfe der CD.

5 Ergänzen Sie die passenden Verbformen.

1. Elle .... (choisir) des chaussures de sport blanches.
2. L'entraînement .... (finir) à 19.00.
3. Non, je ne .... (savoir) pas faire de cheval.
4. Ils .... (choisir) les joueurs de leur équipe.
5. Nous .... (finir) le match et nous allons à la maison !
6. Pas de match dimanche. Vous le .... (savoir) ?

6 Verbinden Sie die zusammengehörigen Satzteile.

1. Il arrive dimanche → c)	a) intéressants.
2. Ils regardent des films	b) gentilles.
3. Céline et Carola sont très	c) prochain.
4. Aujourd'hui, c'est un entraînement	d) français.
5. Léo, Mia et Sandra ne sont pas	e) simple.

7 Bilden Sie aus den Satzteilen sinnvolle Sätze. Achten Sie besonders auf die korrekten Verb- und Adjektivformen!

1. Ils – important – avoir – match

....

2. Pauline – grand – être

....

3. avoir – discussion – Nous – intéressant

....

4. deux – Mes – petit – être – frères

....

5. Ses – simple – questions – être

....

6. être – filles – surpris – Les

....

8 Suchen Sie in der Buchstabenschlange 14 Wörter rund um das Thema Sport und kreisen Sie sie ein.

tenniscruditésfiletentraînementpotdeeauplatmatch
vélomarrantfootviandechercherblancjoueurgâteau
randonnéeboissonentraîneurserveurjoggingparfait
oncleballonsportpoissonéchauffementsucrebasket

9 Beantworten Sie die Fragen mithilfe der Hinweise in Klammern. Achten Sie auf die Präpositionen à und de!

1. Ils jouent au foot ? (faire – tennis)

   Non, ils ......

2. Vous faites du cheval ? (faire – bateau)

   Non, nous ......

3. Est-ce que tu fais du basket ? (faire – vélo)

   Non, je ......

4. Et Luc, lui, il fait du basket ? (jouer – volley)

   Non, lui, il ......

5. Alain fait du sport ce week-end ? (faire – randonnée)

   Oui, il ......

6. Ils font du vélo dimanche ? (jouer – foot)

   Non, ils ......

10 Sagen Sie es auf Französisch! Wie lauten Ihre persönlichen Antworten auf die folgenden Fragen?

Et vous, vous aimez le sport ?

Vous faites de la randonnée ou du vélo ?

Kulturtipp
Le sport en France

Beim Thema Sport ist die Nation gespalten: in Fußballfans und Rugbyanhänger einerseits und Tennisbegeisterte andererseits. 1998 packte die Franzosen das Fußballfieber, als **les bleus** *die Blauen* im eigenen Land Weltmeister und zwei Jahre später Europameister wurden. Der berühmte Spieler Zinédine Zidane wurde zur Ikone. Das **rugby** *Rugby* ist eine Art amerikanischer Fußball, den man mit fünfzehn Spielern spielt. Frankreich gehört neben England, Schottland, Irland, Wales, Australien und Neuseeland zu den bedeutendsten Mannschaften der Welt. Ein anderes großes Sportereignis begeistert jedes Jahr im Juni die Franzosen: das **tournoi de Roland-Garros** *French Open* in Paris. Also: Wenn Sie sich für Sport interessieren, gibt es in Frankreich neben der **Tour de France** noch einiges zu erleben!

Was können Sie schon?

	☺	😐	☹	
■ die Beschreibung einer Person verstehen	■	■	■	▸ *Ü1*
■ Schlagzeilen in einer Zeitung lesen	■	■	■	▸ *Ü2*
■ Sportergebnisse verstehen	■	■	■	▸ *Ü2*
■ über die Eigenschaften von Personen und Dingen schreiben und sprechen	■	■	■	▸ *Ü3, Ü4, Ü7*

Tag 11 Neue Freundschaften schließen

In dieser Lektion lernen Sie

- jemanden einzuladen und eine Einladung anzunehmen oder abzulehnen
- eine Person zu beschreiben
- Farben zu benennen

À la vôtre !

1/45
1/46

À l'entraînement, Pierre invite ses amis, Antoine et Marie, à l'apéritif.

Pierre Antoine et Marie, vous passez prendre l'apéro ce soir ?
Antoine Oui, avec plaisir ! C'est une bonne idée !
Marie Pas moi. Je sors ce soir avec un copain.
Pierre Un rendez-vous un dimanche soir ?
Marie Tu es bien curieux.
Pierre Bon, la prochaine fois, alors. Bonne soirée !

Chez Pierre et Pauline

Pauline Je suis inquiète. Marie n'est pas encore là ? Elle n'est jamais en retard d'habitude.
Pierre Zut, j'ai oublié : elle sort ce soir.
Nina Marie ? C'est qui ?
Pauline C'est la nouvelle joueuse de volley.
Pierre Tu sais, la fille blonde avec les cheveux longs ?
Pauline Non Pierre, elle n'est plus blonde, elle est rousse maintenant.
Nina La fille avec la belle veste blanche ?
Pierre Oui, c'est ça !
Nina Dommage. Elle est sympa, je crois.
Pierre Qu'est-ce que vous voulez boire ?
Antoine Moi, un pastis avec deux gros glaçons.
Pauline Un muscat ! Et toi, Nina ?
Nina Oui... Je goûte le muscat !

Tout le monde a un verre à la main.

Tous Alors, santé ! À la vôtre !

Fragen zum Dialog

Kreuzen Sie die richtige Antwort an.

1. Pourquoi Marie n'est pas là ?	a) ☐ Elle travaille.	b) ☐ Elle sort.
2. Comment est Marie ?	a) ☐ Elle est brune.	b) ☐ Elle est rousse.
3. Qu'est-ce qu'Antoine boit ?	a) ☐ un pastis	b) ☐ un muscat

Zum Wohl!

Beim Training lädt Pierre seine Freunde, Antoine und Marie, zum Aperitif ein.

Pierre Antoine und Marie, kommt ihr heute Abend zum Aperitif vorbei?
Antoine Ja, mit Vergnügen! Das ist eine gute Idee!
Marie Ich nicht. Ich gehe heute Abend mit einem Freund aus.
Pierre Eine Verabredung an einem Sonntagabend?
Marie Du bist ganz schön neugierig.
Pierre Na gut, also das nächste Mal. Schönen Abend!

Bei Pierre und Pauline

Pauline Ich mache mir Sorgen (bin beunruhigt). Ist Marie noch nicht da? Sie ist normalerweise nie zu spät.
Pierre Mist, ich habe vergessen: Sie geht heute Abend aus.
Nina Marie? Wer ist das?
Pauline Das ist die neue Volleyballspielerin.
Pierre Weißt du, das blonde Mädchen mit den langen Haaren?
Pauline Nein Pierre, sie ist nicht mehr blond, sie ist jetzt rothaarig.
Nina Das Mädchen mit der schönen weißen Jacke?
Pierre Ja, genau!
Nina Schade. Sie ist nett, glaube ich.
Pierre Was wollt ihr trinken?
Antoine Ich einen Pastis mit zwei großen Eiswürfeln.
Pauline Einen Muscat! Und du, Nina?
Nina Ja ... Ich probiere den Muscat!

Alle haben ein Glas in der Hand.

Alle Also, prost! Zum Wohl!

Tag 11 Lernwortschatz

3/10

À la tienne !	Zum Wohl! (wenn nur zwei Personen anstoßen)
À la vôtre !	Zum Wohl! (wenn mehrere Personen anstoßen oder Höflichkeitsform)
ami *m*, amie *f*	Freund, Freundin
apéritif *m* (*ugs.* *apéro*)	Aperitif
avec plaisir	gerne; mit Vergnügen
Bonne soirée !	Schönen Abend!
cheveux *m Pl*	Haare
copain *m*, copine *f*	Freund, Freundin
curieux, curieuse	neugierig
d'habitude	normalerweise
dommage	schade
être en retard	zu spät sein; Verspätung haben
fois *f*	Mal
glaçon *m*	Eiswürfel
goûter	probieren; kosten
inquiet, inquiète	beunruhigt; besorgt
inviter	einladen
là	da
main *f*	Hand
muscat *m*	Muskateller (süßer Wein)
ne... jamais	nie
ne... plus	nicht mehr
nouveau *m*, nouvel (*m vor Vokal*), nouvelle *f*	neu
passer	vorbeikommen
pastis *m*	Pastis (alkoholisches Anisgetränk)
prendre l'apéritif	Aperitif trinken
qui	wer
rendez-vous *m*	Verabredung; Termin
Santé !	Prost!
soir *m*	Abend
sortir	ausgehen
sympa	nett
tout le monde	jede(r); alle (Leute)
verre *m*	Glas
veste *f*	Jacke

Gegensätze	
grand(e)/petit(e)	groß/klein
gros(se)/maigre	dick/dünn
bon(ne)/mauvais(e)	gut/schlecht
neuf, neuve/vieux, vieille	neu/alt
long(ue)/court(e)	lang/kurz
beau, belle/laid(e)	hübsch/hässlich
gentil(le)/méchant(e)	nett/böse
heureux, heureuse/triste	glücklich/traurig
blond(e)/brun(e)/roux, rousse	blond/dunkelhaarig/rothaarig
blanc, blanche/noir(e)	weiß/schwarz

Grammatik und Redemittel

Das Adjektiv: Besondere Formen ▸ *§4*

Besondere Formen des Adjektivs entnehmen Sie dem Wortschatzkasten *Gegensätze*. Achten Sie allerdings auf die Adjektive **beau** *schön*, **vieux** *alt* und **nouveau** *neu*. Sie stehen **vor** dem Substantiv und werden zu **bel**, **vieil** und **nouvel** vor Substantiven, die mit Vokal oder stummem **h** beginnen:

	Maskulinum		Femininum
Singular	un **beau** garçon	un **bel** homme	une **belle** femme
Plural	des **beaux** garçons/hommes		des **belles** femmes

Farbadjektive

Farbadjektive stehen immer **nach** dem Substantiv:
une veste **blanche** *eine weiße Jacke*.
Beachten Sie, dass **marron** *braun* und **orange** *orange* unveränderlich sind. Weitere Farben sind: **bleu(e)** *blau*, **vert(e)** *grün*, **rouge** *rot* und **jaune** *gelb*.

Die Verneinung (II) ▸ *§11*

ne... pas	nicht	ne... rien	nichts
ne... pas encore	noch nicht	ne... plus	nicht mehr
ne... pas du tout	gar nicht	ne... personne	niemand
ne... pas toujours	nicht immer	ne... jamais	nie
ne... pas non plus	auch nicht		

Das Verb *sortir* ▸ *§8.1.2*

Einige Verben auf **-ir**, wie **sortir** *ausgehen*, werden wie folgt konjugiert:

	Präsens	Imperativ
je	sors	
tu	sors	sors !
il/elle	sort	
nous	sortons	sortons !
vous	sortez	sortez !
ils/elles	sortent	

Tag 11 Übungen

1 Kreuzen Sie die richtige Verbform an.

1. Vous	a) ☐ sortez	b) ☐ sortent	ce soir ?
2. Nous	a) ☐ finissons	b) ☐ finissent	la soirée chez Pauline.
3. Claire	a) ☐ sortent	b) ☐ sort	de la maison sans chaussures.
4. Gilles et Jules	a) ☐ choisit	b) ☐ choisissent	leur dessert.

1/47

2 Hören Sie den Dialog und ergänzen Sie die fehlenden Wörter.

Lucie Salut Michel ! Ce soir, je .... (1.) une petite soirée à la maison avec des copains. Tu .... (2.) avec nous ?

Michel Oui, ... (3.).

Lucie Je veux .... (4.) Patrick aussi.

Michel Patrick ? Il ne peut pas .... (5.).

Lucie Il n'a pas le temps ?

Michel Non, il a un .... (6.).

Lucie C'est .... (7.).

Tant pis. La .... (8.) fois peut-être.

3 Wie ist er? Wie ist sie?

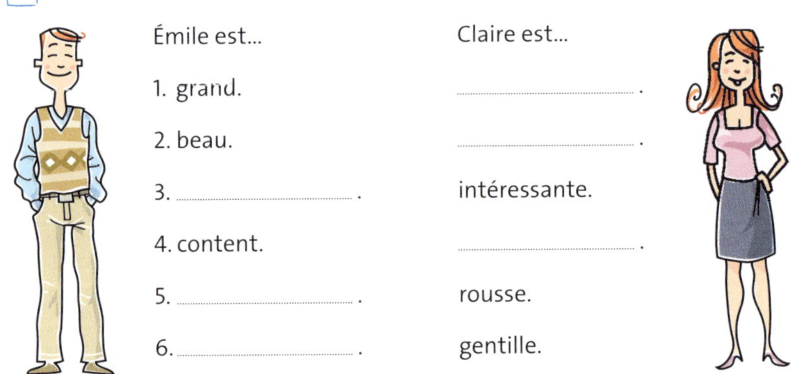

Émile est...	Claire est...
1. grand.	....
2. beau.	....
3.	intéressante.
4. content.	....
5.	rousse.
6.	gentille.

4 Kreuzen Sie das fehlende Wort an. Achten Sie dabei auf die Stellung der Adjektive!

1. Nous avons un .... chat à la maison. a) ☐ petit b) ☐ blanc
2. Mon frère a les cheveux .... a) ☐ longs b) ☐ beaux
3. Sarah est une fille .... a) ☐ grande. b) ☐ sympa.
4. J'ai un .... ami. c) ☐ curieux b) ☐ nouvel
5. M. Valérian est un .... monsieur. a) ☐ vieux b) ☐ intéressant
6. Regarde, ils ont des verres .... a) ☐ petits b) ☐ jaunes

5 Ordnen Sie die Buchstaben so, dass sich Farben ergeben. Notieren Sie jeweils die männliche und die weibliche Form.

1. L U B E ....
2. A L C B N ....
3. G O R U E ....
4. T R E V ....
5. U J E N A ....
6. I N R O ....

6 Ergänzen Sie in dem folgenden Artikel über eine neue Schauspielerin die Adjektive in der passenden Form. Jedes Adjektiv darf nur einmal verwendet werden, mit Ausnahme von nouveau, das an zwei Stellen einzusetzen ist.

curieux bon français sympa beau
nouveau (2x) grand brun intéressant long

La .... (1) star

C'est une .... (2) jeune* femme de 24 ans très .... (3). Elle a beaucoup de talent. Elle joue bien. C'est déjà une très .... (4) actrice ! Elle est très .... (5) avec ses .... (6) cheveux .... (7). Elle est très .... (8), mais toujours très .... (9). Tout le monde adore la .... (10) star .... (11) Marie Dumurier !

*jeune: *jung*

7 Lösen Sie das Kreuzworträtsel. Welche Formen von **choisir, finir oder sortir** sind gesucht? Ergänzen Sie beim Lösungswort das passende Personalpronomen.

1. Qu'est-ce que vous c.......... ?
2. Il c.......... un café noir.
3. Je s.......... ce soir !
4. Elle s.......... avec Jean
5. Ils c.......... la veste bleue.
6. Vous f.......... à 13.00.

Lösungswort: ....

8 Verbinden Sie die zusammengehörigen Satzteile.

1. Ils ne travaillent pas → b)
2. Claire et Karine ne sont pas
3. Il n'invite pas non
4. Vous ne goûtez
5. Marion ne regarde
6. Xavier ne veut

a) plus Carole.
b) le dimanche.
c) personne.
d) jamais sortir.
e) toujours pas le fromage ?
f) du tout inquiètes.

9 Verneinen Sie die Sätze mithilfe der Vorgaben in Klammern.

1. Ils vont en France. *(nie)*

....

2. Nous sommes en ville. *(nicht mehr)*

....

3. Il boit de l'alcool. *(gar nicht / gar kein)*

....

4. J'invite tout le monde. *(niemand)*

....

5. Elle a un nouveau travail. *(noch nicht)*

....

Kulturtipp L'apéritif et la pétanque

Es vergeht kaum ein Wochenende, an dem der Franzose nicht zum **apéro** eingeladen ist. Oft trifft man sich zwischen 18 h und 20 h für eine oder zwei gesellige Stunden bei Freunden, Verwandten oder Nachbarn, meistens ohne besonderen Anlass. Es werden ein, zwei Gläser getrunken und es wird natürlich viel geredet und gelacht.

Wenn man Sie fragt, was Sie trinken möchten, haben Sie zum Beispiel die Wahl zwischen einem Glas Whisky oder dem bei Männern in Südfrankreich sehr beliebten **pastis**. Dieses alkoholische Anisgetränk wird mit viel Wasser und Eiswürfeln serviert. Das süße Weingetränk **muscat** ist eher etwas für Frauen. Meist stehen auch ein paar Kleinigkeiten zum Knabbern auf dem Tisch: Erdnüsse, Chips, Oliven. Wenn Sie unbedingt etwas mitbringen wollen, eignen sich gute Pralinen, eine Flasche Wein oder auch Blumen. Während des Aperitifs spielen Südfranzosen gerne das berühmte Boules-Spiel, **la pétanque**. Menschen aller Altersgruppen treffen sich und lassen mit großer Begeisterung die Metallkugeln rollen. Es gibt sogar seit 1946 französische Pétanque-Meisterschaften!

Was können Sie schon?

	☺	😐	☹	
■ verstehen, wenn jemand Ihnen von seinen Plänen erzählt	■	■	■	▸ Ü1
■ verstehen, wenn jemand Sie einlädt	■	■	■	▸ Ü2
■ eine Einladung annehmen oder ablehnen	■	■	■	▸ Ü2
■ das Aussehen einer Person genauer beschreiben	■	■	■	▸ Ü3, Ü4, Ü6

Tag 12

Wohnungssuche

In dieser Lektion lernen Sie

- über Erfahrungen bei der Wohnungssuche zu sprechen
- eine Wohnung zu beschreiben
- über Ereignisse aus der Vergangenheit zu berichten

1/48
1/49

Le nouvel appart

Nina commence bientôt son nouveau travail à Grenoble. Elle a trouvé un appartement.

Antoine Tu veux toujours louer un appartement, Nina ?

Nina Non, j'ai trouvé. Ça n'a pas été facile.

Antoine Tu as cherché longtemps ?

Nina Oui, un peu. J'ai regardé dans les petites annonces du journal. Et je n'ai rien trouvé.

Antoine Tu as pensé à Internet ?

Nina Oui. Je n'ai pas eu de chance. Rien !

Pierre Ensuite, j'ai aidé Nina à chercher et j'ai demandé à une agence immobilière ici à Grenoble.

Nina Et ils ont tout de suite proposé un appartement avec trois pièces.

Antoine Ah, tu veux dire un F3 ! Et où ?

Nina Dans le centre-ville. L'appartement est parfait. Il fait 85 m^2. Il a un grand salon.

Antoine Et la cuisine ?

Nina La cuisine et la salle de bains sont presque neuves ! En plus, le loyer n'est pas trop cher.

Antoine Waouh ! C'est presque du luxe ! Tu l'as pris, j'espère !

Nina Oui, bien sûr ! Mais il y a un petit problème... L'appartement est au sixième étage sans ascenseur !

Antoine Mais tu es sportive ! Tu emménages quand ?

Nina Dans deux semaines.

Fragen zum Dialog

Sind die Aussagen richtig *vrai* oder falsch *faux*?
Korrigieren Sie die falschen Aussagen.

	vrai	faux
1. Nina a trouvé un appartement.	☐	☐
2. Antoine a aidé Nina pour trouver un appartement.	☐	☐
3. Nina emménage dans trois semaines.	☐	☐

Die neue Wohnung

Nina beginnt bald ihre neue Arbeit in Grenoble. Sie hat eine Wohnung gefunden.

Antoine Willst du immer noch eine Wohnung mieten, Nina?

Nina Nein, ich habe (eine) gefunden. Es war nicht einfach.

Antoine Hast du lange gesucht?

Nina Ja, ein bisschen. Ich habe in die Kleinanzeigen in der Zeitung geschaut. Und ich habe nichts gefunden.

Antoine Hast du ans Internet gedacht?

Nina Ja. Ich habe kein Glück gehabt. Nichts!

Pierre Dann habe ich Nina beim Suchen geholfen und ich habe bei einem Maklerbüro hier in Grenoble gefragt.

Nina Und sie haben sofort eine Wohnung mit drei Zimmern angeboten.

Antoine Ach, du meinst eine Dreizimmerwohnung! Und wo?

Nina In der Stadtmitte. Die Wohnung ist perfekt. Sie ist 85 m^2 groß. Sie hat ein großes Wohnzimmer.

Antoine Und die Küche?

Nina Die Küche und das Badezimmer sind fast neu! Außerdem ist die Miete nicht zu teuer.

Antoine Wow! Das ist fast Luxus! Du hast sie genommen, hoffe ich!

Nina Ja, natürlich! Aber es gibt ein kleines Problem ... Die Wohnung ist im sechsten Stock, ohne Aufzug!

Antoine Aber du bist sportlich! Wann ziehst du ein?

Nina In zwei Wochen.

Tag 12 Lernwortschatz

3/11

agence *f* **immobilière**	Maklerbüro
aider	helfen
ascenseur *m*	Aufzug, Lift
bientôt	bald
centre-ville *m*	Stadtmitte
cher, chère	teuer
chercher	suchen
devenir	werden
emménager	einziehen
en plus	außerdem
ensuite	dann; danach
étage *m*	Stockwerk
F3 (F4 etc.)	Dreizimmerwohnung (Vierzimmer-wohnung etc.)
facile	einfach; leicht
faire 1 m² (mètre carré)	1 m² groß sein
Internet *m*	Internet
longtemps	lange
louer	mieten; vermieten
loyer *m*	Miete
luxe *m*	Luxus
penser	denken
petite annonce *f*	Kleinanzeige
pièce *f*	Zimmer; Raum
presque	fast
quand	wann
sixième	sechste(r, s)
sportif, sportive	sportlich
trop	zu (sehr)

Die Wohnung	
appartement *m*	Wohnung
maison *f*	Haus
cuisine *f*	Küche
salon *m*	Wohnzimmer
salle *f* **à manger**	Esszimmer
chambre *f* **(à coucher)**	Schlafzimmer
chambre *f* **d'enfants**	Kinderzimmer
bureau *m*	Arbeitszimmer
salle *f* **de bains**	Badezimmer
toilettes *f Pl*	Toilette
WC *m Pl*	WC
couloir *m*	Flur
cave *f*	Keller
grenier *m*	Dachboden
jardin *m*	Garten
balcon *m*	Balkon

Grammatik und Redemittel

Das Passé composé ▸ *§8.2.2*

Diese zusammengesetzte Zeit der Vergangenheit wird mit einem Hilfsverb, meistens **avoir**, und dem Partizip Perfekt des Hauptverbs gebildet.
Für das Partizip ersetzen Sie die Infinitivendungen durch **-é** für die Verben auf **-er** oder durch **-i** für die Verben auf **-ir**. Achten Sie auf die Endungen der unregelmäßigen Verben.

Infinitiv	Passé composé	
regarder	**j'ai regardé**	ich habe geschaut
finir	tu **as fini**	du hast beendet
boire	il/elle **a bu**	er/sie hat getrunken
faire	nous **avons fait**	wir haben gemacht
attendre	vous **avez attendu**	ihr habt/Sie haben gewartet
prendre	ils/elles **ont pris**	sie haben genommen

Haben Sie gewusst, dass das Passé composé von **avoir** und **être** mit dem Hilfsverb **avoir** gebildet wird?
j'ai été *ich bin gewesen*
j'ai eu *ich habe gehabt*

Die Verneinung: Zusammenfassung ▸ *§11*

Erinnern Sie sich? Die Verneinung umschließt das konjugierte Verb bzw. Hilfsverb.
Je **ne** sais **pas**. *Ich weiß nicht.*
Je **n'**ai **rien** trouvé. *Ich habe nichts gefunden.*
Je **n'**ai **pas de** balcon. *Ich habe keinen Balkon.*
Je **ne** prends **pas de** vin. *Ich nehme keinen Wein.*

Achtung: ....
Je **n'**ai attendu **personne**. *Ich habe auf niemanden gewartet.*

....

Tag 12 Übungen

1 Sie suchen eine 3-Zimmer-Wohnung in der Stadt mit einer großen Küche und einem Balkon. Die Wohnung muss groß sein. Welche Wohnung entspricht Ihren Vorstellungen?

1. Loue F2, 72 m^2, 3ème étage, salle de bains neuve, pas d'ascenseur.
2. Bel appartement de 90 m^2 à louer tout de suite. Chambre de 25 m^2, petite cuisine et salon. Appelez l'agence Immobilier Ville.
3. Joli F3, grande cuisine et balcon. Pas de garage.
4. Loue F4 en centre-ville. Belle cuisine et grande salle de bains. À louer tout de suite.

1/50

2 Sie rufen nun selbst beim Makler an. Schalten Sie Ihre Anzeige nach den Vorgaben der Übung 1. Beginnen Sie mit *Je cherche…* Überprüfen Sie Ihre Angaben anhand der CD.

3 Setzen Sie die Sätze ins Passé composé.

1. Je loue une maison avec un grand balcon.

   ....

2. André et Charlotte mangent au restaurant.

   ....

3. Nous cherchons un parking.

   ....

4. Géraldine achète un CD du chanteur Cali.

   ....

1/51

4 Hören Sie die Aussagen. Kreuzen Sie an, welche verneint sind. Denken Sie daran, dass ne nicht immer ausgesprochen wird!

	mit Verneinung	ohne Verneinung
1.	☐	☐
2.	☐	☐
3.	☐	☐
4.	☐	☐
5.	☐	☐

5 Verneinen Sie die Sätze aus Übung 3 im Passé composé. Verwenden Sie dafür **ne ... pas**.

1. ....
2. ....
3. ....
4. ....

6 Lesen Sie die beiden Wohnungsanzeigen und kreuzen Sie an, ob die Aussagen 1–7 richtig (**vrai**) oder falsch (**faux**) sind. Korrigieren Sie die falschen Aussagen, indem Sie stattdessen die zutreffenden Aussagen auf Französisch formulieren. Bilden Sie ganze Sätze.

Annonce 1
À louer : appart. cuisine, salon, salle de bains et deux chambres. 90 m². Grande cuisine neuve, petite salle de bains. 730 €. Tél. 04.35.79.22.31

Annonce 2
Maison deux étages avec jardin et balcon. Salon et cuisine dans une grande pièce de 45 m². 900 € sans garage. www.agence.fr

	vrai	faux
1. Für die Wohnung ist eine Telefonnummer angegeben.	☐	☐
2. Das Haus ist ein ebenerdiger Bungalow.	☐	☐
3. Die Küche in der Wohnung ist klein und alt.	☐	☐
4. Das Badezimmer in der Wohnung ist klein.	☐	☐
5. Das Haus hat einen Garten aber keinen Balkon.	☐	☐
6. Das Haus hat keine Garage.	☐	☐
7. Die Wohnung hat vier Schlafzimmer.	☐	☐

....

....

....

....

Tag 12

7 Was würden Sie auf Französisch sagen? Schreiben Sie es auf.

1. Sie suchen eine 4-Zimmer-Wohnung für sich und Ihre Familie. Ihnen ist wichtig, dass sie eine große Küche hat und nicht zu teuer ist.

   ....

   ....

2. Sie suchen eine große Wohnung oder ein kleines Haus. Sie möchten kein Maklerbüro! Die Küche und das Badezimmer sollen neu oder fast neu sein.

   ....

   ....

8 Füllen Sie die Lücken in der E-Mail. Verwenden Sie das Verb in Klammern im Passé composé.

Nouvel e-mail

À: audrey@champinot.fr
Objet: L’appart.

Salut Audrey,
J’.. (avoir) de la chance aujourd’hui.
l’ (chercher) longtemps et enfin,
J’.. (trouver) un F2 sympa.
J’.. (prendre) le temps* et
J’.. (être) à cet appartement.
J’.. (regarder) toutes les pièces.
J’.. (adorer) le grand salon et
J’.. (trouver) la cuisine très sympa !
Il n’est pas trop cher pour moi. Je pense que je prends ce F2 !
Bises
Cécile

*prendre le temps: *sich die Zeit nehmen*

9 Sagen Sie es auf Französisch! Wie lauten Ihre persönlichen Antworten auf die folgenden Fragen?

Kulturtipp
Maisons et déco

Wollen Sie eine typisch französische Wohnung besichtigen, ist die Vielfalt je nach Region groß. Die **mas** *provenzalische Natursteinhäuser* in der Provence, die **burons** *Sennhütten* in den Bergen des Massifs Central oder die berühmten **maisons à colombage** *Fachwerkhäuser* im Elsass sind beliebte Sehenswürdigkeiten. Die **châlets** *Berghütten* der Alpen und die bretonischen Bauernhöfe sind ebenfalls einen Besuch wert!
In Paris bietet sich ein Spaziergang durch die Stadtteile **le Marais**, **Quartier Latin**, **Montmartre** oder entlang der **grands boulevards** an, um die Vielfalt der Hauptstadt zu entdecken.

So unterschiedlich wie die Häuser sind auch die Einrichtungsstile. Die **déco** *Einrichtung* ist im Allgemeinen etwas einfacher. Vieles wird selbst gemacht, zusammengebastelt oder vom Trödelmarkt mitgebracht.

Was können Sie schon?

	☺	😐	☹	
■ eine Wohnungsbeschreibung verstehen	■	■	■	▸ *Ü1, Ü6*
■ Kleinanzeigen lesen, verstehen und selbst schalten	■	■	■	▸ *Ü1, Ü2, Ü6, Ü7*
■ über Ereignisse aus der Vergangenheit berichten	■	■	■	▸ *Ü3, Ü5, Ü8*
■ verstehen, wenn jemand eine Aussage verneint	■	■	■	▸ *Ü4, Ü5*

Tag 13

Krank sein

In dieser Lektion lernen Sie

- beim Arzt zurechtzukommen
- Körperteile zu benennen
- zu sagen, dass Sie krank sind oder Schmerzen haben

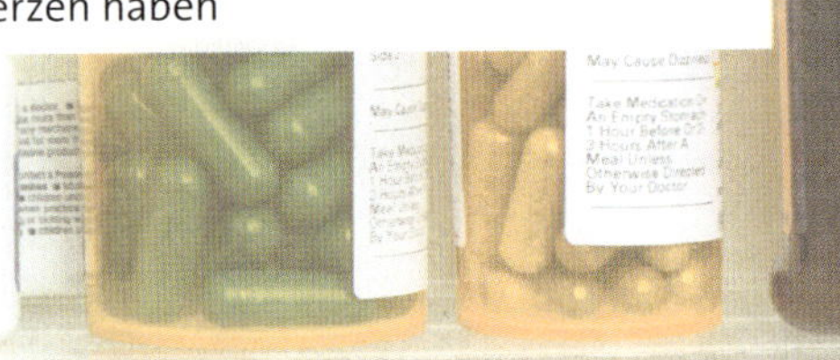

1/52
1/53

Chez le docteur

C'est lundi soir. Nina a de la fièvre depuis ce matin. Pauline arrive du travail.

Pauline Nina, tu as encore de la fièvre ? Tu n'es pas encore allée chez le docteur ?

Nina Non. J'ai 39 et je suis restée dans mon lit.

Pauline Bois un thé et je t'emmène chez le médecin. Heureusement, je suis arrivée plus tôt du travail aujourd'hui !

Dans le cabinet du docteur

Docteur Que vous arrive-t-il, madame Schramm ?

Nina Je suis malade.

Docteur Ah, j'ai déjà entendu cette phrase plusieurs fois aujourd'hui !

Nina J'ai mal à la tête.

Docteur Qu'avez-vous fait ce week-end ?

Nina Je suis allée à l'entraînement de volley avec mon cousin…

Docteur Et vous avez pris froid ! Avez-vous de la fièvre ?

Nina Oui, depuis ce matin…

Docteur Où avez-vous mal encore ? Aux oreilles, à la gorge ?

Nina J'ai mal à la tête et à la gorge.

Docteur Avez-vous déjà pris des médicaments aujourd'hui ?

Nina Non, je n'ai encore rien pris.

Pauline À quoi est-ce que vous pensez, docteur ?

Docteur Elle a un bon rhume. Prenez l'ordonnance et allez à la pharmacie. Demain ça ira mieux !

Fragen zum Dialog

Kreuzen Sie die zutreffenden Aussagen an.

1. a) ☐ Nina est restée à l'entraînement aujourd'hui.
   b) ☐ Nina est restée au lit aujourd'hui.
2. a) ☐ Pauline emmène Nina chez le docteur.
   b) ☐ Pauline emmène Nina chez le coiffeur.
3. a) ☐ Nina a de la chance.
   b) ☐ Nina a de la fièvre.

Beim Arzt

Es ist Montagabend. Nina hat seit heute Morgen Fieber. Pauline kommt von der Arbeit.

Pauline Nina, hast du noch Fieber? Bist du noch nicht zum Arzt gegangen?
Nina Ja, ich habe 39 (Grad) und ich bin in meinem Bett geblieben.
Pauline Trink einen Tee und ich fahre dich zum Arzt. Zum Glück bin ich heute früher von der Arbeit gekommen.

In der Arztpraxis

Arzt Was ist mit Ihnen los, Frau Schramm?
Nina Ich bin krank.
Arzt Ach, diesen Satz habe ich heute schon mehrmals gehört!
Nina Ich habe Kopfschmerzen.
Arzt Was haben Sie am Wochenende gemacht?
Nina Ich bin mit meinem Cousin zum Volleyballtraining gegangen ...
Arzt Und Sie haben sich erkältet! Haben Sie Fieber?
Nina Ja, seit heute Morgen ...
Arzt Wo tut es Ihnen noch weh? An den Ohren, am Hals?
Nina Ich habe Kopf- und Halsschmerzen.
Arzt Haben Sie heute schon Medikamente eingenommen?
Nina Nein, ich habe noch nichts genommen.
Pauline Woran denken Sie, Herr Doktor?
Arzt Sie hat einen starken (guten) Schnupfen. Nehmen Sie das Rezept und gehen Sie zur Apotheke. Morgen wird es Ihnen besser gehen!

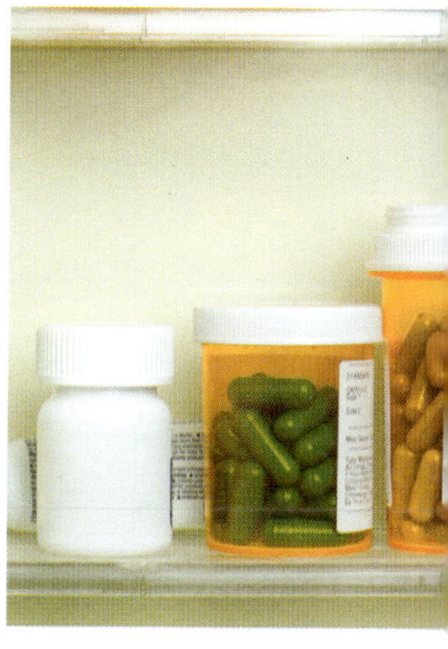

Tag 13 Lernwortschatz

3/12

aller (ça ira)	gehen (es wird gehen)
arriver	geschehen; los sein
avoir de la fièvre	Fieber haben
avoir mal	Schmerzen haben; wehtun
cabinet *m*	Praxis
cette	diese
degré *m*	Grad
demain	morgen
depuis	seit
docteur *m*	Arzt, Ärztin
encore	(immer) noch
entendre	hören
fièvre *f*	Fieber
heureusement	zum Glück
lit *m*	Bett
lundi *m*	Montag
le lundi	montags
malade	krank
médecin *m*	Arzt
médicament *m*	Medikament
mieux	besser
ordonnance *f*	(Arzt-)Rezept
pharmacie *f*	Apotheke
phrase *f*	Satz
plus tôt	früher
plusieurs	mehrere
prendre froid	sich erkälten
prendre un médicament	ein Medikament einnehmen
que, qu'	was
rester	bleiben
rhume *m*	Schnupfen
thé *m*	Tee
tôt	früh

Der Körper	
bras *m*	Arm
cheveux *m Pl*	Haare
corps *m*	Körper
doigt *m*	Finger
dos *m*	Rücken
gorge *f*	Hals
jambe *f*	Bein
main *f*	Hand
nez *m*	Nase
œil *m (Pl* **yeux)**	Auge
oreille *f*	Ohr
pied *m*	Fuß
tête *f*	Kopf
ventre *m*	Bauch

Grammatik und Redemittel

Das Passé composé mit *être* ▸ § 8.2.2

Bewegungsverben sowie **rester** *bleiben* bilden das Passé composé mit dem Hilfsverb **être**. Das Partizip Perfekt richtet sich dann in Geschlecht und Zahl nach dem Subjekt des Satzes:

je suis arrivé(e) *ich bin angekommen*
tu es allé(e) *du bist gegangen*
il est resté *er ist geblieben*
elle est sortie *sie ist ausgegangen*
nous sommes allé(e)s *wir sind gefahren*
vous êtes resté(e)s *ihr seid/Sie sind geblieben*
ils sont arrivés *sie sind angekommen*
elles sont sorties *sie sind ausgegangen*

Der Fragesatz: Inversionsfrage und Zusammenfassung ▸ § 10

Wollen Sie schriftlich oder formeller eine Frage stellen, können Sie das Personalpronomen und das Verb vertauschen. Vergessen Sie den Bindestrich nicht:
Où es-tu ? *Wo bist du?*
Achten Sie auf die 3. Person Singular, wenn das Verb nicht auf **-d** oder **-t** endet:
A-t-elle mal ? *Hat sie Schmerzen?*

Zusammenfassend gibt es drei Möglichkeiten, eine Frage zu bilden, z. B. *Wo bist du?*:

Intonationsfrage	Tu es où ?
Frage mit **est-ce que**	Où est-ce que tu es ?
Inversionsfrage	Où es-tu ?

Interrogativpronomen ▸ § 7.5.1

Mit **qui** *wer* fragen Sie nach Personen, mit **que** *was* (oder **quoi** nach Präpositionen) nach Sachen:
Qui est là ? *Wer ist da?*
À qui penses-tu ? *An wen denkst du?*
Que fais-tu ? *Was machst du?*
À quoi penses-tu ? *Woran denkst du?*

Tag 13 Übungen

1 Kreisen Sie das passende Interrogativpronomen ein.

1. *Qui* | *Qu'* | *Quoi* vois-tu ?
2. À *que* | *qui* | *qu'* veux-tu demander ?
3. *Quoi* | *Que* | *Qu'* fait-il ?
4. *Quoi* | *Que* | *Qu'* dites-vous ?

1/54

2 Lesen Sie die Fragen aus der Übung 1 laut vor. Kontrollieren Sie Ihre Aussprache und Betonung anhand der CD. Bilden Sie anschließend aus den Inversionsfragen Fragen mit est-ce que.

1. ....
2. ....
3. ....
4. ....

3 Ergänzen Sie die Sätze mit dem Verb im Passé composé. Denken Sie an die Angleichung des Partizips Perfekt.

1. Muriel .... en vacances. (aller)
2. Quand est-ce qu'ils .... ? (arriver)
3. Béatrice et Valérie .... chez elles. (rester)
4. Il .... chez le docteur ce matin. (aller)

1/55

4 Sie hören die Bezeichnungen für verschiedene Körperteile. Finden Sie sie auf dem Bild wieder?

5 Formulieren Sie diese Fragen zu Inversionsfragen um.

1. Vous avez mal où ?

   ....

2. Est-ce que vous avez de la fièvre ?

   ....

3. Est-ce qu'il prend des médicaments ?

   ....

4. Elle a un rhume ?

   ....

5. Ils sont tous malades ?

   ....

6. Pourquoi est-ce que vous allez chez le médecin ?

   ....

6 Verbinden Sie die zusammengehörigen Satzteile.

1. J' → c)	a) est sortie plus tôt.
2. Elles	b) êtes allés chez Amélie.
3. Ils	c) ai pris un thé.
4. Elle	d) ont fini.
5. Vous	e) avons eu des problèmes.
6. Nous	f) sont restées à la maison.

7 Welches Verb muss verwendet werden: **avoir oder être?** Tragen Sie die passenden Formen ein. Achten Sie auch auf die Formen des Partizips!

1. Ils .... attendu longtemps hier.
2. Tu .... arrivée à 15.00 ?
3. Elles ne .... pas restées.
4. Elle .... acheté un livre.
5. Elles .... été chez le médecin.
6. Nous .... allés en vacances.
7. Il .... eu de la fièvre.

Tag 13

8 Im Wortgitter sind **zehn** Begriffe für Körperteile versteckt. Kreisen Sie sie ein. Notieren Sie sie dann mit dem Artikel und der deutschen Übersetzung.

la ______________________

E	O	R	E	I	L	L	E	H
M	I	È	T	N	A	M	M	M
O	M	S	Ê	C	T	Œ	P	A
J	O	S	T	L	A	I	A	I
A	P	I	E	D	N	L	G	N
M	G	N	E	F	T	D	O	S
B	R	A	S	I	E	C	R	C
E	N	M	È	R	E	D	G	D
U	V	V	E	N	T	R	E	Ê

9 Sie sind beim Arzt. Kreuzen Sie an, was Sie sagen könnten ...

1. ... wenn Sie Kopfschmerzen haben:
   a) ☐ J'ai des médicaments pour la tête. b) ☐ J'ai mal à la tête.
2. ... wenn Sie Fieber haben:
   a) ☐ J'ai de la chance. b) ☐ J'ai de la fièvre.
3. ... wenn Sie müde sind:
   a) ☐ Je suis malade. b) ☐ Je suis fatigué(e).
4. ... wenn Sie nicht arbeiten können:
   a) ☐ Je ne veux pas travailler. b) ☐ Je ne peux pas travailler.
5. ... wenn Sie krank sind:
   a) ☐ Je suis malade. b) ☐ Je suis d'accord.
6. ... wenn Sie Schmerzen haben:
   a) ☐ J'ai mangé. b) ☐ J'ai mal.

10 Sagen Sie es auf Französisch! Sie sind krank: Sie haben Kopfschmerzen und Fieber. Sie müssen Medikamente nehmen und zur Apotheke gehen. Am liebsten würden Sie im Bett bleiben!

Kulturtipp
La santé

Die Franzosen müssen ihren Arztbesuch zunächst aus eigener Tasche bezahlen, bevor die Kosten von der staatlichen **Sécurité sociale** *Sozialversicherung* (abgekürzt **Sécu**) zurückerstattet werden. Viele Franzosen haben eine private Zusatzversicherung, um ihre Kosten vollständig zu decken. Wie in Deutschland ist das Defizit der staatlichen Sozialversicherung groß. Um Einsparungen zu erzielen, wurde 2007 die Chipkarte eingeführt, auf der alle Behandlungsdaten gespeichert werden. Die erste Anlaufstelle soll der **médecin traitant** *behandelnde Arzt* sein, der Sie dann zum Facharzt überweist. Es kann zum Beispiel der **médecin de famille** *Hausarzt* sein. Haben Sie Zahnschmerzen, gehen Sie aber zum **dentiste** *Zahnarzt*. Frauen werden beim **gynécologue** *Frauenarzt* und Kinder beim **pédiatre** *Kinderarzt* behandelt.

Haben Sie Schmerzen? Sagen Sie zum Arzt **j'ai mal** *es tut mir weh*. Wenn Sie genauer sein wollen, können Sie ergänzen **aux dents** zum Beispiel, also **j'ai mal aux dents** *ich habe Zahnschmerzen*. Tut Ihnen etwas oder jemand weh, sagen Sie aber **Ça fait mal.** *Es tut weh./Es schmerzt.*

Was können Sie schon?

	☺	😐	☹	
■ jemanden fragen, was er macht oder denkt	□	□	□	▸ *Ü1*
■ verschiedene Arten von Fragen stellen und verstehen	□	□	□	▸ *Ü2, Ü5*
■ von vergangenen Ereignissen erzählen	□	□	□	▸ *Ü3, Ü6, Ü7*
■ Körperteile verstehen und benennen	□	□	□	▸ *Ü4, Ü8*

Tag 14

Wiederholen und üben Sie

Hier wiederholen Sie

- eine Einladung zu verstehen
- sich bei einem Arztbesuch zu verständigen
- über Ihre Interessen und Vorlieben zu sprechen
- Personen zu beschreiben
- zu formulieren, was Sie wollen, können und mögen, und dies zu verneinen

1/56

1 Ein Freund möchte Sie einladen. Er hat Ihnen eine Nachricht auf dem Anrufbeantworter hinterlassen. Hören Sie zuerst die Nachricht und beantworten Sie dann die Fragen.

1. Qui téléphone ?
   a) ☐ Sandrine
   b) ☐ José
   c) ☐ Thomas
2. Que veut José ?
   a) ☐ Il veut inviter Sandrine à l'apéritif.
   b) ☐ Il veut passer au travail de Sandrine.
   c) ☐ Il veut aller au cinéma.
3. Que doit faire Sandrine ?
   a) ☐ Elle doit inviter José.
   b) ☐ Elle doit travailler.
   c) ☐ Elle doit appeler José ce soir.

2 Bringen Sie den folgenden Dialog aus einer Arztpraxis in die richtige Reihenfolge.

1. Faites voir ! Mais vous avez une bonne angine !
2. Non. Prenez vos médicaments et restez chez vous pendant une semaine !
3. Oui, j'ai 38 depuis trois jours.
4. Je vois. Vous avez de la fièvre ?
5. Depuis trois jours ! Où est-ce que vous avez mal ?
6. Je ne peux pas aller au travail alors ?
7. Bonjour, je suis malade.
8. Merci. Au revoir, docteur.
9. J'ai mal à la gorge.
10. Bonjour. Qu'est-ce qu'il vous arrive ?

1/57

3 Hören Sie nun den Dialog aus der Übung 2 und übernehmen Sie die Rolle des Patienten.

4 Verbinden Sie die Geschäfte mit den passenden Produkten.

1. la boulangerie → e)
2. le magasin de vêtements
3. la pâtisserie
4. la pharmacie
5. l'épicerie
6. la boucherie

a) le lait
b) les médicaments
c) le gâteau
d) la veste
e) le pain
f) le jambon

5 Hören Sie die Sätze und tragen Sie ein, wie oft Sie die Laute hören.

1/58

1. Cali est un très bon chanteur en concert.
   Wie oft hören Sie ein [õ] wie in m**on**? ....
2. On a acheté de la viande excellente.
   Wie oft hören Sie ein [ã] wie in d**ent**? ....
3. Damien est invité à un apéritif demain.
   Wie oft hören Sie ein [ɛ̃] wie in m**ain**? ....

6 Ordnen Sie die Buchstaben so, dass sich Namen für Räume ergeben.

1. A U R U B E ....
2. C E V A ....
3. H E B C M A R ....
4. I E U I C S N ....
5. S O N A L ....
6. B L A I D E L A N S E S ....

7 Hören Sie die Fragen und beantworten Sie sie wie im Beispiel. Vergleichen Sie dann Ihre Antwort mit der von Nina.

1/59

Beispiel: 1. Quelle est votre couleur préférée ?
Ma couleur préférée est le vert.

Tag 14

8 Kreuzworträtsel. Wie lautet das Lösungswort?

1. Un grand joueur français de ce sport s'appelle Zinédine Zidane.
2. C'est un sport dans l'eau.
3. J'en ai besoin pour le volley ou le foot.
4. Ce sont les personnes qui jouent dans une équipe.
5. C'est un sport ou des chaussures de sport.

					1			
2								
		3						
		4						
5								

Lösungswort: ……………………

Regel 1: Der Imperativ

Der Imperativ drückt eine …………………… (a) aus. Er wird im Singular mit der …………………… (b) Person und im …………………… (c) mit der 1. und 2. Person des Präsens gebildet.

9 Leider sind die folgenden Werbeslogans durcheinandergekommen. Verbinden Sie die passenden Elemente.

1. Vous voulez voir notre spectacle ?
2. Vous aimez les belles voitures ?
3. Vous cherchez de la bonne viande ?

a) Prenez votre viande à la boucherie rue de la gare !
b) Passez à l'exposition Voitures Neuves !
c) Allez à la salle de spectacles dimanche soir !

10 Lesen Sie die richtigen Werbespots laut vor und kontrollieren Sie Ihre Aussprache und Betonung anhand der CD.

Regel 2: Der Fragesatz

1. *Es gibt …………………… (a) Möglichkeiten, eine Frage zu stellen: die Frage durch …………………… (b) die Frage mit …………………… (c) und die …………………… (d).*
2. *Für die Inversionsfrage werden das …………………… (a) und das …………………… (b) vertauscht und mit einem Bindestrich verbunden. Endet das Verb nicht auf* **-t** *oder* **-d**, *wird …………………… (c) eingeschoben.*

11 Machen Sie aus den Aussagesätzen Inversionsfragen.

1. Vous allez à Paris.

....

2. Ils ont mangé un plat typique de la région.

....

3. Elle a mal à la tête.

....

4. Elle attend son frère à la gare.

....

5. Tu bois un apéritif.

....

Regel 3: Die Adjektive

1. Die Adjektive werden in .... (a) und .... (b) an das .... (c) angeglichen, auf das sie sich beziehen.

2. Lange Adjektive und Farbadjektive stehen .... (a) dem Substantiv, kurze Adjektive hingegen .... (b) dem Substantiv.

12 Finden Sie den Gegensatz zum ersten Satzteil.

Beispiel: Pierre a une grande maison et Magalie a une *petite maison*.

1. Julie a une veste blanche et Paul a une ....
2. Fabienne a un vieil appartement, mais Delphine a acheté un ....
3. Noémie a les cheveux courts, mais Corinne a les ....
4. Maria est une mauvaise joueuse de tennis, mais Pascaline est une ....

Tag 14

Regel 4: Die Verben auf *-ir* und *-re*

*Die Endungen der regelmäßigen Verben auf -ir mit Stammerweiterung im Präsens sind: .... (a). Die übrigen Verben auf **-ir** und Verben auf **-re** sind .... (b).*

13 Ergänzen Sie die Sprechblasen mit der richtigen Verbform im Präsens.

Vous choisi .... (1.) un vin blanc ou un vin rouge ?

Vous pren .... (2.) du fromage ?

Regel 5: Die Modalverben

Zu den Modalverben gehören .... (a), ... (b), ... (c) und .... (d). Auf diese Verben folgt eine .... (e).

14 Kreuzen Sie das passende Verb an.

1. Maurice — a) ☐ sait / b) ☐ veut — téléphoner à son frère.
2. Est-ce que tu — a) ☐ sais / b) ☐ dois — faire du bateau ?
3. Nous — a) ☐ savons / b) ☐ devons — faire les courses.
4. Vous — a) ☐ savez / b) ☐ pouvez — répéter la question ?
5. Anne et Marc ne — a) ☐ veulent / b) ☐ doivent — pas aller au cinéma.

Regel 6: Das Partizip Perfekt

Das Partizip Perfekt der Verben auf -er ist .... (a) und der Verben auf .... (b) ist -i. Die weiteren Verben haben unregelmäßige Formen.

15 Sie hören Verben im Infinitiv. Notieren Sie das Partizip Perfekt.

1/61

1. ....
2. ....
3. ....
4. ....
5. ....
6. ....

Regel 7: Das Passé composé

Das Passé composé wird mit den Hilfsverben .... (a) oder .... (b) und dem .... (c) des Hauptverbs gebildet. Beim Passé composé mit ***être*** *wird das Partizip Perfekt an das dazugehörige Substantiv .... (d).*

16 Verbinden Sie die passenden Satzteile.

1. Karine est → d)
2. Muriel a
3. Luc est
4. Ils sont
5. Elles ne sont

a) pas encore sorties du cinéma ?
b) resté à Marseille.
c) arrivés dimanche soir.
d) allée à l'épicerie.
e) acheté les croissants.

Regel 8: Die Verneinung

Die Verneinung besteht aus den beiden Teilen .... (a) und .... (b) das konjugierte Verb. Die Verneinung des unbestimmten Artikels und des Teilungsartikels ist .... (c).

17 Bilden Sie korrekte Sätze.

1. Nous – chez Muriel – ne ... pas – l'apéritif – prenons

....

2. ne ... plus – va – Paul – à l'entraînement de foot

....

3. aller – veut – au cinéma – ne ... jamais – Aline

....

4. Fabien et Catherine – n'... pas du tout – le sport – aiment

....

5. au restaurant – sommes – allées – ne ... pas – Nous

....

6. de ski – ai – Je – n'... jamais – fait

....

Zwischentest 2

1 Lesen Sie die kurzen Notizen und finden Sie die passende Überschrift.

1. Prends l'ordonnance et apporte-moi mes médicaments ! J'ai de la fièvre et je suis allé chez le docteur. Je suis au lit maintenant.
2. Il faut un litre de lait, un pot de confiture, un paquet de gâteaux, une bouteille d'eau et du pain.
3. J'ai pris mes baskets. Je suis à l'entraînement. Demain, nous avons un match important.
4. F3 centre-ville avec petit jardin et balcon. Grande cuisine. Salle de bains neuve.

a) ☐ Appartement à louer
b) ☐ La liste de courses
c) ☐ Au sport
__/4 d) ☐ Je suis malade

2 Welche Verbform passt? Kreuzen Sie an.

1. Je veux	a) ☐ sais	où il est.
	b) ☐ savoir	
	c) ☐ savez	
2. Vous	a) ☐ parlé	français ?
	b) ☐ parlez	
	c) ☐ parler	
3. Je passe	a) ☐ vois	ma grand-mère demain.
	b) ☐ vu	
	c) ☐ voir	
4. Cédric ne peut pas	a) ☐ sortir	ce soir.
	b) ☐ sort	
	c) ☐ sortez	
5. Tu n'as pas encore	a) ☐ finit ?	
	b) ☐ fini ?	
	c) ☐ finis ?	
6. Je dois	a) ☐ prendre	mes médicaments.
	b) ☐ prend	
__/6	c) ☐ prennent	

3 Lesen Sie die Sätze laut vor. Wie wird das Ende des Adjektivs ausgesprochen? Kreuzen Sie an.

1. Patrick est pet**it**.
   a) ☐ [it] b) ☐ [i]
2. Corinne et Stéphanie sont conten**tes**.
   a) ☐ [ts] b) ☐ [t]
3. André a vu un film intéress**ant**.
   a) ☐ [ã] (wie in d**ans**) b) ☐ [ãt] (wie in t**ante**)
4. Les desserts sont ch**er**s.
   a) ☐ [e] (wie in parl**é**) b) ☐ [ɛ] (wie in fr**è**re)
5. C'est une femme import**ante**.
   a) ☐ [ãt] (wie in t**ante**) b) ☐ [ã] (wie in d**ans**)

__/5

4 Wie sagen Sie, wenn ...? Kreuzen Sie die zutreffende Aussage an und sprechen Sie sie laut aus. Kontrollieren Sie Ihre Aussprache anhand der CD. 1/62

1. ... Sie in einer Bäckerei ein Baguette haben möchten?
   a) ☐ Je voudrais une baguette, s'il vous plaît.
   b) ☐ Je veux du pain.
2. ... Sie ein Kilo Kartoffeln gekauft haben.
   a) ☐ J'achète un kilo de pommes.
   b) ☐ J'ai acheté un kilo de pommes de terre.
3. ... Sie im Restaurant bezahlen wollen.
   a) ☐ Je veux payer.
   b) ☐ L'addition, s'il vous plaît !
4. ... Sie eine schöne Wohnung gefunden haben.
   a) ☐ J'ai trouvé un bel appartement.
   b) ☐ Je trouve un appartement.
5. ... Sie jemanden fragen wollen, was er heute macht.
   a) ☐ À quoi est-ce que tu penses aujourd'hui ?
   b) ☐ Qu'est-ce que tu fais aujourd'hui ?
6. ... Sie jemanden fragen, was er will.
   a) ☐ Que veux-tu ?
   b) ☐ Que vois-tu ?

__/6

1/63 **5 Was hören Sie?**

	eine Frage	eine Aufforderung	eine Aussage
1.	a) ☐	b) ☐	c) ☐
2.	a) ☐	b) ☐	c) ☐
3.	a) ☐	b) ☐	c) ☐
4.	a) ☐	b) ☐	c) ☐
5.	a) ☐	b) ☐	c) ☐
6.	a) ☐	b) ☐	c) ☐

__/6

1/64 **6 Ordnen Sie die Begriffe, die Sie hören, einer Kategorie zu.**

les fruits et les légumes	le sport	les activités de loisir	le corps
....	....	....	....
....	....	....	....
....	....	....	....

__/9

7 Ergänzen Sie die Sätze mit dem Partizip Perfekt.

1. Claire a lou .... un appartement dans le centre-ville.
2. Paul et Philippe sont rest .... à la maison.
3. José a fin .... de manger.
4. Ils sont all .... au musée mercredi.
5. David a attend .... deux heures dans le cabinet du médecin.
6. Elles sont sort .... du cinéma à 22 heures.
7. Après l'entraînement, j'ai b .... une bouteille d'eau.

__/7

8 Bilden Sie aus den Silben sinnvolle Verbformen und tragen Sie sie in die Tabelle ein.

finis bu pre sor emmè com boi
sons vons nez pren tez nent nent vent

nous	vous	ils
1.	3.	5. ....
2.	4.	6. ....
		7. ....

__/7

__/50

Tag 15

Eine Reise planen

In dieser Lektion lernen Sie

- über Reisen, andere Länder und deren Bewohner reden
- eine Reise zu planen und zu buchen
- die Wochentage zu benennen

2/1 A l'agence de voyages

Mardi, Nina n'est plus malade. Elle va dans une agence de voyages avec Pierre.

Pierre Bonjour, nous voulons réserver un voyage.
Employée Vous voulez partir quand ?
Pierre Demain mercredi ! À la première heure ! Une semaine tout compris pour un couple et une personne seule.
Employée C'est vraiment un voyage de dernière minute !
Nina Nous sommes très spontanés.
Employée Vous avez une destination ? Vous voulez visiter un pays particulier ?
Pierre Non, nous voulons simplement aller au soleil.
Employée *(regarde sur son ordinateur)* Au Portugal... en Grèce... Non, tout est réservé...
Pierre Vous n'avez plus rien ?
Employée Si, j'ai encore des séjours en Belgique, en Allemagne...
Nina L'Allemagne ? Moi, je suis d'Allemagne et il n'y a pas trop de soleil...
Employée Ah, vous êtes Allemande !
Pierre On peut peut-être sortir de l'Europe ?
Nina Ah oui, en Afrique ou en Amérique !
Employée J'ai justement un séjour au Maroc à Agadir.
Nina Et le prix ?
Employée Deux cents euros par personne en demi-pension.
Pierre Ça marche.
Employée Donc vous partez demain à six heures !

Fragen zum Dialog

Ergänzen Sie die Sätze. Kreuzen Sie die richtige Lösung an.

1. Pierre et Nina vont dans une	a) ☐ exposition.	b) ☐ agence de voyages.
2. Le voyage coûte	a) ☐ 100 €.	b) ☐ 200 €.
3. C'est une semaine	a) ☐ tout compris.	b) ☐ en demi-pension.

Im Reisebüro

Am Dienstag ist Nina nicht mehr krank. Sie geht mit Pierre in ein Reisebüro.

Pierre Guten Tag, wir möchten eine Reise buchen.
Angestellte Wann möchten Sie abreisen?
Pierre Morgen, am Mittwoch! Zu früher (erster) Stunde! Eine Woche all-inclusive für ein Paar und eine Einzelperson.
Angestellte Das ist wirklich eine Last-Minute-Reise!
Nina Wir sind sehr spontan.
Angestellte Haben Sie ein Reiseziel? Möchten Sie ein bestimmtes Land besuchen?
Pierre Nein, wir wollen einfach in die Sonne (fahren/fliegen).
Angestellte *(sieht auf ihren Computer)* Nach Portugal ... nach Griechenland ... Nein, alles ist ausgebucht ...
Pierre Haben Sie nichts mehr?
Angestellte Doch, ich habe noch Aufenthalte in Belgien, in Deutschland ...
Nina Deutschland? I c h bin aus Deutschland und es gibt nicht allzu viel Sonne ...
Angestellte Ah, Sie sind Deutsche!
Pierre Wir können vielleicht außerhalb Europas verreisen (aus Europa herausgehen)?
Nina Ach ja, nach Afrika oder nach Amerika!
Angestellte Ich habe gerade einen Aufenthalt in Marokko in Agadir.
Nina Und der Preis?
Angestellte Zweihundert Euro pro Person bei Halbpension.
Pierre Das geht klar.
Angestellte Dann fliegen Sie morgen um sechs Uhr ab!

Tag 15 Lernwortschatz

3/13

à	um
Afrique *f*	Afrika
agence *f* de voyages	Reisebüro
Amérique *f*	Amerika
Ça marche !	Das klappt!; Das geht klar!
couple *m*	(Ehe-)Paar
demi-pension *f*	Halbpension
destination *f*	Reiseziel
Europe *f*	Europa
justement	gerade; eben
ordinateur *m*	Computer
partir	weggehen/-fahren; abreisen
particulier, particulière	besondere(r, s); bestimmte(r, s)
pays *m*	Land
premier, première	erste(r, s)
prix *m*	Preis
réserver	buchen; reservieren
séjour *m*	Aufenthalt
soleil *m*	Sonne
sortir	herausgehen
spontané(e)	spontan
tout	alles
tout compris	all-inclusive
très	sehr
visiter	besichtigen; besuchen
voyage *m* de dernière minute	Last-Minute-Reise

Wochentage	
lundi *m*	Montag
mardi *m*	Dienstag
mercredi *m*	Mittwoch
jeudi *m*	Donnerstag
vendredi *m*	Freitag
samedi *m*	Samstag
dimanche *m*	Sonntag

Grammatik und Redemittel

Die Präpositionen des Ortes ▸ *§2*

à in/nach	**de** aus/von
à + le = **au**	de + le = **du**
à + la = **à la**	de + la = **de la**
à + l' = **à l'**	de + l' = **de l'**
à + les = **aux**	de + les = **des**

À leitet die Antwort auf die Fragen *wo*? (Lage) und *wohin*? (Zielrichtung) ein: **à l'agence de voyage** *im/ins Reisebüro,* **au cinéma** *im/ins Kino.* Es steht auch vor Städten und vor maskulinen Ländernamen, die mit Konsonanten beginnen, oder Ländernamen im Plural: **à Grenoble** *in/nach Grenoble,* **au Maroc** *in/nach Marokko,* **aux Pays-Bas** *in den/in die Niederlande(n).*
De drückt aus, woher Sie kommen oder stammen: **de Paris** *aus Paris,* **du Portugal** *aus Portugal.*
En steht vor allen femininen Ländernamen und maskulinen Namen, die mit einem Vokal beginnen: **en Grèce** *in/nach Griechenland,* **en Autriche** *in/nach Österreich.*

Ländernamen

Ländernamen stehen mit dem bestimmten Artikel. Die meisten sind feminin (z. B.: **la France**). Die Sprache des Landes entspricht dem maskulinen Adjektiv: **français**. Die Einwohnernamen werden von den Ländern abgeleitet und großgeschrieben. Sie richten sich in Geschlecht und Zahl nach der Person, die sie bezeichnen: **un Allemand, une Allemande, des Allemand(e)s**.

Länder			
la France	Frankreich	**français(e)**	französisch
l'Allemagne *f*	Deutschland	**allemand(e)**	deutsch
l'Autriche *f*	Österreich	**autrichien(ne)**	österreichisch
l'Angleterre *f*	England	**anglais(e)**	englisch
l'Espagne *f*	Spanien	**espagnol(e)**	spanisch
l'Italie *f*	Italien	**italien(ne)**	italienisch
le Maroc	Marokko	**marocain(e)**	marokkanisch

Tag 15

Übungen

1 Ergänzen Sie den Text mit à, en oder de bzw. deren Varianten.

1. Patricia et Maurice vont en vacances .... Espagne.
2. Je voudrais aller .... Paris.
3. Je passe une semaine .... soleil.
4. L'agence de voyages nous recommande un voyage .... Pays-Bas.
5. Je suis .... Lyon. Et vous, vous êtes d'où ?

2/2

2 Hören Sie die kurzen Aussagen und kreuzen Sie an.

1. Elle est	a) ☐ Allemand.	b) ☐ Allemande.
2. Il est	a) ☐ Hollandais.	b) ☐ Anglais.
3. Elles sont	a) ☐ Français.	b) ☐ Françaises.
4. Il est	a) ☐ Portugais.	b) ☐ Marocain.
5. Ils sont	a) ☐ Italiens.	b) ☐ Marocaines.

2/3

3 Sagen Sie, welche Sprache die Einwohner aus der Übung 2 sprechen.

4 Kreuzen Sie an.

	à	en	du
1. Maroc	☐	☐	☐
2. Madrid	☐	☐	☐
3. Hollande	☐	☐	☐
4. France	☐	☐	☐
5. Lille	☐	☐	☐
6. cinéma	☐	☐	☐

5 Wie lauten die Sätze auf Französisch?

1. Sie fährt nach Frankreich.

....

2. Wir sind in Italien im Urlaub.

....

3. Sie ist auf den Markt gegangen.

....

4. Wohnen Sie in Lille?

....

5. Er ist aus Griechenland.

....

6 Kreuzworträtsel. Finden Sie das Lösungswort.

1. Une langue internationale.
2. Le pays de Mozart.
3. La capitale* est Rabat.
4. Ils sont 82.000.000 !
5. La langue parlée en France.
6. Felipe est le roi dans ce pays depuis 2014.

*la capitale: *Hauptstadt*

Lösungswort: ....

7 Setzen Sie die richtigen Präpositionen ein.

à au en de du d'

1. .... Allemagne (aus Deutschland)
2. .... Italie (in Italien)
3. .... Portugal (aus Portugal)
4. .... Berlin (aus Berlin)
5. .... cinéma (im Kino)
6. .... Paris (in Paris)
7. .... Maroc (in Marokko)
8. .... France (nach Frankreich)
9. .... théâtre (ins Theater)

Tag 15

8 Sehen Sie sich Léonies Kalender an und beantworten Sie die Fragen auf Französisch in ganzen Sätzen.

Jours	Rendez-vous	
Lundi	9.00 12.30	Meeting Restaurant Le petit port avec Martin
Mardi	15.00 19.00	Café chez Sophie Yoga
Mercredi	17.00	Rendez-vous docteur
Jeudi	9.00 – 15.00 19.00	Nantes Apéritif chez Valérie
Vendredi	20.00	Raclette à la maison Marc, Sandrine, Paul, Fatima
Samedi	–	
Dimanche	8.00	Jogging avec Béa Aller au sauna Dormir*

*dormir: *schlafen*

Am welchem Tag hat Léonie keine Termine?

Wohin muss sie am Donnerstag?

Welche Freunde kommen am Freitag?

Was macht sie am Dienstag?

Wann, mit wem und wo ist sie am Montag zum Mittagessen verabredet?

Kulturtipp
Tourisme en France

Angelehnt an die Schulferien sind die beliebtesten Urlaubsmonate der Franzosen Juli und August. Man spricht sogar von **juillettistes** und **aoûtiens**, also *Juli-* und *Augusturlaubern*. Franzosen machen gerne Urlaub im eigenen Land. Im Sommer bieten sich **le Midi** *Südfrankreich* für den Strandurlaub und **l'Atlantique** *die Atlantikküste* für den Aktivurlaub hervorragend an. Zum Ski- und Winterurlaub fahren die Franzosen gerne in Skigebiete wie Val Thorens, Serre-Chevalier oder Tignes. Die Regionen entlang der Flüsse Loire, Tarn oder Dordogne sind ebenfalls beliebte Urlaubsziele.

An jedem Urlaubsort finden Sie zentral ein **office de tourisme** *Fremdenverkehrsamt*. Dort bekommen Sie Informationen zu Übernachtungsmöglichkeiten, Restaurants, Sehenswürdigkeiten, Ausflügen etc. Und dann: **Bonnes vacances !** *Schöne Ferien!*

Was können Sie schon?

	☺	😐	☹	
▪ ausdrücken, wo Sie sind oder wohin Sie möchten	▪	▪	▪	▸ *Ü1, Ü4, Ü5*
▪ jemanden fragen, woher er kommt	▪	▪	▪	▸ *Ü1*
▪ sagen, woher Sie stammen	▪	▪	▪	▸ *Ü1, Ü5*
▪ verstehen, in welchem Land jemand wohnt und welche Nationalität er hat	▪	▪	▪	▸ *Ü2*
▪ sagen, welche Sprache jemand spricht	▪	▪	▪	▸ *Ü3*

Tag 16

Verkehrsmittel

In dieser Lektion lernen Sie

- über Reisevorbereitungen und Gepäck zu sprechen
- das Datum zu nennen
- das richtige Verkehrsmittel zu finden

2/4

Mercredi 17 juin

Mercredi 17 juin, le réveil sonne de bonne heure.

Pierre (*dans son lit*) Mais il fait encore nuit... C'est une blague ? On est le 1er avril ?

Pauline Non, c'est le 17 juin. Le jour du départ !

Une heure plus tard

Pierre On va à l'aéroport en taxi ?

Pauline Non, on prend la voiture ! Les valises sont déjà dans le coffre.

Nina Et les sacs ?

Pauline Zut, je les ai oubliés dans le couloir.

Nina Je vais les chercher.

Pierre Tout ça pour une semaine ? Vous exagérez, les filles !

Pauline Regarde ! Le sac à dos est mon bagage à main. Là, j'ai rangé mes vêtements et ma trousse de toilette. Dans le sac de voyage, j'ai mis mes chaussures...

Pierre Je vois surtout un coffre plein...

Nina On va rater notre vol. On décolle dans une heure !

Quelques heures plus tard à Agadir

Pauline Enfin ! Vite ! Vous voyez un taxi ?

Pierre Mais calme-toi ! On n'est pas pressés, on est en vacances.
(*À un taxi :*) Taxi ! Direction Hôtel « Au soleil », s'il vous plaît.

Nina Vive les vacances ! La chaleur, les transports...

Pauline Et bientôt on va même pouvoir se déplacer en chameau !

Fragen zum Dialog

Kreuzen Sie an.	vrai	faux
1. Aujourd'hui, c'est le 17 juillet.	☐	☐
2. Nina, Pierre et Pauline vont à l'aéroport en taxi.	☐	☐
3. Les filles n'ont pas beaucoup de bagages.	☐	☐
4. Pauline a oublié les sacs dans la cuisine.	☐	☐

Mittwoch, 17. Juni

Am Mittwoch, dem 17. Juni, klingelt der Wecker früh.

Pierre (*in seinem Bett*) Aber es ist noch dunkel ... Ist das ein Witz? Haben (*Sind*) wir den 1. April?

Pauline Nein, es ist der 17. Juni. Der Tag des Abflugs!

Eine Stunde später

Pierre Fahren wir mit dem Taxi zum Flughafen?

Pauline Nein, wir nehmen das Auto! Die Koffer sind schon im Kofferraum.

Nina Und die Taschen?

Pauline Mist, ich habe sie im Flur vergessen.

Nina Ich gehe sie holen.

Pierre Das alles für eine Woche? Ihr übertreibt, Mädels!

Pauline Schau her! Der Rucksack ist mein Handgepäck. Dorthin habe ich meine Kleidung und meinen Kulturbeutel geräumt. In die Reisetasche habe ich meine Schuhe getan ...

Pierre Ich sehe vor allem einen vollen Kofferraum ...

Einige Stunden später in Agadir

Pauline Endlich! Schnell! Seht ihr ein Taxi?

Pierre Aber beruhige dich! Wir haben es nicht eilig, wir sind im Urlaub. (*Zu einem Taxi:*) Taxi! Zum (Richtung) Hotel „Au soleil" („An der Sonne") bitte.

Nina Es leben die Ferien! Die Hitze, die Verkehrsmittel ...

Pauline Und bald werden wir uns sogar auf einem Kamel fortbewegen können!

Tag 16 Lernwortschatz

3/14

aéroport *m*	Flughafen
aller en taxi	mit dem Taxi fahren
bagages *m pl* à main	Handgepäck
blague *f*	Witz
calme-toi (v. se calmer)	beruhige dich
chaleur *f*	Wärme; Hitze
chameau *m*	Kamel
chercher	holen
coffre *m*	Kofferraum
de bonne heure	früh; (früh)zeitig
décoller	abfliegen
départ *m*	Abflug; Abfahrt; Abreise
direction *f*	Richtung
enfin	endlich
être pressé(e)	es eilig haben
exagérer	übertreiben
faire nuit	Nacht sein; dunkel sein
hôtel *m*	Hotel
moyens *m Pl* de transport	Verkehrsmittel
même	sogar
mis (v. mettre)	hier: getan; gelegt
plein(e)	voll
plus tard	später
quelque	einige
ranger	aufräumen
rater	verpassen
réveil *m*	Wecker
sac *m* à dos	Rucksack
sac *m* de voyage	Reisetasche
se déplacer	sich fortbewegen
sonner	klingeln
surtout	vor allem
transports *m Pl*	Verkehrsmittel
trousse *f* de toilette	Kulturbeutel
valise *f*	Koffer
Vive les vacances !	Es leben die Ferien!
vite	schnell
vol *m*	Flug

Verkehrsmittel	
voiture *f*	Auto
train *m*	Zug
vélo *m*	Fahrrad
avion *m*	Flugzeug
métro *m*	U-Bahn
bus *m*	Bus
tram(way) *m*	Straßenbahn

Monate	
janvier *m*	Januar
février *m*	Februar
mars *m*	März
avril *m*	April
mai *m*	Mai
juin *m*	Juni
juillet *m*	Juli
août *m*	August
septembre *m*	September
octobre *m*	Oktober
novembre *m*	November
décembre *m*	Dezember

Grammatik und Redemittel

Das Verb *voir* (sehen)

	Präsens	Passé composé
je/j'	vois	ai **vu**
tu	vois	as **vu**
il/elle	voit	a **vu**
nous	**voyons**	avons **vu**
vous	**voyez**	avez **vu**
ils/elles	voi**ent**	ont **vu**

Das direkte Objektpronomen ▸ § 7.1.4

Personalpronomen	direkte Objektpronomen
je	**me** mich
tu	**te** dich
il	**le** ihn
elle	**la** sie
nous	**nous** uns
vous	**vous** euch/Sie
ils/elles	**les** sie

Vor Vokal oder stummem **h** werden **me, te, le** zu **m', t', l'**.
Direkte Objektpronomen werden bei Verben ohne Präpositionen verwendet.
Sie stehen im Aussagesatz vor dem Verb bzw. Hilfsverb:
Je **les** cherche. *Ich suche sie.*
Im Passé composé mit **avoir** richtet sich das Partizip Perfekt in Geschlecht und Zahl nach dem direkten Objektpronomen:
Je **les** ai **oublié(e)s**. *Ich habe sie vergessen.*

Die Grundzahlen bis unendlich

100	cent	200	deux cents	2.000	deux mille
101	cent un(e)	201	deux cent un(e)	1.000.000	un million
110	cent-dix	1.000	mille	2.000.000	deux millions

Tag 16 **Das Datum**

Die Frage lautet: **On est le combien ?** *Den Wievielten haben wir?*
Für den ersten Tag eines Monats brauchen Sie eine Ordnungszahl, für die anderen Tage die Grundzahlen ▸ *Tag 2, Tag 3*:
Nous sommes le premier (1er) mai. *Wir haben den 1. Mai.*
C'est le dix-sept (17) juin. *Es ist der 17. Juni.*

Übungen

1 Ersetzen Sie den fett gedruckten Satzteil durch ein direktes Objektpronomen.

1. Je cherche **ma sœur.**
   Je la cherche.
2. Jean invite **ses parents** au restaurant.
   ……………………
3. Béatrice a rangé **ses chaussures** dans le couloir.
   ……………………
4. J'ai acheté **le plan de la ville**.
   ……………………

2/5

2 Was hören Sie? Den Wievielten haben wir?

1. a) ☐ 23.06. b) ☐ 23.07.
2. a) ☐ 11.11. b) ☐ 11.01.
3. a) ☐ 31.08. b) ☐ 13.08.
4. a) ☐ 14.12. b) ☐ 14.11.

2/6

3 Notieren Sie die Einwohnerzahl der folgenden Städte und lesen Sie sie anschließend laut vor.

1. Lyon : quatre cent quarante-cinq mille habitants (……………………)
2. Bordeaux : deux cent quinze mille habitants (……………………)
3. Marseille : huit cent huit mille habitants (……………………)

4 In den Sätzen in der rechten Spalte wurden die Substantive durch Objektpronomen ersetzt. Welche Sätze gehören zusammen?

1. Il achète les chaussures. → f)	a) Tu les as oubliés.
2. Nous cherchons la valise.	b) Elle ne la prend pas.
3. Elle ne prend pas la voiture.	c) Nous les avons cherchées.
4. Tu as oublié le sac à dos.	d) Nous la cherchons.
5. Nous avons cherché les chambres.	e) Tu l'as oublié.
6. Tu as oublié les bagages.	f) Il les achète.

5 Ergänzen Sie in den Dialogen die Formen le, la, l' oder les.

1. ► Vous attendez le taxi ?

   ◄ Oui, nous .... attendons depuis dix minutes !

2. ► Tu prends le réveil avec toi ?

   ◄ Oui, je .... prends avec moi !

3. ► Ils ont bu le café et le thé froid ?

   ◄ Oui, ils .... ont bus froid !

4. ► Tu dois faire les courses aujourd'hui ?

   ◄ Non, je ne dois pas .... faire aujourd'hui.

5. ► Aujourd'hui, elle regarde un reportage sur la Grèce.

   ◄ Non, elle .... a déjà regardé hier.

6. ► Tu prépares ta semaine de vacances ?

   ◄ Oui, je .... prépare !

6 Ergänzen Sie die fehlenden Monate in den Reihen.

1. ...., août, septembre
2. ...., ..., mars
3. ...., mai, ...
4. ...., novembre, ...

7 Schreiben Sie das Datum wie im Beispiel aus.

1. 03.03 *le 3 août*
2. 06.12 ....
3. 30.05 ....
4. 01.11 ....
5. 16.08 ....

8 Kreuzen Sie das Wort an, das **nicht** zu den anderen passt.

	a)	b)	c)
1.	☐ le train	☐ le bus	☐ la viande
2.	☐ le départ	☐ la monnaie	☐ l'arrivée
3.	☐ le fromage	☐ le voyage	☐ l'hôtel
4.	☐ le vol	☐ la gare	☐ l'avion
5.	☐ le moyen de transport	☐ le sac à dos	☐ la valise

9 Vervollständigen Sie die E-Mail mit den Wörtern aus dem Kasten. Achten Sie bei den Verben und Adjektiven darauf, die richtigen Formen zu verwenden!

vêtements réserver préparer vol de bonne heure
juin voyage partir valise aéroport

Nouvel e-mail

À: florent@chorce.fr
Objet: USA !!!

Salut Florent !

Ça va ? Moi, je .... (1) mon .... (2) aux USA. J'ai déjà .... (3) mon .... (4). Je .... (5) le 17 .... (6). Je dois être à l'.......... (7) à 4.00 du matin ! Je dois partir .... (8)... J'ai acheté une grande .... (9) pour tous mes .... (10). Je suis super contente !

À bientôt !

Claire

Kulturtipp
Les transports

Bereiten Sie sich auf viele Abkürzungen vor!

Die französische Eisenbahngesellschaft heißt **S.N.C.F.** (**Société Nationale des Chemins de Fer**) und der Hochgeschwindigkeitszug **T.G.V.** (**Train à Grande Vitesse**). In Paris können Sie sich auch mit der **R.E.R.** (**Réserveau Express Régional**) *S-Bahn*, mit der gut zu nutzenden **métro** (**Métropolitain**) *U-Bahn*, mit dem Bus oder einfach **en vélib'** fortbewegen. Dieser Begriff ist eine Zusammensetzung aus **vélo** *Fahrrad* und **liberté** *Freiheit*. Die umweltschonende Alternative soll die schwierige Verkehrssituation entlasten. Die Fahrräder stehen jedem, der sie nutzen möchte, rund um die Uhr gegen Gebühr an gekennzeichneten Stellen zur Verfügung. Allerdings ist Vorsicht geboten: Auto- und Radfahrer müssen sich erst einmal aneinander gewöhnen.

Haben Sie übrigens gewusst, dass Autos im Französischen, anders als im Deutschen, immer weiblich sind? Sagen Sie zum Beispiel **une** *Mercedes*, **une Renault** oder **une Citröen**. Also: **Bonne route !** *Gute Fahrt!*

Was können Sie schon?

	☺	😐	☹	
■ das Datum verstehen und angeben	□	□	□	▸ Ü2, Ü7
■ große Zahlen verstehen und aussprechen	□	□	□	▸ Ü3
■ Verkehrsmittel benennen	□	□	□	▸ Ü2, Ü8

Tag 17 Nach dem Weg fragen

In dieser Lektion lernen Sie

- nach dem Weg zu fragen
- genaue Ortsangaben zu machen
- jemandem ihre Hilfe anzubieten

2/7 Au feu à droite !

Le chauffeur de taxi vient de laisser Pauline, Pierre et Nina devant l'hôtel.

Nina Vous avez vu ? L'hôtel s'appelle « Coucher de soleil ».

Pauline Ah non, le chauffeur de taxi s'est trompé d'adresse. Par chance, les gens parlent français ici. On va demander le chemin à quelqu'un.

Pierre *(à un passant :)* Excusez-moi ! Vous pouvez nous aider ? Vous connaissez l'hôtel « Au soleil » ?

Passant Quel hôtel ?

Nina Hôtel « Au soleil ».

Passant Il est dans quelle rue ?

Pauline Aucune idée. C'est en face de la plage.

Passant Ah ! Les touristes... Tu continues tout droit jusqu'au carrefour. Au feu, tu tournes à droite. Et au rond-point, tu prends la deuxième sortie.

Pauline *(doucement à Pierre :)* Il me tutoie ?

Pierre C'est normal ici.

Pauline *(au passant :)* Et après, c'est encore loin ?

Passant Tu traverses la route et tu fais encore deux cents mètres. C'est à côté du marché.

Nina Mmhh... On y va en taxi ?

Passant Non, à pied ! Il y a des travaux dans la rue et les voitures ne passent plus depuis hier.

Nina Et en plus, on n'a pas de plan de la ville...

Passant Attends, je vais venir avec vous !

Fragen zum Dialog

Was passt zum Dialog? Kreisen Sie die zutreffende Antwort ein.

1. *Le touriste* | *Le chauffeur de taxi* s'est trompé d'hôtel.
2. Pierre demande le chemin *à un passant.* | *au chauffeur de taxi.*
3. L'hôtel est en face *de la plage.* | *du carrefour.*

An der Ampel rechts!

Der Taxifahrer hat Pauline, Pierre und Nina gerade vor dem Hotel aussteigen lassen.

Nina Habt ihr gesehen? Das Hotel heißt „Sonnenuntergang".

Pauline Oh nein, der Taxifahrer hat sich in der Adresse geirrt. Zum Glück sprechen die Leute hier Französisch. Wir werden jemanden nach dem Weg fragen.

Pierre *(zu einem Passanten:)* Entschuldigen Sie! Können Sie uns helfen? Kennen Sie das Hotel „An der Sonne"?

Passant Welches Hotel?

Nina Hotel „An der Sonne".

Passant In welcher Straße ist es?

Pauline Keine Ahnung. Es ist gegenüber vom Strand.

Passant Ach! Die Touristen ... Du gehst weiter geradeaus bis zur Kreuzung. An der Ampel biegst du nach rechts ab. Und am Kreisverkehr nimmst du die zweite Ausfahrt.

Pauline *(leise zu Pierre:)* Er duzt mich?

Pierre Das ist hier normal.

Pauline *(zum Passanten:)* Und danach ist es noch weit?

Passant Du überquerst die Straße und du gehst noch zweihundert Meter. Es ist neben dem Markt.

Nina Mmhh ... Nehmen wir ein Taxi?

Passant Nein, zu Fuß! Da ist eine Baustelle in der Straße und die Autos kommen seit gestern nicht mehr durch.

Nina Aber wir haben keinen Stadtplan ...

Passant Warte, ich komme (werde kommen) mit euch!

Tag 17 Lernwortschatz

3/15

à côté de	neben; in der Nähe von
à pied	zu Fuß
adresse *f*	Adresse
Aucune idée !	Keine Ahnung!
carrefour *m*	Kreuzung
chauffeur *m*, **chauffeuse** *f* **de taxi**	Taxifahrer, Taxifahrerin
chemin *m*	Weg
connaître (vous connaissez)	kennen (Sie kennen /ihr kennt)
coucher *m* **de soleil**	Sonnenuntergang
deuxième	zweite(r, s)
devant	vor
en face de	gegenüber
feu *m*	Ampel
gens *m Pl*	Leute
hier	gestern
jusqu'à	bis; bis zu
laisser	lassen (hier: aussteigen lassen)
loin	weit (entfernt)
marché *m*	Markt
mètre *m*	Meter
normal(e)	normal
par chance	zum Glück
passant *m*, **passante** *f*	Passant, Passantin
passer	vorbeifahren (hier: durchfahren)
plage *f*	Strand
plan *m* **de la ville**	Stadtplan
quelqu'un	jemand
rue *f*	Straße
rond-point *m*	Kreisverkehr
route *f*	Straße
se tromper	sich vertun; sich irren
sortie *f*	Ausfahrt
touriste *m/f*	Tourist, Touristin
travaux *m Pl*	Baustelle
tutoyer (il tutoie)	duzen (er duzt)
venir de partir	gerade weggefahren sein

Nützliche Verben	
aller tout droit	geradeausgehen/-fahren
continuer	weitergehen/-fahren
faire demi-tour	kehrtmachen; umkehren
tourner	abbiegen
retourner	zurückgehen; zurückkommen
traverser	überqueren
monter	einsteigen; hinaufgehen
descendre	aussteigen; heruntergehen

Richtungen	
à droite	rechts (Richtung)
à gauche	links (Richtung)
à droite de	rechts von/neben
à gauche de	links von/neben

Grammatik und Redemittel

Das Futur composé ▸ *§ 8.3.2*

Wollen Sie über ein unmittelbar bevorstehendes Ereignis oder Ihre Absicht sprechen, dann verwenden Sie das Futur composé. Dafür brauchen Sie das Verb **aller** *gehen* gefolgt von einem Verb im Infinitiv.

	demander fragen	
je	vais demander	ich werde fragen
tu	vas demander	du wirst fragen
il/elle	va demander	er/sie wird fragen
nous	allons demander	wir werden fragen
vous	allez demander	ihr werdet fragen/Sie werden fragen
ils/elles	vont demander	sie werden fragen

Das Interrogativadjektiv *quel* ▸ *§ 7.5.3*

	Singular	**Plural**
Maskulinum	**quel** hôtel welches Hotel	**quels** hôtels welche Hotels
Femininum	**quelle** rue welche Straße	**quelles** rues welche Straßen

Das Verb *venir* (kommen)

	Präsens	**Passé composé**
je	viens	suis venu(e)
tu	viens	es venu(e)
il/elle	vient	est venu(e)
nous	venons	sommes venu(e)s
vous	venez	êtes venu(e)s
ils/elles	viennent	sont venu(e)s

Das Passé récent ▸ *§ 8.2.3*

Haben Sie gewusst, dass Sie mit dem Ausdruck **venir de** + Infinitiv ausdrücken können, was Sie gerade gemacht haben?
Je viens de demander. *Ich habe gerade gefragt.*

Tag 17 Übungen

2/8

1 Wie sagen Sie ... ? Überprüfen Sie Ihre Lösungen mithilfe der CD.

1. ..., dass Sie geradeaus fahren?
2. ..., dass Sie die Straße überqueren?
3. ..., dass die Apotheke rechts neben der Bäckerei ist?
4. ... jemandem, dass er an der Ampel links abbiegen soll?
5. ..., dass Sie zum Strand gehen wollen?

2 Setzen Sie die richtige Form von *quel* ein.

1. Je dois prendre .... chemin ?
2. .... problèmes avez-vous ?
3. .... jour sommes-nous ?
4. .... sont tes villes préférées en Europe ?
5. Dans .... rue habites-tu ?

3 Verbinden Sie. Die Satzteile mit den Verben dürfen nur einmal vergeben werden.

1. Claire → c)	a) ne vont pas venir samedi.
2. Jérôme et Pascal	b) viens de téléphoner à mon amie.
3. Béatrice et Céline	c) n'est jamais venue chez nous.
4. Gérald	d) sont venus nous voir dimanche.
5. Je	e) est venu au cinéma.

2/9

4 Bilden Sie mündlich aus den Sätzen auf der CD neue Sätze im Futur composé. Sie hören zunächst das Beispiel.

1. Tu regardes la carte. *Tu vas regarder la carte.*
2. Ils louent un film.
3. Nous demandons notre chemin à un passant.
4. Elle achète le journal.
5. Je viens avec vous.

5 Verbinden Sie die Ausdrücke in der linken Spalte mit ihren jeweiligen Gegensätzen.

1. à droite → c)	a) rester (sur le côté)
2. traverser	b) descendre
3. le feu vert	c) à gauche
4. aller tout droit	d) le feu rouge
5. monter	e) continuer
6. tourner	f) faire demi-tour

6 Werfen Sie einen Blick auf den Stadtplan auf Seite 187. Sie möchten sich mit einem Freund vor der Post verabreden. Beschreiben Sie ihm kurz den Weg dorthin.

....

....

....

....

....

....

7 Vervollständigen Sie die Sätze mit den passenden Formen von venir oder voir im Präsens.

1. Lucia .... d'Italie.
2. Nous ne .... pas souvent nos parents.
3. Je la .... tous les week-ends.
4. Ils .... quand ?
5. Vous .... à la plage aujourd'hui ?
6. Non, tu ne .... pas avec nous !

8 Setzen Sie die Sätze aus Übung 7 in die Vergangenheit.

1. ....
2. ....
3. ....
4. ....
5. ....
6. ....

9 Kreuzen Sie das passende Satzende an.

1. Continue tout droit, ...
   a) ☐ tu vas trouver. b) ☐ tu descends.
2. Aujourd'hui, je vais au foot. Demain, ...
   a) ☐ je vais aller au yoga. b) ☐ je suis allée au volley.
3. Ce matin, il va au travail et cet après-midi, ...
   a) ☐ il est en vacances ! b) ☐ il est allé à Lyon !
4. Aujourd'hui, je vais aller au restaurant, mais hier soir, ...
   a) ☐ je vais aller chez Alex. b) ☐ je suis resté chez moi.
5. Je le sais : la semaine prochaine, ...
   a) ☐ il y a eu un problème. b) ☐ il va y avoir des travaux dans ma rue.

10 Sagen Sie es auf Französisch! Wie lauten Ihre persönlichen Antworten auf diese Fragen?

Quel est votre pays préféré ?

Quelles sont vos chansons préférées ?

Quels films n'aimez-vous pas ?

Quelle est votre couleur préférée ?

Kulturtipp Les jours fériés en France

Es gibt insgesamt elf **jours fériés** *Feiertage* im Jahr, die je nach Region leicht variieren können:

1. Januar	**Jour** *m* **de l'an** *Neujahr*
Ostern	**Lundi** *m* **de Pâques** *Ostermontag*
1. Mai	**Fête** *f* **du travail** *Tag der Arbeit*
8. Mai	**Fête** *f* **de la Victoire** *Fest des Sieges* (der Allierten gegen Nazideutschland am 8. Mai 1945)
Himmelfahrt	**Jeudi** *m* **de l'Ascension** *Christi Himmelfahrt*
Pfingsten	**Lundi** *m* **de Pentecôte** *Pfingstmontag* (mittlerweile auch ein Solidaritätstag zur Finanzierung der erbrachten Leistungen an ältere Menschen und Behinderte)
14. Juli	**Fête** *f* **Nationale** *Nationalfeiertag* (Erinnerung an den Sturm auf die Bastille am 14. Juli 1789)
15. August	**Assomption** *f* *Mariä Himmelfahrt*
1. November	**Toussaint** *f* *Allerheiligen*
11. November	**Armistice** *m* **1918** *Gedenktag zum Ende des Ersten Weltkriegs* (11. November 1918)
25. Dezember	**Noël** *m* *Weihnachten*

Was können Sie schon?

	☺	😐	☹	
■ einen Weg beschreiben	□	□	□	▸ *Ü1, Ü6*
■ jemanden nach dem Weg fragen	□	□	□	▸ *Ü2*
■ jemanden nach dem Wochentag fragen	□	□	□	▸ *Ü2*
■ über vergangene Ereignisse sprechen	□	□	□	▸ *Ü3, Ü8*
■ über Ihre Absichten sprechen	□	□	□	▸ *Ü4*

Tag 18

Im Hotel

In dieser Lektion lernen Sie

- sich an einer Hotelrezeption anzumelden
- nach einem Zimmer zu fragen
- Fragen zur Ausstattung eines Hotels zu stellen
- zeitliche Angaben zu machen

2/10

Hôtel « Au soleil »

À la réception de l'hôtel

Nina Nous avons réservé deux chambres.

Dame Vous avez fait bon voyage ?

Pierre C'est une catastrophe depuis ce matin ! On s'est levés tôt, on s'est dépêchés toute la journée et on s'est perdus. Maintenant, on veut juste se reposer.

Dame En juin, c'est la pleine saison et avec ces travaux… C'est à quel nom ?

Nina Schramm et Frabot.

Dame Ah oui, une chambre double et une chambre individuelle du 17 au 24 juin. Fumeur ou non-fumeur ?

Pierre Non-fumeur. Il y a un accès à Internet dans l'hôtel ?

Dame Oui, dans le hall. Vous remplissez les formulaires d'inscription ?

Nina rend les formulaires.

Nina Vous pouvez changer de l'argent ici ?

Pierre On a besoin aussi d'une carte de la région.

Dame Oui, tout est à votre disposition à la réception. Suivez-moi ! Je vais vous montrer l'hôtel… Là, c'est la salle du petit-déjeuner et du dîner… Et voilà vos chambres et vos clés !

Nina Cette chambre est pour moi ? Mais où sont les toilettes ?

Dame Mais les toilettes sont dans le couloir !

Pierre Regardez ce lit… Aujourd'hui, c'est vraiment la journée des surprises !

Fragen zum Dialog

Beantworten Sie die Fragen.

	oui	non
1. Est-ce que les chambres sont réservées ?	☐	☐
2. En juin, c'est la pleine saison ?	☐	☐
3. Pierre, Nina et Pauline veulent des chambres pour fumeur ?	☐	☐
4. Est-ce qu'on peut changer de l'argent à l'hôtel ?	☐	☐
5. Nina est contente de sa chambre ?	☐	☐

Hotel „An der Sonne“

An der Hotelrezeption

Nina Wir haben zwei Zimmer reserviert.

Dame Haben Sie eine gute Anreise gehabt?

Pierre Es ist eine Katastrophe seit heute Morgen! Wir sind früh aufgestanden, wir haben uns den ganzen Tag beeilt und wir haben uns verlaufen. Jetzt möchten wir uns nur noch ausruhen.

Dame Im Juni ist Hochsaison und mit dieser Baustelle ... Auf welchen Namen bitte (ist das)?

Nina Schramm und Frabot.

Dame Ah ja, ein Doppelzimmer und ein Einzelzimmer vom 17. bis zum 24. Juni. Raucher oder Nichtraucher?

Pierre Nichtraucher. Gibt es einen Internetzugang im Hotel?

Dame Ja, in der Lobby. Füllen Sie die Anmeldeformulare aus?

Nina gibt die Formulare zurück.

Nina Können Sie hier Geld wechseln?

Pierre Wir brauchen auch eine Karte der Region.

Dame Ja, das steht Ihnen alles an der Rezeption zur Verfügung. Folgen Sie mir! Ich werde Ihnen das Hotel zeigen ... Hier ist der Raum fürs Frühstück und Abendessen ... Und hier sind Ihre Zimmer und Ihre Schlüssel!

Nina Dieses Zimmer ist für mich? Aber wo ist die Toilette?

Dame Aber die Toilette ist im Flur!

Pierre Schaut euch dieses Bett an ... Heute ist wirklich der Tag der Überraschungen!

Tag 18 Lernwortschatz

3/16

accès *m* **à Internet**	Internetzugang
argent *m*	Geld
avoir besoin de qc	etw. brauchen
catastrophe *f*	Katastrophe
chambre *f* **double**	Doppelzimmer
chambre *f* **individuelle**	Einzelzimmer
changer	wechseln; umtauschen
clé *f*	Schlüssel
être à la disposition	zur Verfügung stehen
formulaire *m*	Formular
fumeur *m*	Raucher
hall *m*	(Hotel-)Lobby
inscription *f*	Anmeldung
jour *m*, **journée** *f*	Tag
juste	nur
montrer	zeigen
nom *m*	Name
non-fumeur *m*	Nichtraucher
pleine saison *f*	Hochsaison
réception *f*	Rezeption
rendre	zurückgeben
remplir	ausfüllen
se dépêcher	sich beeilen
se lever	aufstehen
se perdre	sich verlaufen
se reposer	sich ausruhen
suivre	folgen
surprise *f*	Überraschung
toute la journée	den ganzen Tag
vers	bei/in der Nähe von

Zeitangaben	
le 17 juin	am/den 17. Juni
du 17 au 24 juin	vom 17. bis zum 24. Juni
mercredi	am Mittwoch
le mercredi	mittwochs
en juin	im Juni
en 2016	2016
ce matin	heute Morgen
cet après-midi	heute Nachmittag
cette nuit	heute Nacht
ce soir	heute Abend

Grammatik und Redemittel

Reflexive Verben ▸§ 7.1.6

Reflexive Verben sind Verben wie **se reposer** *sich erholen*, **se dépêcher** *sich beeilen*, **se tromper** *sich irren*. Sie benötigen ein Reflexivpronomen, das zwischen Subjekt und konjugiertem Verb steht:

	Präsens	Imperativ
je	**me** repose	
tu	**te** reposes	Repose-**toi** !
il/elle	**se** repose	
nous	**nous** reposons	Reposons-**nous** !
vous	**vous** reposez	Reposez-**vous** !
ils/elles	**se** reposent	

Me, **te**, **se** werden vor Vokal und stummem **h** zu **m'**, **t'**, **s'**.

Beachten Sie, dass im Imperativ **toi** statt **te** verwendet wird:
Dépêche-toi ! *Beeile dich.*
Das Hilfsverb der reflexiven Verben im Passé composé ist **être** (▸ *Tag 13*):
je me suis dépêché(**e**) *ich habe mich beeilt.*

Achtung:
Nicht alle Verben, die im Französischen reflexiv gebraucht werden, sind auch im Deutschen reflexiv: **je me lève** *ich stehe auf.*

Das Demonstrativadjektiv ▸§ 7.3

Das Demonstrativadjektiv richtet sich in Geschlecht und Zahl nach dem dazugehörigen Substantiv.

	Singular	Plural
Maskulinum	**ce lit** dieses Bett	**ces lits** diese Betten
Femininum	**cette chambre** dieses Zimmer	**ces chambres** diese Zimmer

Im Maskulinum wird **ce** vor Vokal oder stummem **h** zu **cet**:
cet hôtel *dieses Hotel.*

Es kann auch in Wendungen wie **ce matin** *heute Vormittag* als Zeitangabe dienen.

Tag 18 Übungen

1 Ergänzen Sie die richtigen Formen der Verben in Klammern.

1. Comment est-ce que tu .... ? (s'appeler)
2. Nous .... dans Paris. (se perdre)
3. Je .... tous les matins de bonne heure. (se lever)
4. Je .... (se dépêcher)
5. Julie et Patrick .... à l'hôtel. (se reposer)

2 Kreuzen Sie das richtige Demonstrativadjektiv an.

	ce	cet	cette	ces
1. journée	☐	☐	☐	☐
2. vacances	☐	☐	☐	☐
3. adresse	☐	☐	☐	☐
4. hôtel	☐	☐	☐	☐
5. matin	☐	☐	☐	☐
6. appartement	☐	☐	☐	☐
7. lit	☐	☐	☐	☐
8. bagages	☐	☐	☐	☐
9. chambre	☐	☐	☐	☐

2/11

3 Hören Sie den Dialog an der Rezeption eines Hotels. Beantworten Sie anschließend die Fragen.

	vrai	faux
1. La touriste a réservé.	☐	☐
2. Elle veut rester trois jours.	☐	☐
3. La chambre coûte 90 euros la semaine.	☐	☐
4. La touriste prend la chambre.	☐	☐

2/12

4 Stellen Sie sich vor, dass Sie an der Rezeption eines Hotels stehen. Hören Sie sich die Antworten der Empfangsdame an und stellen Sie die dazu passende Frage.

5 Formuliern Sie kurze Aufforderungen mit dem Imperativ. Achten Sie dabei auf die Personenangaben.

1. se dépêcher – *2. Person Singular* ....
2. se lever – *1. Person Plural* ....
3. se reposer – *2. Person Singular* ....
4. s'habiller* – *2. Person Plural* ....
5. se regarder – *2. Person Plural* ....
6. se laver** – *2. Person Singular* ....

*s'habiller: *sich anziehen*
**se laver: *sich waschen*

6 Lesen Sie, was Jean und Marie gestern passiert ist. Wählen Sie dazu das passende Verb aus und setzen Sie es ins Passé composé.

se dépêcher aller se tromper prendre montrer
se lever sortir trouver

Ils .... (1.) à 5 heures du matin.

Ils .... (2.) le petit déjeuner et

.... (3.) dans la salle de bains.

Ils .... (4.) et .... vite .... (5.)

à la gare. Mais ils .... (6.) de voie*.

Enfin, ils .... (7.) leur train !

Dans le train, ils .... (8.) leur billet**.

*la voie: *das Gleis*

**le billet: *die Fahrkarte*

7 Wie formuliert man diese Zeitangaben auf Französisch?

1. am 22. Januar ....
2. im Dezember ....
3. 2016 ....
4. in einer Woche ....
5. am Montag ....
6. heute Abend ....
7. freitags ....
8. nächsten Sonntag ....

Tag 18

8 Lesen Sie das Anmeldeformular von Laure und kreuzen Sie an, ob die Aussagen richtig (**vrai**) oder falsch (**faux**) sind. Formulieren Sie dann die zutreffenden Aussagen auf Französisch in ganzen Sätzen.

Nom: Sergin — Prénom: Laure
Né(e) le 08.03.1988 — à Bordeaux
Rue: 22 avenue du Général de Gaulle
Ville: 33 000 Bordeaux — Pays: France
Tél.: 05.38.97.34.21 — Adresse e-mail: laure-sergin@france.fr

Hôtel:	☐ deux étoiles	x trois étoiles	☐ quatre/cinq étoiles
	x en France	☐ en Espagne	☐ en Grèce

du 22 juillet au 3 août

x tout compris	☐ demi-pension	☐ petit-déjeuner
x chambre double	☐ chambre individuelle	
☐ fumeur	x non-fumeur	
prix (par nuit): ☐ < 100 €	x 100–150 €	☐ > 150 €

	vrai	faux
1. Laure will 10 Nächte bleiben.	☐	☐
2. Laure verreist alleine.	☐	☐
3. Sie raucht nicht.	☐	☐
4. Sie will ein Zimmer für sich allein.	☐	☐
5. Sie möchte nicht ins Ausland.	☐	☐
6. Sie möchte ein Luxushotel buchen.	☐	☐

....

....

....

....

9 Sagen Sie es auf Französisch! Wie lauten Ihre persönlichen Antworten auf diese Fragen?

Qu'est-ce que vous faites samedi ?

Qu'est-ce quc vous avez fait ce matin ?

Qu'est-ce que vous allez faire en août ?

Que faites-vous ce soir ?

Kulturtipp Passer une nuit en France

Wollen Sie Ihren Urlaub in einem Hotel in Frankreich verbringen? Dann beachten Sie die Anzahl der **étoiles** *Sterne*. Jedoch können deutsche und französische Vorstellungen voneinander abweichen: Wussten Sie, dass in einem Doppelzimmer häufig ein französisches Bett steht, das nur 1,40 bis 1,60 m breit ist? Wollen Sie doch lieber getrennte Betten haben, fragen Sie nach **lits jumeaux** *Zwillingsbetten*. Übrigens: Das französische Frühstück besteht meistens aus einem warmen Getränk und einem Croissant, vielleicht auch einer Scheibe Brot mit Marmelade!

Alternativen dazu sind **chambres d'hôtes** *Gästezimmer* in einem Privathaushalt, in dem Frühstück und manchmal Abendessen angeboten werden, **gîtes** *möblierte Ferienwohnungen*, **camping** *Campingplatz* oder **camping à la ferme** *Zelten auf dem Land auf einem Bauernhof*.

Für Ihren Frankreichurlaub können Sie auch viele Tipps von der **Maison de la France** *Französisches Fremdenverkehrsamt* (Frankfurt am Main) erhalten.

Was können Sie schon?

	☺	😐	☹	
■ sagen, dass Sie sich verlaufen haben				▸ *Ü1*
■ im Hotel die Fragen des Empfangspersonals verstehen				▸ *Ü3*
■ an der Hotelrezeption nach einem Zimmer fragen				▸ *Ü4*
■ nach dem Preis eines Zimmers fragen				▸ *Ü4*
■ Fragen zur Ausstattung eines Hotels stellen				▸ *Ü4*

Tag 19 Wetter

In dieser Lektion lernen Sie

- über das Wetter zu reden
- ein Geschenk zu übergeben und anzunehmen
- jemandem zum Geburtstag zu gratulieren

2/13 La météo

Après une nuit de sommeil...

Pierre Bonjour Nina, tu as bien dormi ?

Nina Oui, et vous ?

Pauline Je trouve que les matelas sont un peu vieux... On chante ? 1, 2, 3...« Joyeux anniversaire Nina ! » Tiens, ton cadeau !

Nina Non ? Vous avez même pensé à mon anniversaire ?

Pierre Oui, on y a pensé au dernier moment.

Pauline Je me souviens que tu es née le même jour que mon père.

Nina J'ouvre votre enveloppe... Waouh, c'est une invitation à une excursion. Merci à vous !

Pauline Ça te dit une visite guidée des ruines de la vieille ville ?

Pierre Avec un guide officiel !

Nina Vous êtes incroyables ! On y va maintenant ?

Pierre Non, tu es folle ? Pas par cette chaleur ! Plutôt demain. Tu ne trouves pas qu'il fait très chaud ? Le thermomètre indique 35°C à l'ombre !

Nina En effet, il fait un peu lourd...

Pauline Quel temps va-t-il faire demain ?

Pierre À la météo, ils ont dit qu'il va peut-être pleuvoir.

Pauline Zut. On peut quand même déjà louer une voiture pour demain parce qu'on y va par nos propres moyens !

Pierre Et bien, c'est pas gagné !

Fragen zum Dialog

Haben Sie den Dialog verstanden? Beantworten Sie die Fragen.

1. Comment Pauline trouve-t-elle les matelas ?

....

2. À quoi ont pensé Pierre et Pauline ?

....

3. Quand vont-ils partir en excursion ?

....

Der Wetterbericht

Nach einer geruhsamen Nacht (Nacht des Schlafes) ...

Pierre Guten Morgen Nina, hast du gut geschlafen?

Nina Ja, und ihr?

Pauline Ich finde, dass die Matratzen ein bisschen alt sind ... Singen wir? 1, 2, 3 ... „Alles Gute zum Geburtstag, Nina!" Hier, dein Geschenk!

Nina Nein? Ihr habt sogar an meinen Geburtstag gedacht?

Pierre Ja, wir haben im letzten Moment daran gedacht.

Pauline Ich erinnere mich, dass du am selben Tag Geburtstag hast (geboren bist) wie mein Vater.

Nina Ich öffne euren Umschlag ... Wow, das ist eine Einladung zu einem Ausflug. Danke euch!

Pauline Sagt dir eine Führung in den Ruinen der Altstadt zu?

Pierre Mit einem offiziellen Stadtführer!

Nina Ihr seid unglaublich! Gehen wir jetzt dorthin?

Pierre Nein, bist du verrückt? Nicht bei dieser Hitze! Lieber morgen. Findest du nicht, dass es heiß ist? Das Thermometer zeigt 35 °C im Schatten an!

Nina In der Tat ist es ein bisschen schwül ...

Pauline Wie wird das Wetter morgen?

Pierre Im Wetterbericht haben sie gesagt, dass es vielleicht regnen wird.

Pauline Mist. Wir können für morgen trotzdem schon ein Auto mieten, weil wir selbst (mit unseren eigenen Mitteln) dorthin fahren!

Pierre Also, das ist gar nicht sicher (nicht gewonnen)!

Tag 19 Lernwortschatz

3/17

anniversaire *m*	Geburtstag
c'est pas gagné	das ist gar nicht sicher
Ça te dit ?	Sagt dir das zu?
cadeau *m*	Geschenk
chanter	singen
dernier, dernière	letzte(r, s)
dire	sagen
dormir	schlafen
en effet	in der Tat
enveloppe *f*	Umschlag
excursion *f*	Ausflug
fou *m*, fol *(m vor Vokal)*, folle *f*	verrückt
guide *m*	Stadtführer
incroyable	unglaublich
indiquer	anzeigen
invitation *f*	Einladung
Joyeux anniversaire !	Alles Gute zum Geburtstag!
matelas *m*	Matratze
météo *f*	Wettervorhersage; Wetterbericht
moment *m*	Moment
né(e) (v. naître)	geboren
nuit *f*	Nacht
officiel(le)	offiziell
ombre *f*	Schatten
par cette chaleur	bei dieser Hitze
par nos propres moyens	aus eigener Kraft; ohne fremde Hilfe
parce que	weil
que, qu'	dass
pleuvoir	regnen
plutôt	eher; lieber
ruines *f Pl*	Ruinen
se souvenir	sich erinnern
sommeil *m*	Schlaf
visite *f* guidée	Führung

Das Wetter	
Quel temps fait-il aujourd'hui ?	Wie ist das Wetter heute?
Quel temps va-t-il faire demain ?	Wie wird das Wetter morgen?
Il fait très chaud / froid / lourd.	Es ist sehr heiß / kalt / schwül.
Il fait soleil.	Die Sonne scheint.
Il fait beau / mauvais (temps).	Das Wetter ist gut / schlecht.
Il fait orage, il fait orageux.	Es gewittert.
Il pleut / neige / gèle.	Es regnet / schneit / friert.
Il fait 25°C (degrés).	Es ist 25 °C Grad warm.
Il fait moins 5°C (degrés).	Es ist –5 °C Grad kalt.

Grammatik und Redemittel

Die Adverbialpronomen *y* und *en* ▸ §7.1.7

Y steht für Ortsangaben oder Ergänzungen mit der Präposition **à**:
▸ Tu vas **au Maroc** ? *Fliegst du nach Marokko?*
◂ Non, je n'**y** vais pas. *Nein, ich fliege nicht dorthin.*
▸ Tu penses **à son cadeau** ? *Denkst du an ihr Geschenk?*
◂ Oui, j'**y** pense. *Ja, ich denke daran.*

En steht für Objekte mit Teilungs- oder unbestimmtem Artikel sowie für Ergänzungen mit der Präposition **de**:
▸ Tu veux **du thé** ? ◂ Oui, j'**en** veux. *Ja, ich möchte gerne (etwas) davon.*
▸ Tu as **un thermomètre** ? ◂ Oui, j'**en** ai un. *Ja, ich habe eins.*
▸ Il parle **de son voyage** ? ◂ Non, il n'**en** parle pas. *Nein, er redet nicht darüber.*

Hingegen werden Personen durch betonte Personalpronomen ersetzt:
▸ Elle pense **à Pierre** ? ◂ Oui, elle pense **à lui**. *Ja, sie denkt an ihn.*
▸ Il parle **de Nina** ? ◂ Oui, il parle **d'elle**. *Ja, er spricht von ihr.*

Das Verb *dire* (sagen)

	Präsens	Passé composé
je/j'	dis	ai **dit**
tu	dis	as **dit**
il/elle	dit	a **dit**
nous	disons	avons **dit**
vous	dites	avez **dit**
ils/elles	disent	ont **dit**

Die Konjunktion *que* ▸ §9

Que bedeutet im Deutschen *dass* und wird vor einem Vokal oder stummem **h** apostrophiert (**qu'**). Beachten Sie, dass die Wortstellung im Nebensatz wie im Aussagesatz ist:
Je dis **qu'**il va pleuvoir demain. *Ich sage, dass es morgen regnen wird.*

Tag 19

Übungen

1 Ordnen Sie jedes Bild einem Verb zu.

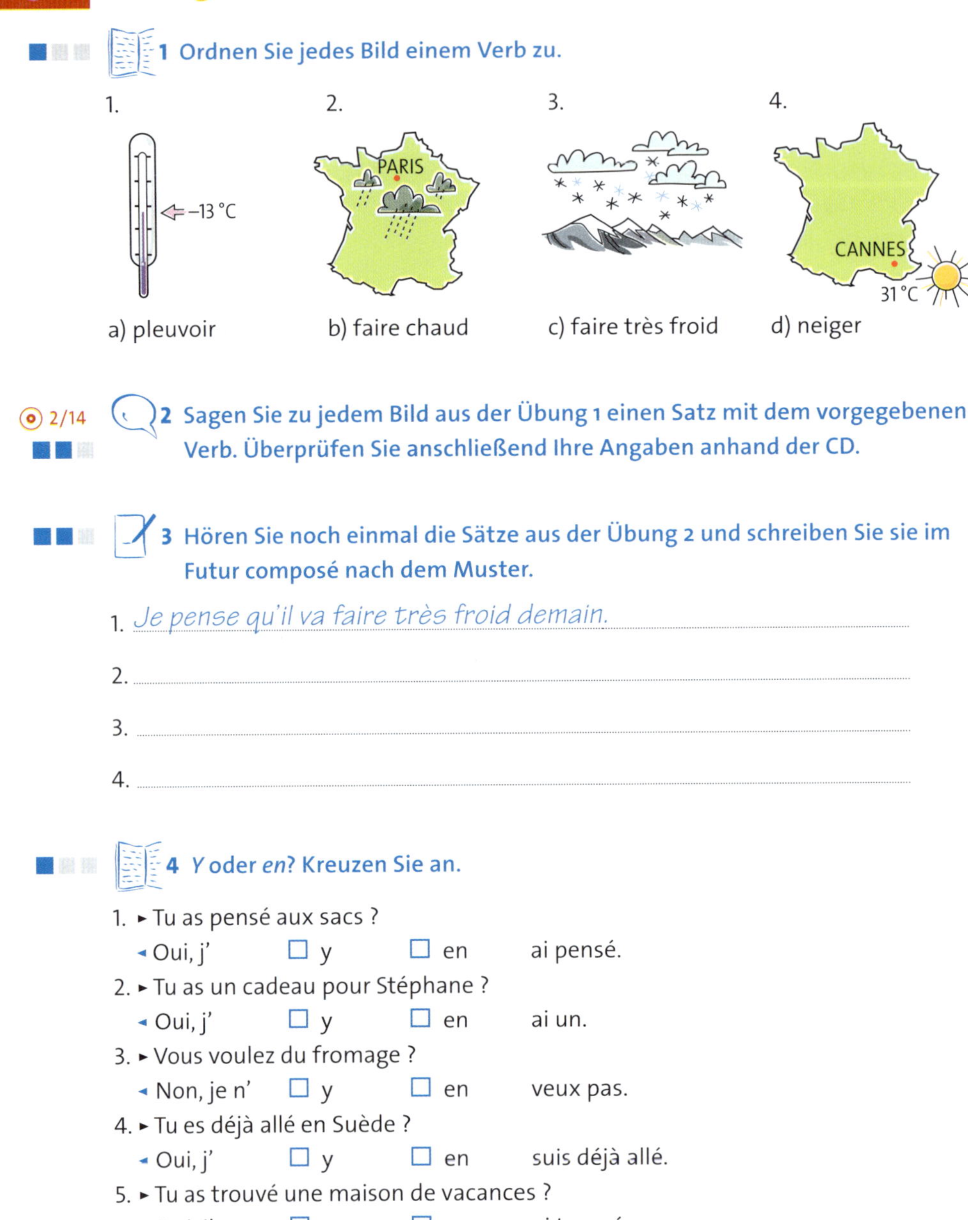

1. 2. 3. 4.

a) pleuvoir b) faire chaud c) faire très froid d) neiger

2/14

2 Sagen Sie zu jedem Bild aus der Übung 1 einen Satz mit dem vorgegebenen Verb. Überprüfen Sie anschließend Ihre Angaben anhand der CD.

3 Hören Sie noch einmal die Sätze aus der Übung 2 und schreiben Sie sie im Futur composé nach dem Muster.

1. *Je pense qu'il va faire très froid demain.*
2. ....
3. ....
4. ....

4 *Y* oder *en*? Kreuzen Sie an.

1. ▸ Tu as pensé aux sacs ?
   ◂ Oui, j' ☐ y ☐ en ai pensé.
2. ▸ Tu as un cadeau pour Stéphane ?
   ◂ Oui, j' ☐ y ☐ en ai un.
3. ▸ Vous voulez du fromage ?
   ◂ Non, je n' ☐ y ☐ en veux pas.
4. ▸ Tu es déjà allé en Suède ?
   ◂ Oui, j' ☐ y ☐ en suis déjà allé.
5. ▸ Tu as trouvé une maison de vacances ?
   ◂ Oui, j' ☐ y ☐ en ai trouvé une.

5 Wo muss das Wörtchen **en** stehen? Tragen Sie es an der richtigen Stelle ein.

1. ► Tu as un réveil ?

   ◄ Oui, j' ………… ai ………… un.

2. ► Elle a un plan de la ville ?

   ◄ Non, elle n' ………… a ………… pas.

3. ► Ont-ils chanté une chanson ?

   ◄ Oui, ils ………… ont ………… chanté une.

4. ► Elle parle de son anniversaire ?

   ◄ Oui, elle ………… parle ………… .

5. ► Est-ce que vous voulez du café ?

   ◄ Non, nous n' ………… voulons pas ………… .

6 Schreiben Sie die Sätze neu und ersetzen Sie dabei den unterstrichenen Satzteil durch **y** oder **en**.

1. Il parle <u>de ses cadeaux</u>. …………………………
2. Elle pense <u>à son anniversaire</u>. …………………………
3. Il prend <u>du dessert</u>. …………………………
4. Ils sont partis <u>en France</u>. …………………………
5. Elles se souviennent <u>de leur voyage en France</u>. …………………………
6. Elle ne met pas <u>de fromage</u> sur sa pizza. …………………………

7 Lesen Sie den Wetterbericht und kreuzen Sie an, welches Wetter für den Nachmittag angekündigt wird. Mehrere Antworten sind möglich.

> Quel temps va-t-il faire demain ? C'est très simple. Soleil ! Soleil ! Soleil ! Une belle journée de juin. Il va faire 25 degrés ! Mais attention le soir, il va peut-être pleuvoir ou même faire orage dans certaines régions.

1. ☐ Il va faire beau.
2. ☐ Il va pleuvoir.
3. ☐ Il va faire orage.
4. ☐ Il va faire soleil.

8 Welches Wetter passt zu den beschriebenen Situationen am besten? Kreuzen Sie an. Mehrere Lösungen sind möglich.

1. Pour aller à la plage :
   a) ☐ Il fait 28 degrés.
   b) ☐ Il fait beau.
   c) ☐ Il fait froid.
   d) ☐ Il fait soleil.
2. Pour faire du ski :
   a) ☐ Il va neiger.
   b) ☐ Il va faire froid.
   c) ☐ Il va pleuvoir.
   d) ☐ Il va faire orage.
3. Quand on prend son manteau* :
   a) ☐ Il fait moins sept.
   b) ☐ Il fait lourd.
   c) ☐ Il neige.
   d) ☐ Il fait mauvais temps.

*le manteau: *der Mantel*

9 Übersetzen Sie die folgenden Sätze ins Französische.

1. Wir denken, dass das Wetter morgen gut sein wird.

   ....

2. Ich sage, dass wir Marie ein schönes Geschenk machen werden.

   ....

3. Wir sagen, dass es morgen 40 Grad warm sein wird.

   ....

4. Ich sehe, dass er den Ausflug nicht mag.

   ....

5. Ihr sagt nicht, dass ihr es nicht wisst.

   ....

10 Sagen Sie es auf Französisch! Wie wird das Wetter morgen bei Ihnen?

Kulturtipp Curiosités

Wenn Sie in Paris sind, sollten Sie sich ein Abendessen auf den **bateaux-mouches** *Ausflugsbooten mit Glasdächern* nicht entgehen lassen. Sie können von der Seine aus die meisten **curiosités** *Sehenswürdigkeiten* der Stadt bewundern. Wussten Sie, dass *der Eiffelturm*, übrigens auf Französisch **la Tour Eiffel** oder liebevoll **Dame de fer** *eiserne Dame* genannt, anlässlich der Weltausstellung 1889 erbaut wurde? Sie können auch die **ponts de Seine** *Seine-Brücken* **Pont Neuf**, **Pont de l'Alma** oder **Pont d'Iéna** anschauen. Nehmen Sie außerdem die **musées** *Museen* der Stadt in Ihr Programm: z. B. das **Musée d'Orsay**, den **Louvre** oder das **Musée Pompidou**.

Und zum Schluss machen Sie einen Abstecher nach **Versailles** und besichtigen Sie das berühmte Schloss **Château de Versailles** und seine gigantischen Gärten. Sie werden nicht enttäuscht sein!

Kein Kulturtipp, sondern ein Ausgehtipp ist das berühmte **Moulin Rouge** auf der **Place Pigalle**. Sehenswert ist auch das unterirdische Paris: Ein Teil des Kanalisationssystems **les égouts** ist öffentlich zugänglich.

Was können Sie schon?

	☺	😐	☹	
■ die Wettervorhersage verstehen	■	■	■	▸ *Ü1*
■ über das Wetter reden	■	■	■	▸ *Ü2, Ü3, Ü9, Ü10*
■ sagen, was Sie denken	■	■	■	▸ *Ü3, Ü9*
■ jemanden an etwas erinnern	■	■	■	▸ *Ü4*

Tag 20

Postkarten

In dieser Lektion lernen Sie

- eine Postkarte zu schreiben
- Zukunftspläne zu äußern
- etwas zu bewerten

2/15 Grosses bises du Maroc

Pierre Nina et Pauline, vous voulez écrire un mot sur la carte postale à mes parents ?

Nina Oui, tu me passes la carte ? C'est une belle vue sur la mer. Je peux lire ?

Pierre Bien sûr.

Nina « Chers papa et maman, Je vous envoie une petite carte du Maroc. Nous allons bien... »

Pauline À notre retour en France, tu raconteras à tes parents que tu t'es levé tôt en vacances ! Ils vont être surpris !

Nina Je continue. « Notre arrivée a été difficile. L'hôtel ne nous plaît pas vraiment... » Tu as raison. Je n'aime pas les WC en commun. Surtout la nuit !

Pauline Et moi, je déteste ces matelas ! Ils sont trop durs !

Nina (*continue de lire*) « Alors, on va souvent à la piscine et à la plage. C'est le plein été ici. On profite des paysages magnifiques, du soleil et des repas excellents. Nous rentrerons mercredi. Je vous appellerai. Grosses bises et à bientôt. »

Pauline Ne leur dis pas que tu leur téléphoneras. Tu ne les appelles jamais !

Pierre Si, de temps en temps, je leur donne de mes nouvelles.

Pauline Oui, de temps en temps ! Bon, je vais quand même signer ta carte !

Fragen zum Dialog

Was ist richtig? Kreuzen Sie an.

1. a) ☐ Pierre a écrit une carte postale à ses parents.
   b) ☐ Nina a écrit une carte postale à ses parents.
2. a) ☐ Sur la carte, il y a la piscine et l'hôtel.
   b) ☐ La carte postale est une vue sur la mer.
3. a) ☐ Ils rentreront mercredi.
   b) ☐ Ils rentreront vendredi.

Schöne Grüße aus Marokko

Pierre Nina und Pauline, wollt ihr ein paar Worte (ein Wort) auf die Postkarte an meine Eltern schreiben?

Nina Ja, gibst du mir die Karte? Das ist ein schöner Blick aufs Meer. Darf ich lesen?

Pierre Natürlich.

Nina „Lieber Papa, liebe Mama, ich sende euch eine kleine Karte aus Marokko. Uns geht es gut ..."

Pauline Bei unserer Rückkehr nach Frankreich wirst du deinen Eltern erzählen, dass du in den Ferien früh aufgestanden bist! Sie werden überrascht sein!

Nina Ich lese weiter. „Unsere Ankunft war schwierig. Das Hotel gefällt uns nicht wirklich ... " Du hast recht. Ich mag kein Gemeinschafts-WC. Vor allem nachts!

Pauline Und ich hasse diese Matratzen! Sie sind zu hart!

Nina (liest weiter) Also gehen wir oft zum Swimmingpool oder an den Strand. Hier ist Hochsommer. Wir genießen die wunderschöne Landschaft, die Sonne und das ausgezeichnete Essen. Wir werden am Mittwoch zurückkommen. Ich werde euch anrufen. Schöne Grüße und bis bald."

Pauline Sag ihnen nicht, dass du sie anrufen wirst. Du rufst sie nie an!

Pierre Doch, ab und zu lasse ich etwas von mir hören (gebe ich ihnen Nachrichten).

Pauline Ja, ab und zu. Gut, ich werde deine Karte trotzdem unterschreiben!

Tag 20 Lernwortschatz

3/18

appeler	anrufen
à bientôt	bis bald
à haute voix	laut
arrivée *f*	Ankunft
avoir raison	recht haben
carte *f* postale	Postkarte
de temps en temps	ab und zu
difficile	schwierig
donner de ses nouvelles	etwas von sich hören lassen
dur(e)	hart
écrire	schreiben
en commun	gemeinsam; Gemeinschafts...
envoyer	schicken
magnifique	wunderschön, großartig
mer *f*	Meer
mot *m*	Wort
passer	hier: geben
paysage *m*	Landschaft
piscine *f*	Schwimmbad; Swimmingpool
plein été *m*	Hochsommer
profiter	hier: genießen
raconter	erzählen
rentrer	zurückkehren; zurückkommen
retour *m*	Rückkehr
signer	unterschreiben
téléphoner	telefonieren
vue *f*	Aussicht; Blick

Die Jahreszeiten	
printemps *m*	Frühling
été *m*	Sommer
automne *m*	Herbst
hiver *m*	Winter

Eine Postkarte	
So können Sie anfangen:	
Cher Pierre, ...	Lieber Pierre, ...
Chère Nina, ...	Liebe Nina, ...
Sie können Ihren Urlaub bewerten:	
je déteste	ich hasse
j'adore	ich liebe
j'aime (bien)	ich mag (gerne)
ça (ne) nous plaît (pas)	das gefällt uns (nicht)
Zum Schluss können Sie schreiben:	
grosses bises	schöne/herzliche Grüße
affectueusement/ je t'/ je vous embrasse	liebe Grüße; herzlichst
amicalement/ amitiés	freundliche Grüße

Grammatik und Redemittel

Das Futur simple ▸ *§ 8.3.1*

Hängen Sie an den Infinitiv der Verben auf **-er** und **-ir** die Endungen **-ai**, **-as**, **-a**, **-ons**, **-ez**, **-ont** an.

	raconter erzählen	**partir** weggehen
je	raconter**ai**	partir**ai**
tu	raconter**as**	partir**as**
il/elle	raconter**a**	partir**a**
nous	raconter**ons**	partir**ons**
vous	raconter**ez**	partir**ez**
ils/elles	raconter**ont**	partir**ont**

So drücken Sie ein Erlebnis aus, das in entfernterer Zukunft beginnt, während das Futur composé (▸ *Tag 17*) eher ein unmittelbar bevorstehendes Geschehen bezeichnet. Schriftlich wird das Futur simple häufiger als das Futur composé verwendet:
Nous rentrerons mercredi. *Am Mittwoch werden wir zurückkommen.*

Das indirekte Objektpronomen ▸ *§ 7.1.5*

Personalpronomen	indirekte Objektpronomen
je	me mir
tu	te dir
il/elle	lui ihm/ihr
nous	nous uns
vous	vous euch/Ihnen
ils/elles	leur ihnen

Vor einem Vokal oder stummem **h** werden **me** und **te** zu **m'**, **t'**.
Indirekte Objektpronomen stehen bei Verben, die mit der Präposition **à** verwendet werden. Achten Sie auf die Wortstellung!
Il passe la carte **à son ami/amie.** *Er gibt seinem Freund/seiner Freundin die Karte.*
Il **lui** passe la carte. *Er gibt ihm/ihr die Karte.*
Il ne **lui** passe pas la carte. *Er gibt ihm/ihr die Karte nicht.*
Il **lui** a passé la carte. *Er hat ihm/ihr die Karte gegeben.*

Tag 20 Übungen

1 Was passt zusammen? Mehrere Lösungen sind möglich.

1. le printemps
2. l'hiver
3. l'été
4. l'automne

a) août
b) avril
c) février
d) octobre
e) janvier
f) mai
g) novembre

2/16

2 Hören Sie die Sätze und kreuzen Sie die richtige Aussage an.

1. a) ☐ Il lui apporte une boisson. b) ☐ Il leur apporte une boisson.
2. a) ☐ Elle leur recommande la Grèce. b) ☐ Elle nous recommande la Grèce.
3. a) ☐ Je vais lui écrire une carte. b) ☐ Je vais vous écrire une carte.
4. a) ☐ Je lui ai téléphoné hier. b) ☐ Je leur ai téléphoné hier.

3 Auf der Postkarte fehlen leider alle Endungen im Futur simple. Finden Sie sie wieder?

Cher Paul,
Grosses bises de vacances où nous passons une super semaine. Aujourd'hui, nous sommes allés faire du ski. J'ai adoré! Nous y retourner .... (1.) demain. On louer .... (2.) même des snowboards. La région est magnifique. En plus, il y a beaucoup de neige. Ils disent à la météo qu'il neiger .... (3.) tout le week-end. Pas trop quand même, j'espère! Nous rentrer .... (4.) dans trois jours et je passer .... (5.) te voir. Je te téléphoner .... (6.) de la maison.
À bientôt! Émile

2/17

4 Stellen Sie sich vor, Sie sind Paul aus der Übung 3. Lesen Sie Émiles Postkarte laut vor. Überprüfen Sie anschließend Ihre Aussprache mithilfe der CD.

5 Formulieren Sie die Sätze im Futur simple.

1. Je vais raconter mes vacances à Marielle.

   ....

2. Vous allez finir l'excursion à quelle heure ?

   ....

3. Ils vont partir à la mer.

   ....

4. Il ne va pas téléphoner pendant son voyage.

   ....

5. Tu vas chercher un zoo ?

   ....

6. Nous n'allons pas choisir l'hôtel cinq étoiles.

   ....

6 Kreisen Sie das passende Objektpronomen ein.

1. À Muriel ? Je vais *lui* | *leur* envoyer un SMS.
2. Ils téléphonent à leurs parents et *vous* | *leur* demandent pourquoi.
3. Ils *vous* | *nous* téléphonent pour nous inviter.
4. Tu *me* | *te* le diras ? À moi ?
5. Il *lui* | *le* donne déjà son adresse ?
6. À Paul et Jean ? Je ne *leur* | *les* parle plus !

7 Ordnen Sie die Wörter zu sinnvollen Sätzen.

1. Je – longue – une – lui – écris – lettre

   ....

2. notre – Ils – ont – téléphone – nous – de – demandé – numéro

   ....

3. dirons – Nous – rien – leur – ne

   ....

4. leur – Vous – un – donnez – CD

....

5. me – livre – pas – Tu – racontes – ne – le – !

....

6. téléphoner – va – Elle – demain – leur

....

8 Welches Pronomen muss in die Lücke eingesetzt werden? Kreuzen Sie die richtige Lösung an.

1. Tu .... le dis ?	a) ☐ moi	b) ☐ me	c) ☐ la
2. Vous ne .... trouvez pas.	a) ☐ les	b) ☐ leur	c) ☐ en
3. Vous .... prenez combien ?	a) ☐ le	b) ☐ y	c) ☐ en
4. Il .... pense déjà.	a) ☐ lui	b) ☐ en	c) ☐ y
5. Je ne .... vois pas...	a) ☐ leur	b) ☐ les	c) ☐ ils
6. Nous n'allons pas le .... envoyer.	a) ☐ en	b) ☐ les	c) ☐ leur

9 Lesen Sie Alines Postkarte aufmerksam durch. Beantworten Sie dann die Fragen dazu.

Chère Béa,
Grosses bises de vacances. Nous sommes sur la Côte d'Azur depuis une semaine. C'est super ! J'aime bien la plage, la mer, les paysages... Ça nous plaît beaucoup ici. Surtout les bons restaurants ! Je trouve que les Français mangent bien. J'adore les spécialités régionales, mais je déteste le poisson.*
Je t'embrasse.
À bientôt !
Aline

*la spécialité: *die Spezialität*

1. Wie lautet die Anrede in der Postkarte?
2. Wie lauten die Schlussformeln?
3. Wie beschreibt Aline ihren Urlaub?
4. Was sagt sie über die Franzosen?

Kulturtipp
Le langage familier

Wie Sie schon bemerkt haben, unterscheiden sich das gesprochene und das geschriebene Französisch oft voneinander. Auf einer Postkarte ist (fast) alles erlaubt, auch die **langage familier** *Umgangssprache*. Wollen Sie erzählen, wie toll Ihr Urlaub ist, dann schreiben Sie **Les vacances sont méga**. *Die Ferien sind super.* Gefällt Ihnen etwas nicht, dann sagen Sie **C'est nul.** *Das ist blöd.* Gehen Sie aber dennoch vorsichtig mit solchen Ausdrücken um!

Eine besondere Art der Umgangssprache ist in den **banlieues** *Vororten* der Großstädte entstanden. Die **beurs**, wie man in Frankreich geborene Kinder von Einwanderern aus Marokko, Tunesien oder Algerien nennt, wollen durch ihre eigene Sprache, Musik – **raï** genannt – und Filme ihre Identität und Probleme zum Ausdruck bringen. Ihre Kultur ist inzwischen ein wichtiger Bestandteil der französischen Kultur.

Was können Sie schon?

	☺	😐	☹	
■ Jahreszeiten und Monate verstehen	■	■	■	▸ *Ü1*
■ Pläne und Vorhaben beschreiben	■	■	■	▸ *Ü2, Ü3*
■ eine Postkarte mit Feriengrüßen lesen und verstehen	■	■	■	▸ *Ü3, Ü4, Ü5*

Tag 21

Im Notfall

In dieser Lektion lernen Sie

- in einer Notfallsituation angemessen zu reagieren
- einen Krankenwagen oder die Polizei zu rufen
- Menschen und Sachen miteinander zu vergleichen

2/18 L'accident

De retour à Grenoble. Devant l'aéroport. Pauline est allée aux toilettes.

Pierre Le Maroc est un des plus beaux pays que je connaisse.

Nina Oui, mais je n'irai plus jamais dans cet hôtel !

Pierre C'est quand même mieux chez nous !

Nina Oui, les lits sont plus confortables. *(Tout à coup, Nina crie :)* Stop ! Arrêtez-vous ! Attention, le piéton !

Nina et Pierre courent vers l'accident.

Pierre Monsieur ! On peut vous aider ?

Nina Pierre, il a du sang sur la jambe !

Pierre Ne bougez pas, monsieur... Nina, prends mon portable dans ma poche et fais le 15. C'est le S.A.M.U.

Nina *(au téléphone)* Il y a eu un accident devant l'aéroport. Il y a un blessé.

S.A.M.U. On arrive le plus vite possible.

Quelques minutes plus tard, l'ambulance et la gendarmerie arrivent en même temps.

S.A.M.U. Monsieur, on vous transporte à l'hôpital. Vous avez plusieurs fractures.

Pierre *(au policier :)* La voiture est arrivée beaucoup trop vite. J'ai noté la plaque d'immatriculation.

Policier Quoi ? La voiture est repartie ? Venez avec moi au poste. On aura besoin de vous comme témoin.

Pierre Les vacances finissent aussi bien qu'elles ont commencé !

Fragen zum Dialog

Kreuzen Sie die richtige Antwort an.

1. Où le blessé a-t-il du sang ?
   a) ☐ sur la main b) ☐ sur la jambe
2. Qui arrive en même temps que l'ambulance ?
   a) ☐ le taxi b) ☐ la gendarmerie
3. Où doit aller Pierre ?
   a) ☐ à l'hôpital b) ☐ au poste de police

Der Unfall

Zurück in Grenoble. Vor dem Flughafen. Pauline ist zur Toilette gegangen.

Pierre Marokko ist eines der schönsten Länder, die ich kenne.

Nina Ja, aber ich werde nie wieder in dieses Hotel gehen.

Pierre Bei uns ist es doch besser!

Nina Ja, die Betten sind bequemer. *(Plötzlich schreit Nina:)* Halt! Halten Sie an! Achtung, der Fußgänger!

Nina und Pierre rennen zum Unfall(ort).

Pierre Monsieur! Können wir Ihnen helfen?

Nina Pierre, er hat Blut auf seinem Bein!

Pierre Bewegen Sie sich nicht, Monsieur ... Nina, nimm mein Handy aus meiner Tasche und wähle die 15. Das ist der S.A.M.U. (Notdienst).

Nina *(am Telefon)* Es gab einen Unfall vor dem Flughafen. Es gibt einen Verletzten.

Notdienst Wir kommen so schnell wie möglich.

Einige Minuten später kommen der Krankenwagen und die Polizei gleichzeitig.

Notdienst Monsieur, wir bringen Sie ins Krankenhaus. Sie haben mehrere Knochenbrüche.

Pierre *(zum Polizisten:)* Das Auto kam viel zu schnell. Ich habe das Autokennzeichen aufgeschrieben.

Polizist Was? Das Auto ist weggefahren? Kommen Sie mit mir auf die Polizeiwache. Wir werden Sie als Zeugen brauchen.

Pierre Die Ferien hören genauso gut auf, wie sie begonnen haben!

Tag 21 Lernwortschatz

3/19

Attention !	Vorsicht!; Achtung!
aussi bien que	so gut wie
blessé *m*, blessée *f*	Verletzter, Verletzte
bouger	(sich) bewegen
comme	hier: als
confortable	bequem
courir	rennen
crier	schreien
de retour	(wieder) zurück
en même temps	gleichzeitig
fracture *f*	(Knochen-)Bruch
hôpital *m*	Krankenhaus
le plus vite possible	so schnell wie möglich
minute *f*	Minute
noter	notieren; aufschreiben
piéton *m*	Fußgänger
plaque *f* d'immatriculation	Autokennzeichen
poche *f*	(Hosen-)Tasche
portable *m*	Handy
poste *m* (de police)	Polizeiwache
repartir	wegfahren
s'arrêter	anhalten
sang *m*	Blut
téléphone *m*	Telefon
tout à coup	plötzlich
transporter	transportieren (hier: bringen)

Im Notfall	
police *f*	Polizei
gendarmerie *f*	Gendarmerie
pompiers *m Pl*	Feuerwehr
ambulance *f*	Krankenwagen
SAMU *m*	Notdienst
appeler le SAMU	den Notdienst rufen
faire le 15	die 15 wählen
accident *m*	Unfall
avoir un accident	einen Unfall haben
témoin *m*	Zeuge
être témoin d'un accident	bei einem Unfall Zeuge sein
agression *f*	Überfall
être victime d'une agression	überfallen werden
panne *f*	Panne
tomber en panne	eine Panne haben
papiers *m Pl*	Ausweis; Papiere
passeport *m*	Pass
avoir perdu ses papiers	seinen Ausweis verloren haben
vol *m*	Diebstahl
on m'a volé mon sac	meine Tasche ist gestohlen worden

Grammatik und Redemittel

Die Vergleichsformen ▸ *§6*

	Komparativ (+/-/=)	Superlativ (+++/---)
grand groß	il est **plus/moins/aussi** grand	**le plus/moins grand**
	elle est **plus/moins/aussi** grande	**la plus/moins grande**
	ils/elles sont **plus/moins/aussi** grand**(e)s**	**les plus/moins grand(e)s**

Vergessen Sie die Angleichung der Adjektive nicht!
Anders als im Deutschen wird der Vergleich immer mit derselben Konjunktion **que** *als/wie* eingeleitet (oder **qu'** vor einem Vokal und stummem **h**):
Il est **plus/aussi grand que** Nina. *Er ist größer als/so groß wie Nina.*
C'est **le plus beau pays que** je connaisse**.** *Es ist das schönste Land, das ich kenne.*
Achten Sie auf die Zeiten im Nebensatz. Das Verb steht im Subjonctif ▸ *Tag 28, Tag 29*.

Achtung:

Achten Sie auf die Sonderformen:

bon *gut*	**meilleur** *besser*	**le meilleur** *der beste*
mauvais *schlecht*	**pire** *schlechter*	**le pire** *am schlechtesten*
		le plus mauvais *der schlechteste*
bien *gut*	**mieux** *besser*	**le mieux** *am besten*
beaucoup *viel*	**plus** *mehr*	**le plus** *am meisten*

Unregelmäßige Verben im Futur simple ▸ *§8.3.1*

Infinitiv	Futur simple	Infinitiv	Futur simple
avoir haben	j'aurai	**faire** machen, tun	je ferai
être sein	je serai	**savoir** wissen	je saurai
aller fahren, gehen	j'irai	**voir** sehen	je verrai
prendre nehmen	je prendrai	**venir** kommen	je viendrai
(ebenso: **dire** sagen, **boire** trinken)	je dirai je boirai	**pouvoir** können	je pourrai

Tag 21 Übungen

1 Was bedeuten die Aussagen? Kreuzen Sie an.

1. Pierre est petit. Paul est plus grand. Corinne est plus grande que Paul.
   a) ☐ Paul est le plus grand.
   b) ☐ Paul est le plus petit.
   c) ☐ Corinne est la plus grande.
2. Sandrine va voir souvent sa mère. Mais Marc va la voir plus souvent. Pascal va la voir moins souvent que Marc.
   a) ☐ Pascal va voir sa mère le moins souvent.
   b) ☐ Sandrine va voir sa mère le plus souvent.
   c) ☐ Marc va voir sa mère le plus souvent.
3. Jean mange plus de fruits que Karl. Julie mange plus de fruits que Jean. Mais Karl mange moins de fruits que Julie.
   a) ☐ Julie mange le plus de fruits.
   b) ☐ Jean mange le plus de fruits.
   c) ☐ Karl mange le plus de fruits.

2/19

2 Hören Sie das Telefongespräch mit der Polizei und ergänzen Sie dabei die Lücken. Lesen Sie anschließend Ihren Text laut vor.

Gendarmerie Gendarmerie nationale, j'écoute.

M. Julier Il y a eu un .... (1.).
Gendarmerie Un vol ? Où ?
M. Julier Dans notre maison.
Gendarmerie Il y a des .... (2.) ?
M. Julier Nos voisins ont vu une personne dans le .... (3.).
Gendarmerie Quand ?
M. Julier Hier soir.
Gendarmerie Donnez-moi votre nom et venez au .... (4.) ce matin.
M. Julier Merci, j'arrive .... (5.).

3 Setzen Sie die Verben in Klammern ins Futur simple.

1. Demain, j'.................................... au cinéma. (aller)
2. Ce week-end, nous .... du vélo. (faire)
3. Est-ce que vous .... à mon anniversaire ? (venir)
4. Dans deux jours, ce .... mon anniversaire. (être)

4 Bilden Sie Sätze aus den vorgegebenen Wörtern. Verwenden Sie darin die Adjektive in der Komparativform. Achten Sie auf die korrekten Formen der Verben und Adjektive!

1. Mon portable – être – + petit – le portable de Vanessa.

....

2. Ils – être – - confortable – la voiture.

....

3. Stéphane et Max – être – + gros – David.

....

4. L'accident d'aujourd'hui – être – = grave – l'accident d'hier.

....

5. Ses questions – être – = intéressant – ses réponses.

....

6. La glace au chocolat – être – + bon – la glace à la vanille.

....

5 Vervollständigen Sie den zweiten Satz, indem Sie das Adjektiv aus dem ersten Satz im Superlativ verwenden.

1. Il y a eu un accident grave aujourd'hui. C'est l'accident
   .... de la semaine.
2. Paris et Lyon sont deux belles villes. Ce sont les villes
   .... de France !
3. Nous passons les vacances dans un hôtel pas cher. C'est l'hôtel
   .... de la ville !
4. Mes cousins Jules et Fabien sont très heureux. Ils sont les personnes
   .... de la famille !
5. Sa chambre n'est pas propre. C'est la pièce
   .... de la maison !

Tag 21

6 Kreuzworträtsel. Tragen Sie die gesuchten Verbformen im Futur simple ein. Wie lautet das Lösungswort? Notieren Sie auch das passende Personalpronomen zu diesem Lösungswort.

1. il ... (pouvoir)
2. nous ... (boire)
3. j'... (aimer)
4. vous ... (venir)
5. ils ... (dire)
6. elles ... (avoir)
7. je ... (être)
8. tu ... (choisir)

Lösungswort: ....

7 Lesen Sie den Dialog aus der Übung 2 durch und kreuzen Sie an, ob die Aussagen richtig (**vrai**) oder falsch (**faux**) sind. Korrigieren Sie die falschen Aussagen, indem Sie unten die richtigen Antworten auf Französisch notieren. Schreiben Sie ganze Sätze.

	vrai	faux
1. M. Julier ruft bei der Feuerwehr an.	☐	☐
2. Im Haus ist eingebrochen worden.	☐	☐
3. Jemand stand im Haus.	☐	☐
4. Die Nachbarn sind Zeugen.	☐	☐
5. Die Tat ist gestern Vormittag passiert.	☐	☐
6. M. Julier muss zur Polizeiwache.	☐	☐

....

....

....

8 Verbinden Sie die zusammengehörigen Fragen und Antworten.

1. Il y a un problème ? → d)
2. Qui a vu quelque chose ?
3. Vous avez vos papiers ?
4. Ils ont appelé le 15 ?
5. On vous a volé votre sac ?
6. Vous êtes victime d'une agression ?

a) Oui, les voilà !
b) Oui, avec tous mes papiers.
c) Oui et le S.A.M.U. arrive.
d) Oui, ma voiture est tombée en panne.
e) Non, je suis témoin d'un accident.
f) Moi, j'ai vu deux personnes dans le jardin.

Kulturtipp
En cas de problèmes

Bei Gesundheitsproblemen sollten Sie den **S.A.M.U.** anrufen. Die Abkürzung steht für **Service d'Aide Médicale d'Urgence** *Medizinischer Notfalldienst*. Er wird eine erste Diagnose am Telefon erstellen und bei Bedarf den **médecin de garde** *Notarzt* zu Ihnen schicken. Sie werden entweder zu Hause behandelt oder in ein **hôpital** *Krankenhaus* gebracht, auch **C.H.(R.)U.** genannt.

Bei Problemen mit Ihrem Auto rufen Sie Ihre Versicherung an, die einen **dépanneur** *Abschleppdienst* verständigen wird. Auf der **autoroute** *Autobahn* stehen Ihnen orangefarbene Notrufsäulen zur Verfügung.

Bei Problemen außerhalb der Autobahn oder bei Unfällen wie **incendie** *Brand*, **inondation** *Überschwemmung* usw. melden Sie sich bei den **pompiers** *Feuerwehr*.

Wichtige Telefonnummern:
S.A.M.U.: 15
Police / Gendarmerie: 17

Was können Sie schon?

	☺ 😐 ☹	
■ Menschen und Sachen miteinander vergleichen	☐ ☐ ☐	▸ *Ü1, Ü4*
■ Im Notfall die Polizei verständigen	☐ ☐ ☐	▸ *Ü2*
■ die Fragen der Polizei verstehen	☐ ☐ ☐	▸ *Ü2*
■ erzählen, was Sie am Wochenende machen werden	☐ ☐ ☐	▸ *Ü3*

Tag 22

Wiederholen und üben Sie

Hier wiederholen Sie

- den Wetterbericht zu verstehen
- eine Postkarte zu schreiben
- ein Formular auszufüllen
- Zeit- und Ortsangaben zu formulieren
- einen kurzen Zeitungsartikel zu verstehen
- zukünftige Pläne und Absichten auszudrücken

Übungen

1 Hören Sie den Wetterbericht im Radio. Kreuzen Sie anschließend nur die zutreffenden Aussagen an.

1. ☐ Demain matin, il va neiger.
2. ☐ Demain après-midi, il fera 10° C.
3. ☐ Demain après-midi, il va faire orage.
4. ☐ Il fera froid ce week-end.

2 Schreiben Sie einem guten Freund eine Postkarte! Schreiben Sie ihm …

1. … , dass Sie in Frankreich im Urlaub sind.
2. … , dass es Ihnen gut geht.
3. … , dass das Wetter schön ist.
4. … , dass der Strand wunderschön ist.
5. … , dass es Ihnen gut gefällt.
6. … zum Schluss: schöne Grüße.

3 Sie wollen Ihren Urlaub im Internet reservieren. Füllen Sie das Anmeldeformular mit Ihren persönlichen Angaben aus.

Nom : Prénom :
né(e) le à
Rue :
Ville : Pays :
Tél. : Adresse e-mail :
Hôtel : deux étoiles trois étoiles quatre/cinq étoiles
en France en Espagne en Grèce
du .... au ....
tout compris demi-pension petit-déjeuner
chambre double chambre individuelle
fumeur non-fumeur
prix (par nuit) : < 100 € 100–150 € > 150 €

4 Stellen Sie sich vor, dass Sie von einer Gruppe französischer Touristen gefragt werden, wo die Kathedrale ist. Beschreiben Sie den Weg dorthin anhand des Stadtplans. Sie beginnen mit *Vous allez*... Überprüfen Sie Ihre Beschreibung mithilfe der CD. 2/21

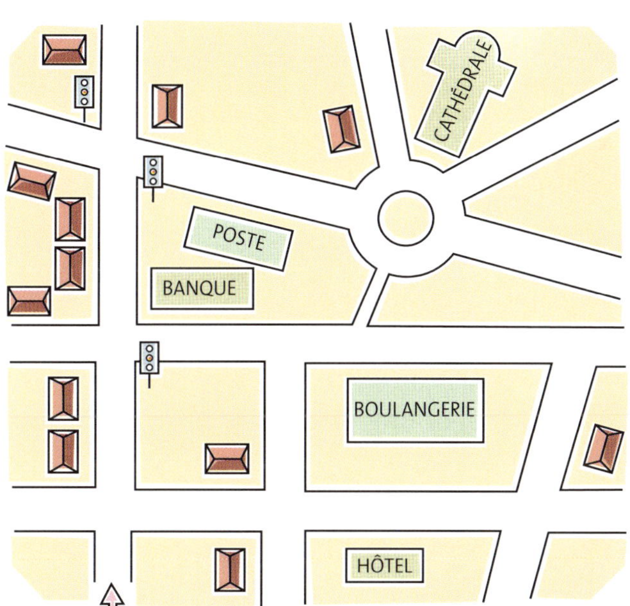

5 Was für ein Buchstabensalat! Erkennen Sie die Verkehrsmittel?

1. T R O U V E I .... 3. R A T I N ....

2. N I V A O .... 4. M A R T Y W A ....

6 Ergänzen Sie die fehlenden Begriffe in den Reihen.

1. ...., cent, cent un, ...

2. lundi, mardi, ..., ..., vendredi

3. janvier, ..., mars, avril, mai, juin, ..., ...

2/22

7 Lesen die einzelnen Wörter laut vor und kreuzen Sie die richtigen Laute an. Überprüfen Sie dann Ihre Aussprache mithilfe der CD.

	stummes/kurzes **e** [ə] wie in dam**e**	geschlossenes **ö** [ø] wie in **euro**	offenes **ö** [œ] wie in h**eu**re
1. vacanc**es**	☐	☐	☐
2. blagu**e**	☐	☐	☐
3. joy**eux**	☐	☐	☐
4. chal**eur**	☐	☐	☐
5. pann**e**	☐	☐	☐
6. fum**eur**	☐	☐	☐
7. tourist**e**	☐	☐	☐

8 Bilden Sie Sätze mit dem Komparativ wie folgt:

1. Fabrice – + petit – Cédric
   Fabrice est plus petit que Cédric.
2. ma tante – + vieux – mon oncle
   ....
3. David – – curieux – Claude
   ....
4. les gâteaux – + bon – les légumes
   ....
5. Françoise – = grand – Sébastien
   ....

Regel 1: Präpositionen

1. *Die Präposition .... (a) steht vor femininen Ländernamen und maskulinen Namen, die mit einem .... (b) beginnen.*
2. *Die Präposition* ***à*** *steht vor .... (a) und vor maskulinen Ländernamen, die mit einem .... (b) beginnen, oder vor Ländernamen im Plural.*
3. *Eine Herkunft drücken Sie mit der Präposition .... aus.*

Regel 2: Das Interrogativadjektiv *quel*

1. *Quel richtet sich in .... (a) und .... (b) nach dem Substantiv, das es bezeichnet.*
2. *Die Formen sind:* ***quel,*** *............ (a), ... (b) und .... (c).*

9 Hören Sie die Antworten und ergänzen Sie anschließend die Fragen. 2/23

1. De .... vient Sue ?
2. .... est .... de son copain espagnol ?
3. .... sont les deux pays préférés de Paolo ?
4. Dans .... a-t-elle fait connaissance de Pierre ?

Regel 3: Die Adverbialpronomen *y* und *en*

1. *Y steht für .... (a) oder Ergänzungen mit der Präposition .... (b).*
2. *............ (a) steht für Objekte mit Teilungs- oder unbestimmtem Artikel sowie für Ergänzungen mit der Präposition .... (b).*

10 Bejahen Sie mündlich die Fragen, die Sie auf der CD hören. Verwenden Sie dabei y oder en. Sie hören zunächst ein Beispiel. 2/24

1. Tu vas au cinéma ? – *Oui, j'y vais.*
2. Ils vont en Italie ?
3. Vous avez du vin ?
4. Vous parlez souvent de votre voyage en Afrique ?
5. Denise a commandé un gâteau d'anniversaire ?
6. Vous avez habité à Marseille pendant deux ans ?

Tag 22

Regel 4: Direkte Objektpronomen

1. *Direkte Objektpronomen sind* ***me****,* ………………………………… .
2. *Sie stehen bei Verben, die ohne* ………………………… *verwendet werden.*
3. *Im Passé composé mit* ***avoir*** *richtet sich das* ………………………… *(a) in* ………………………… *(b) und* ………………………… *(c) nach dem direkten Objektpronomen.*

Regel 5: Indirekte Objektpronomen

1. *Indirekte Objektpronomen sind* ………………………… .
2. *Sie stehen bei Verben, die mit der Präposition* ………………………… *verwendet werden.*

11 Vervollständigen Sie den Zeitungsartikel. Es fehlen alle Objektpronomen.

Vol aux Galeries Lafayette

Des témoins ont vu sortir un homme du magasin avec un sac de sport. L'homme …… (1.) a même demandé où se trouve la gare. Des passants ………… (2.) ont montré le chemin et ne ………… (3.) ont plus revu. Ils ont alors appelé la police. Les policiers sont arrivés très vite. Ils ………… (4.) ont cherché partout. Mais personne n'a pu ………… (5.) retrouver. Est-ce que quelqu'un ………… (6.) a vu ?

12 Lösen Sie das Kreuzworträtsel mit den richtigen Formen der Verben im Präsens. Das Lösungswort ist ein Verb, das gut zum Thema Urlaub passt!

1. vous ... (dire)
2. nous ... (venir)
3. tu ... (partir)
4. je ... (comprendre)
5. ils ... (voir)
6. elle ... (traverser)

Lösungswort:

…………………………

Regel 6: Reflexive Verben

Reflexive Verben werden mit den Reflexivpronomen .... gebildet.

13 Welches Reflexivpronomen passt? Kreisen Sie ein.

1. En été, il *me* | *se* | *te* passe beaucoup de choses dans les rues.
2. Tu *me* | *se* | *te* souviens de notre séjour en Grèce ?
3. Elle *s'* | *t'* | *nous* est trompée de train.
4. Le lundi, je dois *me* | *te* | *nous* lever de bonne heure.
5. Nous *se* | *nous* | *vous* sommes perdus dans le métro de Paris.

Regel 7: Das Futur

1. Mit dem .... (a) drücken Sie, meist schriftlich, ein zukünftiges Erlebnis aus. Die Endungen .... (b) werden an den Infinitiv angehängt.

2. Die zusammengesetzte Zeit der Zukunft heißt .... (a) und besteht aus dem Verb .... (b) im Präsens und einem Verb im .... (c). So können Sie ein unmittelbar bevorstehendes Ereignis oder Ihre .... (d) ausdrücken.

14 Bilden Sie sinnvolle Sätze im Futur simple.

1. juillet – nous – partir – vacances

....

2. été – je – manger – glaces

....

3. demain – ma mère – venir – me voir

....

4. l'année prochaine – Daniel – avoir – 25 ans

....

5. soir – Claire et Laure – dormir – hôtel

....

Zwischentest 3

1 Ergänzen Sie die Sätze.

1. Il y a un incendie dans la maison. J'appelle les ....
2. J'ai été témoin d'un accident. Il y a des blessés. J'appelle le ....
3. On m'a volé mon sac. J'appelle la ....
4. Je veux réserver un voyage, je vais dans une ....
5. Quand je suis à l'aéroport, je vais prendre ....

__/6 6. Quand je suis à la gare, je vais prendre le ....

2 Welches Wort passt nicht in die Reihe?

1. a) ☐ gendarmerie b) ☐ ambulance c) ☐ boisson
2. a) ☐ voyage b) ☐ lundi c) ☐ jeudi
3. a) ☐ mars b) ☐ mai c) ☐ matin
4. a) ☐ à gauche b) ☐ à pied c) ☐ à droite
5. a) ☐ tram b) ☐ métro c) ☐ journal
6. a) ☐ anniversaire b) ☐ camping c) ☐ hôtel

__/7 7. a) ☐ Grèce b) ☐ Suède c) ☐ Suzanne

2/25 ## 3 Was sagen Sie, wenn ... ? Überprüfen Sie anschließend Ihre Lösungen mithilfe der CD.

1. ... Sie ein Zimmer reservieren wollen?
2. ... Sie dieses Zimmer nicht nehmen?
3. ... das Zimmer Ihnen gefällt?
4. ... Sie dieses Land lieben?
5. ... Sie in einem Geschäft nach Postkarten fragen wollen?

__/6 6. ... Sie einen Unfall gesehen haben?

4 Wie werden die fett gedruckten Laute ausgesprochen? Kreuzen Sie an.

1. une a**g**ence de voya**g**es a) ☐ [ʒ] wie in **j**eudi b) ☐ [ʃ] wie in **ch**at
2. faire n**ui**t a) ☐ [yi] wie in h**ui**t b) ☐ [wi] wie in **oui**
3. par cette chal**eur** a) ☐ [ɔr] wie in s**or**t b) ☐ [œr] wie in **fleur**
4. une de**s**tination au **s**oleil a) ☐ [z] wie in **zéro** b) ☐ [s] wie in **samedi**

__/5 5. une chambre indi**v**iduelle a) ☐ [f] wie in **f**eu b) ☐ [v] wie in **vendredi**

5 Hören Sie gut zu und kreuzen Sie den richtigen Satz an. 2/26

1. a) ☐ En novembre 1999, il a fait 21 degrés.
   b) ☐ En décembre 1989, il a fait –31 degrés.
   c) ☐ En novembre 1989, il a fait –21 degrés.
2. a) ☐ De l'hôtel, j'ai vu une belle plage.
   b) ☐ De l'hôtel, nous avons une belle vue sur la plage.
   c) ☐ En face de l'hôtel, il y a une belle plage.
3. a) ☐ Nous nous sommes perdus en ville.
   b) ☐ Nous avons pris le rond-point.
   c) ☐ Nous nous sommes trompés au rond-point.
4. a) ☐ Ma mère est née le 28 mai 1944.
   b) ☐ Ma mère est née le 27 mars 1945.
   c) ☐ Ma mère est née le 28 mars 1954.
5. a) ☐ Ma date d'anniversaire est le 17.11.1975.
   b) ☐ La plaque d'immatriculation de ma voiture est 1087-RZ-75.
   c) ☐ La plaque d'immatriculation de ma voiture est 1096-RS-75.

__/5

6 Sie hören Richtungsanweisungen. Kreuzen Sie das passende Symbol an. 2/27

1. a) b)

2. a) b)

3. a) b)

__/3

2/28 **7 Hören Sie die Sätze auf der CD und kreuzen Sie die korrekte Rechtschreibung an.**

1. a) ☐ l'ai b) ☐ les
2. a) ☐ ce b) ☐ se
3. a) ☐ quelle b) ☐ qu'elle
4. a) ☐ sept b) ☐ cet
5. a) ☐ ces b) ☐ ses
6. a) ☐ ma b) ☐ m'a
7. a) ☐ a b) ☐ à
8. a) ☐ en b) ☐ ans

__/9 9. a) ☐ quelle b) ☐ qu'elle

8 Setzen Sie das richtige Pronomen ein.

1. ▸ Vous avez rempli les formulaires ?

◂ Oui, nous .... avons remplis.

2. ▸ Je peux prendre des photos ?

◂ Oui, vous pouvez .... prendre.

3. ▸ Tu as rendu ta clé ?

◂ Oui, je .... ai déjà rendue.

4. ▸ Tu as dit à Christian que tu pars en vacances ?

◂ Oui, je .... ai déjà dit.

5. ▸ Tu as pensé à ta trousse de toilette ?

◂ Oui, j' .... ai pensé.

6. ▸ Elles ont dit à leurs amis qu'elles arrivent bientôt ?

__/9 ◂ Non, elles ne .... ont pas encore dit.

__/47

Tag 23

Telefonieren

In dieser Lektion lernen Sie

- ein geschäftliches oder privates Telefonat zu führen
- Nachrichten zu hinterlassen
- über die Arbeit zu sprechen

2/29 Au téléphone

Nina travaille depuis une semaine déjà. Le téléphone sonne. Nina décroche.

Nina Agence de marketing Martin. Nina Schramm à l'appareil. J'écoute.

Patrick Bonjour Nina. C'est Patrick. Je suis en voyage d'affaires. Est-ce que tu as le dossier Dandon sous les yeux ?

Nina Je n'ai jamais entendu parler de ce dossier.

Patrick Mais on en a besoin pour organiser la réunion de mercredi ! Renseigne-toi, s'il te plaît. À plus tard ! Je te rappellerai.

Nina *(à Charlène, sa collègue de bureau :)* C'était le chef. Il cherchait le dossier... Dandon ?

Charlène Avant de partir en congé parental, Caroline ne t'a pas laissé tous les dossiers actuels ? C'est bizarre... Passe-lui un coup de fil ou laisse-lui un message sur le répondeur !

Nina compose le numéro.

Nina Allô Caroline. C'est Nina Schramm, ta remplaçante.

Caroline Il y a du nouveau au bureau ?

Nina Oui, il manque tout le dossier du projet Dandon. C'est urgent.

Caroline Ne t'inquiète pas ! Le chef est souvent débordé. Le dossier est sans doute sous la grosse pile sur son bureau ! Il n'y jette jamais un coup d'œil. Pense à le lui rappeler !

Fragen zum Dialog

Bringen Sie die Geschichte in die richtige Reihenfolge.

1. C'est Patrick, son chef, à l'appareil.
2. Caroline lui dit que le dossier doit être sous la grosse pile sur le bureau du chef.
3. Il cherche le dossier Dandon, mais Nina ne le trouve pas.
4. Nina décroche le téléphone.
5. Alors elle appelle sa collègue Caroline.

Am Telefon

Nina arbeitet schon seit einer Woche. Das Telefon klingelt. Nina nimmt ab.

Nina Marketingagentur Martin. Nina Schramm am Apparat. Ich höre.

Patrick Guten Tag, Nina. Hier ist Patrick. Ich bin auf Dienstreise. Liegt dir die Akte Dandon vor (unter den Augen)?

Nina Ich habe nie von dieser Akte gehört.

Patrick Aber wir brauchen sie, um die Besprechung am Mittwoch zu organisieren! Erkundige dich bitte. Bis später! Ich rufe dich wieder an.

Nina *(zu Charlène, ihrer Kollegin im Büro:)* Das war der Chef. Er suchte die Akte ... Dandon?

Charlène Hat dir Caroline, bevor sie in den Erziehungsurlaub ging, nicht alle aktuellen Akten überlassen? Das ist seltsam ... Ruf sie an oder hinterlasse ihr eine Nachricht auf dem Anrufbeantworter!

Nina wählt die Nummer.

Nina Hallo Caroline! Hier ist Nina Schramm, deine Vertretung.

Caroline Gibt es etwas Neues im Büro?

Nina Ja, es fehlt die ganze Akte zum Projekt Dandon. Es ist dringend.

Caroline Mach dir keine Sorgen! Der Chef ist häufig überlastet. Die Akte ist wahrscheinlich (ohne Zweifel) unter dem großen Stapel auf seinem Schreibtisch! Er wirft nie einen Blick da hinein. Denk daran, ihn daran zu erinnern!

Tag 23 Lernwortschatz

3/20

à l'appareil	am Apparat
à plus tard !	bis später!
actuel(le)	aktuell
avoir sous les yeux	vorliegen haben
bizarre	seltsam
composer un numéro	eine Nummer wählen
congé *m* parental	Erziehungsurlaub
coup *m* de téléphone (*ugs.* coup *m* de fil)	Telefonanruf
débordé(e)	überlastet
décrocher	(den Hörer) abnehmen
dossier *m*	Akte
écouter	hören
entendre parler de qc	von etw. hören
il y a du nouveau	es gibt etwas Neues
jeter un coup d'œil	einen Blick werfen
manquer	fehlen
organiser	organisieren
passer un coup de fil *ugs.*	anrufen
pile *f*	Stapel
pour	um ... zu
remplaçant *m*, remplaçante *f*	Vertretung
répondeur *m*	Anrufbeantworter
s'inquiéter	sich Sorgen machen
sans doute	ohne Zweifel; wahrscheinlich
se renseigner	sich erkundigen
sous	unter
urgent(e)	dringend
voyage *m* d'affaires	Dienstreise

Ein geschäftlicher Anruf

Das können Sie sagen:	
Je voudrais parler à ...	Ich möchte mit ... sprechen.
Je peux lui laisser un message ?	Kann ich ihm/ihr eine Nachricht hinterlassen?
Je peux le/la rappeler ?	Kann ich noch einmal anrufen/zurückrufen?
Das werden Sie hören:	
Je vous le/la passe.	Ich gebe ihn/sie Ihnen.
Ne quittez pas !	Bleiben Sie dran.
C'est occupé.	Es ist besetzt.
Il/Elle est en réunion.	Er/Sie ist in einer Besprechung.
Il/Elle est en communication.	Er/Sie telefoniert auf einer anderen Leitung.

Grammatik und Redemittel

Das Imparfait ▸ *§ 8.2.1*

Mit dem Imparfait können Sie Hintergründe und wiederholte oder zeitlich nicht bestimmte Ereignisse aus der Vergangenheit schildern. Hängen Sie dafür an den Stamm der 1. Person Plural Präsens die Endungen **-ais**, **-ais**, **-ait**, **-ions**, **-iez**, **-aient an**. Achten Sie auf die Stammänderung von **être**.

	chercher suchen	**être** sein
je/j'	cherch**ais**	étais
tu	cherch**ais**	étais
il/elle	cherch**ait**	était
nous	cherch**ions**	étions
vous	cherch**iez**	étiez
ils/elles	cherch**aient**	étaient

Infinitivkonstruktionen ▸ *§ 9*

In Nebensätzen mit **pour** *um ... zu*, **sans** *ohne ... zu*, **après** *nachdem*, **avant de** *bevor* steht das Verb im Infinitiv, vorausgesetzt dass Haupt- und Nebensatz dasselbe Subjekt haben:
J'en ai besoin **pour** organiser la réunion. *Ich brauche es, um die Besprechung zu organisieren.*
Elle est entrée **sans** sonner. *Sie ist hereingekommen, ohne zu klingeln.*
Après s'être informé, il lui a téléphoné. *Nachdem er sich informiert hatte, hat er ihn angerufen.*
Il appelle son chef **avant de** partir. *Er ruft seinen Chef an, bevor er geht.*

Das Indefinitadjektiv *tout*

Meistens steht **tout** vor einem anderen Begleiter und richtet sich in Geschlecht und Zahl nach dem Substantiv, das es begleitet.

im Singular: ganz	**im Plural:** alle
tout le projet das ganze Projekt	**tous les dossiers** alle Akten
toute la journée den ganzen Tag	**toutes les femmes** alle Frauen

Tag 23 Übungen

1 Verbinden Sie die passenden Satzteile miteinander.

1. Hier soir, tu → b)
2. Valentin et Paul
3. Nous
4. Le répondeur de Sophie
5. Vous

a) nous inquiétions pour David.
b) étais au cinéma.
c) ne marchait pas.
d) me cherchiez ?
e) organisaient un apéritif au bureau.

2/30

2 Hören Sie zuerst das Telefongespräch zwischen zwei Freundinnen, die sich verabreden wollen, und kreuzen Sie anschließend die passende Antwort an.

1. Qui appelle qui ? a) ☐ Caroline appelle Sonia. b) ☐ Sonia appelle Caroline.
2. Où veut aller Caroline ? a) ☐ au travail b) ☐ au cinéma
3. À qui veut demander Sonia ? a) ☐ à Jules b) ☐ à son copain
4. Quand va rappeler Caroline ? a) ☐ dans la soirée b) ☐ samedi soir

2/31

3 Das Telefon klingelt. Stellen Sie sich vor, dass Sie den Hörer abnehmen. Übernehmen Sie die Rolle von Sonia aus der Übung 2. Sie können aber am Samstag leider nicht. Hören Sie Carolines Fragen auf der CD. Was können Sie ihr sagen?

4 Übersetzen Sie ins Französische. Verwenden Sie dabei Infinitivkonstruktionen.

1. Ich nehme den Bus, um zur Arbeit zu fahren.

   ....

2. Ich habe mich erkundigt, bevor ich gegangen bin.

   ....

3. Ich gehe nicht bei ihm vorbei, ohne ihn vorher anzurufen.

   ....

4. Ich habe Urlaub genommen, um mich auszuruhen.

   ....

5 Verbinden Sie die zusammengehörigen Satzteile.

1. Pour téléphoner à Maurice,
2. Prends ton manteau
3. Sans demander,
4. Après avoir regardé la télé,
5. Elle décroche le téléphone
6. Je n'ouvre pas

a) il le sait déjà.
b) sans savoir qui est là.
c) avant de sortir !
d) pour appeler Juliette.
e) j'ai besoin de mon portable.
f) il est allé au lit.

6 Bringen Sie das Telefongespräch in die richtige Reihenfolge. Tragen Sie dazu die Buchstaben in die Tabelle ein.

1.	2.	3.	4.	5.	6.	7.	8.

a) Samedi soir chez moi. J'enverrai un e-mail à tout le monde pour dire à quelle heure.
b) Allô ?
c) Ciao Manu !
d) Oui ! Je vais avoir 30 ans ! J'aimerais t'inviter à une petite fête avec des copains.
e) Allô Célian, ça va ? C'est Manu !
f) D'accord. Merci pour l'invitation. Salut !
g) C'est sympa. C'est quand ?
h) Ah Manu. Oui, ça va ! Il y a du nouveau ?

7 Vervollständigen Sie die Sätze mit dem passenden Verb im Imparfait.

finir être prendre parler comprendre s'inquiéter

1. Je .... au téléphone quand mon fils est arrivé.
2. Nous .... encore en vacances quand Claire a commencé son nouveau travail.
3. Les Durand .... beaucoup pour leur fille.
4. Vous .... à quelle heure avant ?
5. Tu .... le train à 6 heures le matin.
6. Je ne .... rien !

8 Vervollständigen Sie das Telefongespräch mithilfe der Vorgaben in Klammern.

▸ Entreprise Lenoir, Sandrine Dufort à l'appareil. Je vous écoute.

◂ ....

(1. Sie melden sich und fragen nach dem Geschäftsführer.)

▸ M. Valérion ? Je suis désolée, il n'est pas au bureau, il est en réunion.

◂ ....

(2. Sie möchten ihm eine Nachricht hinterlassen.)

▸ Mais bien sûr Madame ! Quel est votre message ?

◂ ....

(3. Sie wollen ihn am nächsten Tag noch einmal anrufen.)

▸ D'accord. C'est pour quoi ?

◂ ....

(4. Sie möchten mit ihm die nächste Besprechung besprechen.)

▸ C'est noté !

◂ ....

(5. Sie verabschieden sich.)

▸ Au revoir, Madame. À demain !

9 Kreuzen Sie die passende Form von **tout** an.

1. .... le problème est là !	a) ☐ Toute	b) ☐ Tout
2. Mme Cygne a parlé pendant .... la réunion.	a) ☐ toute	b) ☐ toutes
3. Mais où sont .... les livres ?	a) ☐ toutes	b) ☐ tous
4. Ils travaillent .... la semaine.	a) ☐ toute	b) ☐ toutes
5. Luc appelle .... les jours.	a) ☐ toutes	b) ☐ tous

10 Am Telefon: Was können Sie sagen, ...

1. ... wenn die Leitung besetzt ist?
2. ... wenn Sie eine Nachricht auf dem Anrufbeantworter hinterlassen möchten?
3. ... wenn ein Kollege auf einer anderen Leitung spricht?
4. ... wenn Ihre Kollegin Sie zurückrufen soll?

Kulturtipp Le numéro de téléphone

Eine französische Telefonnummer besteht aus zehn Ziffern, die in Zweierblöcken gelesen werden, also z. B. 04.73.38.45.32. Die zwei ersten Ziffern entsprechen einer der fünf geographischen Zonen Frankreichs: 01 steht für **Paris-Île de France**, 02 für **Nord-Ouest** *Nord-Westen Frankreichs*, 03 für **Nord-Est** *Nord-Osten*, 04 für **Sud-Est** *Süd-Osten* und für **la Corse** *Korsika* und 05 für **Sud-Ouest** *Süd-Westen*. Die Vorwahl 06 steht grundsätzlich für eine Handynummer. 08 und 09 entsprechen privaten Anbietern. Die zwei nächsten Ziffern stehen für ein Departement. Allerdings haben sie nichts mit den Postleitzahlen zu tun! Die letzten Ziffern werden willkürlich verteilt.

Wollen Sie einen Franzosen privat anrufen, wird er sich meist nur mit **Allô** melden. Dieses Wörtchen signalisiert, dass Ihr Gesprächspartner am Apparat ist und zuhört.

Was können Sie schon?

	☺	😐	☹	
■ Beschreibungen und Ereignisse aus der Vergangenheit verstehen	☐	☐	☐	▸ *Ü1*
■ ein kurzes Telefongespräch verstehen und führen	☐	☐	☐	▸ *Ü2, Ü3, Ü8, Ü10*
■ mitteilen, aus welchem Grund Sie etwas getan haben	☐	☐	☐	▸ *Ü4, Ü5*

Tag 24

E-Mails und Briefe schreiben

In dieser Lektion lernen Sie

- E-Mails zu lesen und zu schreiben
- Telekommunikationsmittel und Bürogeräte zu benennen
- über Computerprobleme und das Internet zu sprechen

2/32 nina.schramm@martin.fr

Nina a trouvé le dossier qui manquait. Elle prévoit d'envoyer un e-mail à ses clients.

Nina Tu peux m'imprimer la liste des clients du dossier Dandon ?

Charlène Zut, l'imprimante ne marche plus. Pourtant elle pouvait imprimer hier. Je crois que c'est mon ordinateur qui déraille.

Nina Appelle l'informaticien. Tu as peut-être un virus.

Charlène J'espère pas !

Nina Tu peux encore m'envoyer les adresses e-mails des clients via le net ?

Charlène Oui, je crois que la connexion fonctionne encore. Tu as déjà une adresse e-mail ?

Nina C'est nina.schramm@martin.fr. *(Nina reçoit l'e-mail)*. Mais tu ne voulais pas m'envoyer une liste ?

Charlène Où ai-je la tête ? J'ai oublié les pièces jointes. Il y avait deux documents. Je recommence.

Nina Impeccable ! Merci. Maintenant c'est à mon tour d'écrire mon premier e-mail aux clients...

Charlène N'oublie pas l'objet de ton mail.

Nina Quel « objet » ?

Charlène Tu sais la ligne où on écrit le titre ? Ce n'est pas facile...

Nina Non, ce n'est vraiment pas facile de travailler à l'étranger !

Fragen zum Dialog

Kreuzen Sie an.

	vrai	faux
1. L'imprimante ne marche plus.	☐	☐
2. Charlène croit que son ordinateur déraille.	☐	☐
3. Elle doit appeler le docteur.	☐	☐
4. Charlène veut envoyer deux documents.	☐	☐
5. Nina a oublié les pièces jointes.	☐	☐

nina.schramm@martin.fr

Nina hat die Akte, die fehlte, gefunden. Sie hat vor, eine E-Mail an ihre Kunden zu senden.

Nina Kannst du mir die Liste der Kunden aus der Akte Dandon ausdrucken?

Charlène Mist, der Drucker geht nicht mehr. Gestern konnte er doch drucken. Ich glaube, es ist mein Computer, der spinnt.

Nina Ruf den Informatiker an. Du hast vielleicht einen Virus.

Charlène Ich hoffe nicht!

Nina Kannst du mir noch die E-Mail-Adressen der Kunden per Internet schicken?

Charlène Ja, ich glaube, dass die Verbindung noch funktioniert. Hast du schon eine E-Mail-Adresse?

Nina Es ist nina.schramm@martin.fr. *(Nina empfängt die E-Mail.)* Aber wolltest du mir nicht eine Liste schicken?

Charlène Wo habe ich den Kopf? Ich habe die Anlagen vergessen. Es waren zwei Dokumente. Ich versuche es noch einmal.

Nina Einwandfrei! Danke. Jetzt bin ich an der Reihe, meine erste E-Mail an die Kunden zu schreiben ...

Charlène Vergiss nicht den *objet* (Betreff) deiner Mail.

Nina Welchen *objet*?

Charlène Du weißt schon, die Zeile, in die man den Titel schreibt? Es ist nicht leicht ...

Nina Nein, es ist wirklich nicht leicht, im Ausland zu arbeiten!

Tag 24 Lernwortschatz

3/21

à l'étranger	im Ausland
C'est à mon tour.	Ich bin dran./ Ich bin an der Reihe.
client *m*, cliente *f*	Kunde, Kundin
dérailler *(ugs.)*	spinnen
document *m*	Dokument
hier	gestern
impeccable	einwandfrei
imprimante *f*	Drucker
informaticien *m*, informaticienne *f*	Informatiker, Informatikerin
ligne *f*	Zeile
marcher	gehen; laufen
objet *m*	Betreff; Gegenstand
pourtant	jedoch
qui	der/die/das
recommencer	noch einmal beginnen; noch einmal versuchen
titre *m*	Überschrift; Titel
via le net	per Internet
virus *m*	Virus

Online	
Internet *m* (*ugs.* net *m*)	Internet
site *m* Internet	Internetseite
connexion *f*	Verbindung; Anschluss
courriel *m*, message *m* électronique, e-mail *m* (*ugs.* mail *m*)	E-Mail
adresse *f* électronique/ e-mail	E-Mail-Adresse
destinataire *m*	Empfänger
expéditeur *m*	Absender
cliquer	klicken
effacer	löschen
envoyer	senden; schicken
faire suivre	weiterleiten
imprimer	(aus)drucken
joindre	beifügen; anhängen
naviguer	surfen
pièce *f* jointe	Anlage
recevoir (elle reçoit)	empfangen (sie empfängt)
répondre	antworten
sauvegarder	speichern
se connecter	sich einloggen
télécharger	herunterladen; downloaden

Grammatik und Redemittel

Das Verb *croire* (glauben)

	Präsens	Imparfait	Passé composé	Futur simple
je/j'	crois	croyais	ai cru	croirai
tu	crois	croyais	as cru	croiras
il/elle	croit	croyait	a cru	croira
nous	croyons	croyions	avons cru	croirons
vous	croyez	croyiez	avez cru	croirez
ils/elles	croient	croyaient	ont cru	croiront

Weitere Verben im Imparfait ▸ § 8.2.1

Infinitiv	Präsens (1. Pers. Pl.)	Imparfait	
avoir	nous avons	j'**avais**	ich hatte
vouloir	nous voulons	je **voulais**	ich wollte
pouvoir	nous pouvons	je **pouvais**	ich konnte
faire	nous faisons	je **faisais**	ich machte
aller	nous allons	j'**allais**	ich ging
choisir	nous choisissons	je **choisissais**	ich wählte
venir	nous venons	je **venais**	ich kam

Die Relativpronomen *que, qui, où* und der Relativsatz ▸ § 7.4

Relativpronomen sind unveränderlich und stehen direkt hinter dem Bezugswort (ohne Komma!).

Qui *der/die/das* ist immer Subjekt des Relativsatzes, während **que/qu'** *den/die/das* direktes Objekt ist:
Elle a trouvé le dossier **qui** manquait. *Sie hat die Akte gefunden, die fehlte.*
Voici la liste **qu**'il cherche. *Hier ist die Liste, die er sucht.*

Où *wo/wohin* bezieht sich auf Orts- und Zeitangaben:
C'est la ligne **où** tu écris le titre. *Das ist die Zeile, in die du den Titel schreibst.*
Au moment **où** j'arrivais, tu es parti. *Als ich kam, bist du gegangen.*

Tag 24 Übungen

1 Was passt in die Lücke: qui, que oder où?

1. Voici le document .... tu m'as demandé.
2. Le bureau .... tu travailles est au premier étage.
3. L'imprimante .... est neuve ne marche déjà plus.
4. J'arrive à l'heure .... tu pars.

2/33

2 Hören Sie die Begriffe und schreiben Sie sie unter das passende Bild.

http://www.france.fr

1. .... 2. .... 3. ....

3 Verfassen Sie für Ihren Ex-Kollegen Antoine eine E-Mail, in der Sie von Ihrem ersten Tag bei einer neuen Arbeitsstelle berichten. Schreiben Sie …

1. … nach der Anrede, dass es gestern Ihr erster Arbeitstag war.

....

2. … , dass Sie sich ein bisschen Sorgen machten, weil Sie das Unternehmen gar nicht kannten.

....

....

3. … , dass Sie Ihrem Freund davon erzählen werden, wenn Sie sich wiedersehen. Schließen Sie dann Ihre E-Mail mit einem Gruß ab.

....

....

4 Ordnen Sie die Buchstaben so, dass sich ein Verb ergibt. Notieren Sie dieses Verb im Imparfait. Achten Sie dabei auf das angegebene Personalpronomen.

1. L E R A L tu ....
2. E I F R A nous ....
3. R I C E O R ils ....
4. R I N I F je ....
5. E R P N R E D elle ....
6. O O U I P V R vous ....

5 Vervollständigen Sie die Sätze mit der passenden Verbform im Imparfait.

1. En 2010, elle .... 40 ans. *(haben)*
2. J' .... sûre de ma réponse ! *(sein)*
3. Il ne la .... pas. *(glauben)*
4. Est-ce que vous .... tous les étés en Italie ? *(fahren)*
5. Nous ne .... pas continuer comme ça ! *(können)*
6. Quand tu .... petit, tu .... tous les ans au village. *(sein, kommen)*

6 Verbinden Sie jeweils den Satzanfang mit einem Relativpronomen und dem passenden Satzende.

1. L'entreprise est dans la ville		d) ne fonctionne pas.
2. C'est un travail	a) qui	e) il est en voyage d'affaires.
3. Voici Bertrand	b) que	f) Marion habite.
4. Je cherche encore le cadeau	c) où	g) tu ne connais pas encore.
5. C'est l'imprimante		h) m'intéresse.
6. Je suis en congé la semaine		i) j'aimerais te faire.

Tag 24

7 Verknüpfen Sie die beiden Sätze durch ein Relativpronomen.

1. C'est Sandrine. Sandrine travaille avec moi.

   C'est Sandrine qui travaille avec moi.

2. Regarde, c'est Pierre. Pierre entre maintenant.

   ....

3. Je fais une lettre. La lettre est longue.

   ....

4. C'est la liste. Tu vas donner la liste à ton chef.

   ....

5. J'ai appelé à un moment. À ce moment, il n'était pas dans son bureau.

   ....

6. L'ordinateur ne marche pas très bien. J'ai acheté un ordinateur.

   ....

7. Il y a une belle cathédrale dans la ville. Tu es dans la ville.

   ....

8 Kreuzen Sie das Wort an, das **nicht** zu den anderen passt.

	a)	b)	c)
1.	☐ Internet	☐ la connexion	☐ à colombage
2.	☐ l'arrivée	☐ l'imprimante	☐ l'ordinateur
3.	☐ envoyer	☐ répondre	☐ manger
4.	☐ faire suivre	☐ faire savoir	☐ recevoir
5.	☐ la pièce jaune	☐ la pièce jointe	☐ l'adresse électronique
6.	☐ la couleur	☐ le destinataire	☐ l'expéditeur

Kulturtipp
Écrire un e-mail

Eine private E-Mail beginnt mit **Cher(s)** oder **Chère(s)**, also z. B. **Chère Isabelle** *Liebe Isabelle*. Hingegen folgt auf die Anrede in einer geschäftlichen E-Mail kein Name, es steht dort nur **Madame**, *Monsieur* oder beides. Etwas informeller können Sie auch nur mit dem Vornamen des Empfängers anfangen: z. B. **Marc,...** Im Gegensatz zum Deutschen wird das erste Wort nach der Anrede großgeschrieben!

Als Schlussformeln können Sie Freunden Küsschen schicken: **Grosses bises**, wörtlich *Dicke Küsschen*, oder sie umarmen: **Je t'embrasse**. Mit Geschäftspartnern wählen Sie am besten eine neutrale Formulierung wie **Sincères salutations**, oder **Je vous prie d'agréer l'expression de mes salutations distinguées**, kurz und knapp im Deutschen *Mit freundlichen Grüßen*, etwas informeller ist auch **Amicalement** *Schöne Grüße* möglich.

Was können Sie schon?

	☺	😐	☹	
■ eine E-Mail schreiben				▸ Ü3
■ über die Arbeit im Büro sprechen				▸ Ü2
■ sagen, dass etwas nicht mehr funktioniert				▸ Ü2
■ technische Begriffe verstehen und verwenden				▸ Ü1, Ü3, Ü8

Tag 25

Termine vereinbaren

In dieser Lektion lernen Sie

- die Uhrzeit zu lesen
- eine Besprechung zu organisieren
- einen Termin zu vereinbaren

2/34 Rendez-vous à 8 heures 30

Nina prépare une réunion d'information avec l'équipe et quelques clients.

Nina Pendant que tu travaillais, j'ai fixé le jour et l'heure de la réunion. Tu as le temps mercredi dans la matinée ?

Charlène Oui. Je vais le noter tout de suite dans mon calendrier. Réserve la salle à temps car elle est souvent occupée.

Nina *(appelle la secrétaire)* Allô, c'est Nina. Tu es au courant si le chef est là mercredi ?

Secrétaire Oui, il est là. Il devait aller à Toulouse, mais il a annulé son rendez-vous.

Nina Parfait. Tu peux bloquer la date pour la réunion Dandon. J'enverrai l'ordre du jour au chef. J'ai besoin aussi de la salle de conférence. Tu es responsable ?

Secrétaire Oui. À quelle heure ?

Nina À 8h30.

Secrétaire Et vous en avez pour longtemps ?

Nina Une heure environ.

Secrétaire Par contre, finissez à l'heure parce que la salle est à nouveau réservée de 10 heures à midi.

Nina Vous avez un beamer ?

Secrétaire Oui, il y a un vidéo-projecteur. Il te faut d'autre matériel ?

Nina Non !

Secrétaire Tu devras t'occuper du café et des petits gâteaux toute seule ! Moi, je suis en congé !

Fragen zum Dialog

Beantworten Sie die Fragen in vollständigen Sätzen.

1. Quel jour est la réunion ?

....

2. Combien de temps va durer la réunion ?

....

3. Pourquoi est-ce que la réunion doit finir à l'heure ?

....

Geschäftstermin um 8.30 Uhr

Nina bereitet eine Informationsbesprechung mit dem Team und einigen Kunden vor.

Nina Während du gearbeitet hast, habe ich den Tag und die Uhrzeit der Besprechung festgelegt. Hast du am Mittwochvormittag Zeit?

Charlène Ja. Ich notiere es gleich in meinem Kalender. Reservier den Raum rechtzeitig, denn er ist oft belegt.

Nina *(ruft die Sekretärin an)* Hallo, hier ist Nina. Weißt du Bescheid, ob der Chef am Mittwoch da ist?

Sekretärin Ja, er ist da. Er sollte nach Toulouse fahren, aber er hat seinen Termin abgesagt.

Nina Perfekt. Du kannst das Datum für die Besprechung Dandon freihalten. Ich werde dem Chef die Tagesordnung schicken. Ich brauche auch den Besprechungsraum. Bist du dafür zuständig?

Sekretärin Ja. Um wie viel Uhr?

Nina Um 8.30 Uhr.

Sekretärin Und braucht ihr lange?

Nina Ungefähr eine Stunde.

Sekretärin Hört aber pünktlich auf, weil der Raum von 10 Uhr bis Mittag wieder reserviert ist.

Nina Habt ihr einen Beamer?

Sekretärin Ja, es gibt einen Beamer. Brauchst du noch weiteres Material?

Nina Nein!

Sekretärin Du wirst dich um den Kaffee und die Kekse selbst kümmern müssen! Ich habe Urlaub!

Tag 25 Lernwortschatz

3/22

à l'heure	pünktlich
à nouveau	wieder
À quelle heure ?	Um wie viel Uhr?
à temps	rechtzeitig
avoir le temps	Zeit haben
bloquer	blockieren; hier: freihalten
calendrier *m*	Kalender
car	denn
date *f*	Datum
en avoir pour longtemps	lange brauchen
environ	ungefähr
être au courant	Bescheid wissen
être en congé	Urlaub haben
heure *f*	Uhr; Uhrzeit
occupé(e)	belegt
ordre *m* du jour	Tagesordnung
par contre	hingegen (hier: aber)
pendant que	während
petit gâteau *m*	Keks; Plätzchen
responsable	verantwortlich; zuständig
s'occuper de qc	sich um etw. kümmern
salle *f* de conférence	Besprechungsraum
si	ob
vidéo-projecteur *m*	Beamer

Ein Termin	
annuler un rendez-vous	einen Termin absagen
avoir (un) rendez-vous	einen Termin haben
confirmer un rendez-vous	einen Termin bestätigen
différer/reporter un rendez-vous	einen Termin verlegen
donner rendez-vous	sich verabreden
fixer un rendez-vous	einen Termin festlegen
prendre (un) rendez-vous	einen Termin vereinbaren

Ein Rendezvous?	
le rendez-vous (d'affaires)	der (Geschäfts-)Termin
le rendez-vous (amoureux)	das Rendezvous
le rendez-vous (chez le docteur)	der (Arzt-)Termin
le rendez-vous (avec des copains)	die Verabredung; das Treffen (mit Freunden)

Grammatik und Redemittel

Passé composé oder Imparfait ▸ *§8.2.1, §8.2.2*

Das Imparfait verwenden Sie bei zeitlich nicht begrenzten oder wiederholten Handlungen, bei Beschreibungen oder Erklärungen. Hingegen steht das Passé composé für zeitlich begrenzte oder einmalige Handlungen sowie bei Ereignissen mit deutlichem Anfang und/oder Ende, die im Vordergrund stehen.
Pendant que **tu travaillais, j'ai fixé** le jour. *Während du gearbeitet hast, habe ich den Tag festgelegt.*
Il devait aller à Toulouse, mais **il a annulé** son rendez-vous. *Er sollte nach Toulouse fahren, aber er hat seinen Termin abgesagt.*

Die Uhrzeit

Quelle heure est-il ? *Wie viel Uhr ist es?*
Il est... *Es ist ...*

8h	huit heures (du matin/du soir vormittags/abends)
14h	deux heures (de l'après-midi nachmittags), auch quatorze heures
12h	midi
24h	minuit
8h05	huit heures cinq
8h10	huit heures dix
8h15	huit heures et quart (oder huit heures quinze)
8h20	huit heures vingt
8h25	huit heures vingt-cinq
8h30	huit heures et demie
8h35	neuf heures moins vingt-cinq
8h40	neuf heures moins vingt
8h45	neuf heures moins le quart
8h50	neuf heures moins dix
8h55	neuf heures moins cinq

Tag 25 Übungen

1 Ergänzen Sie den Text mit Verbformen in der Vergangenheit. Achten Sie dabei auf den Gebrauch von Imparfait und Passé composé.

Fabien .... (1. travailler) depuis trois ans dans l'entreprise. Il .... (2. aimer) beaucoup son travail. Mais il .... (3. détester) se lever de bonne heure. Un jour, son réveil .... (4. ne pas sonner). Il .... (5. dormir) jusqu'à 11 heures du matin. Ce jour-là, il .... (6. arriver) à midi au bureau. Quelle catastrophe ! Ses collègues qui .... (7. s'inquiéter), le .... (8. chercher) partout. Ce jour-là, il .... (9. décider) de s'acheter un deuxième réveil pour que ça ne lui arrive plus jamais !

2/35  **2 Lesen Sie nun den vollständigen Text aus der Übung 1 laut vor. Überprüfen Sie Ihre Aussprache anhand der CD.**

2/36 **3 Lesen Sie den telefonischen Dialog und übernehmen Sie die Rolle der Kundin.**

Coiffeuse Coiffeur Derochet. Bonjour !
Cliente Bonjour. Je dois annuler mon rendez-vous de lundi.
Coiffeuse Pas de problème. Vous voulez prendre un autre rendez-vous ?
Cliente Oui, est-ce que je peux venir jeudi ?
Coiffeuse Oui, jeudi, c'est parfait !
Cliente À quelle heure ?
Coiffeuse Venez vers 18 heures.
Cliente D'accord.
Coiffeuse Alors à jeudi, au revoir.

2/37  **4 *Quelle heure est-il ?* Hören Sie die Uhrzeit und setzen Sie die Uhrzeiger richtig ein.**

1. 
2. 
3. 
4. 

5 Welche Uhrzeit ist abgebildet? Kreuzen Sie die richtige Lösung an.

1. a) ☐ Il est trois heures moins le quart.
   b) ☐ Il est trois heures et quart.

2. a) ☐ Il est dix heures moins vingt.
   b) ☐ Il est neuf heures moins vingt-cinq.

3. a) ☐ Il est six heures et demie.
   b) ☐ Il est sept heures et demie.

4. a) ☐ Il est neuf heures moins le quart.
   b) ☐ Il est dix heures et quart.

6 Geben Sie die Uhrzeiten in der französischen Kurzschreibweise an.

1. huit heures dix du matin ....
2. cinq heures moins vingt de l'après-midi ....
3. midi et quart ....
4. trois heures et demie de l'après-midi ....
5. sept heures moins vingt-cinq du soir ....
6. onze heures moins le quart du matin ....

7 Um welche Art von Termin handelt es sich? Verbinden Sie die Sätze mit der passenden Kategorie.

1. Nous avons rendez-vous à 14 heures pour la réunion. → b)
2. J'ai pris rendez-vous à 17h 30 chez le docteur.
3. Ce soir, Luc a rendez-vous avec Delphine.
4. Pour aller à la piscine ? On se donne rendez-vous à 14h ?

a) Rendezvous
b) Geschäftstermin
c) Arzttermin
d) Verabredung

8 Lesen Sie noch einmal den Dialog aus der Übung 3 und kreuzen Sie die zutreffenden Aussagen an.

1. ☐ La cliente appelle pour prendre rendez-vous.
2. ☐ La cliente annule son rendez-vous de jeudi.
3. ☐ La cliente veut reporter son rendez-vous.
4. ☐ Le nouveau rendez-vous est jeudi.
5. ☐ La cliente a un autre rendez-vous à 18 heures.
6. ☐ La cliente doit aller à 18 heures chez la coiffeuse.

9 Lesen Sie die zunächst die E-Mail durch und schreiben Sie dann die Wochenübersicht. Achtung: Nicht für jedes Feld im Kalender gibt es einen Termin!

Mercredi	Jeudi	Vendredi	Week-end

Nouvel e-mail

Salut Clara !
Je ne sais pas exactement quand on peut se donner rendez-vous ! Voilà ma semaine :
Mercredi à dix heures, j'ai tennis avec Philippe, à midi, je mange avec des collègues et à 15h, on a une réunion. À neuf heures du soir, Pierre et moi, on va au cinéma.
Jeudi, je travaille le matin au bureau, à deux heures de l'après-midi, je vais chez le dentiste, à 18 heures au yoga et à 20 heures, j'ai rendez-vous avec Céline au resto *La bonne bouffe*.
Vendredi, je suis toute la journée à Paris. J'ai un meeting de 9h30 à 16h30. Le soir, je vais au théâtre.
Le week-end, je veux dormir longtemps ! Après, je vais voir ma mère vers midi et je suis invitée à 14h30 au café chez ma grand-mère. Et à sept heures et demie, on est invitées à l'apéritif chez Jojo
Je t'appelle quand j'aurai un peu plus de temps. D'accord ?
Bises
Alice

Kulturtipp Le monde du travail

Frankreich zählt über 67 Millionen Einwohner und ca. 27 Millionen Erwerbstätige, davon sind 48 % Frauen. Rund ein Viertel der Frauen arbeitet **à mi-temps** *in Teilzeit*. Für eine *Vollzeitbeschäftigung* können Sie **un temps-plein** sagen.

Wenn Sie auf der Suche nach einer Arbeitsstelle in Frankreich sind, sollten Sie sich mit den Abkürzungen **CDI (Contrat à Durée Indéterminée)** und **CDD (Contrat à Durée Déterminée)** *unbefristeter* und *befristeter Arbeitsvertrag* vertraut machen. Außerdem entscheiden sich immer mehr Männer für die Elternzeit. Neben den gut ausgebauten, aber trotzdem knappen Betreuungsplätzen ist dies eine willkommene Alternative.

Die Demokratisierung der Arbeitswelt spiegelt sich auch in früher geschlechtsspezifischen Berufen wider wie **chauffeurs poids lourds** *LKW-Fahrer*, **assistantes maternelles** *Kinderbetreuer*, **employés de bureau** *Büroangestellte*. Erwerbstätige haben durchschnittlich Anspruch auf mindestens fünf Wochen bezahlten Urlaub pro Jahr, je nach **convention collective** *Tarifvertrag*.

Was können Sie schon?

	☺	😐	☹	
■ eine Geschichte in der Vergangenheit lesen und verstehen	■	■	■	▸ *Ü1, Ü2*
■ einen Termin vereinbaren oder absagen	■	■	■	▸ *Ü3*
■ verstehen, wie viel Uhr es ist	■	■	■	▸ *Ü4, Ü5*

Tag 26 Kontakte knüpfen

In dieser Lektion lernen Sie

- über passende Kleidung zu sprechen
- Kontakte und Beziehungen aufzubauen
- Vorschläge zu machen

2/38 À la cantine

Charlène Tu prends ton plateau et tu t'assois avec nous ?
Nina Oui. Où êtes-vous ?
Charlène Vers la sortie !

À table

Charlène Nina, tu sais qu'on fête samedi les 10 ans de l'agence ? Tu es invitée à la fête aussi !
Nina Une soirée avec le personnel ?
Charlène Oui et avec nos clients les plus importants. Ça va être un grand coup médiatique pour nous.
Nina Toi, tu connaîtras sûrement tous les invités...
Charlène Certainement pas ! Je ne connais pas tous les clients !
Nina Et comment on doit s'habiller ?
Charlène Tu fais comme tu veux. Mais tout le monde viendra en tenue de soirée. Moi, je mets ma robe longue à fleurs. Et les hommes porteront normalement un costume-cravate.
Nina Mais je n'ai rien de chic ici !
Charlène Je peux te prêter un pantalon noir et un joli chemisier à carreaux. Tu fais quelle taille ?
Nina Du 40. Oh, merci. Je peux peut-être les essayer avant samedi ?
Charlène Pas de problème. Et qui va t'accompagner ?
Nina Je ne sais pas encore parce que je connais seulement mon cousin et sa femme ici.
Charlène Et si tu venais avec ton cousin ?
Nina Pourquoi pas !

Fragen zum Dialog

Kreuzen Sie die passende Antwort an. Mehrfachantworten sind möglich.

1. Où sont Nina et Charlène ?	a) ☐ au bureau	b) ☐ à la cantine
2. Qui est invité à la soirée ?	a) ☐ le personnel	b) ☐ les clients
3. Qu'est-ce que met Charlène ?	a) ☐ une robe	b) ☐ des baskets

In der Kantine

Charlène Nimmst du dein Tablett und setzt du dich zu uns?
Nina Ja. Wo seid ihr?
Charlène Beim Ausgang!

Am Tisch

Charlène Nina, weißt du, dass wir am Samstag das 10-jährige Bestehen der Agentur feiern? Du bist auch auf die Feier eingeladen!
Nina Ein Abend mit dem Personal?
Charlène Ja, und mit unseren wichtigsten Kunden. Das wird ein großes Medienereignis für uns werden.
Nina Du wirst bestimmt alle Gäste kennen ...
Charlène Bestimmt nicht! Ich kenne nicht alle Kunden!
Nina Und wie sollte man sich anziehen?
Charlène Das machst du, wie du willst. Aber alle werden in Abendgarderobe kommen. Ich ziehe mein langes, geblümtes Kleid an. Und die Männer werden normalerweise einen Anzug mit Krawatte tragen.
Nina Aber ich habe nichts Schickes hier!
Charlène Ich kann dir eine schwarze Hose und eine hübsche, karierte Bluse ausleihen. Welche Größe hast du (machst du)?
Nina 40. Oh, danke. Kann ich sie vielleicht vor Samstag anprobieren?
Charlène Kein Problem. Und wer wird dich begleiten?
Nina Ich weiß noch nicht, weil ich hier nur meinen Cousin und seine Frau kenne.
Charlène Und wie wäre es, wenn du mit deinem Cousin kämst?
Nina Warum nicht!

Tag 26 Lernwortschatz

3/23

à carreaux	kariert
à fleurs	geblümt
À table !	Zu Tisch!
accompagner	begleiten
cantine *f*	Kantine
certainement	bestimmt; sicherlich
chic	schick
coup *m* médiatique	Medienereignis
essayer	anprobieren; ausprobieren
faire du 40	Konfektionsgröße 40 haben
fête *f*	Fest; Feier
fêter	feiern
invité *m*, invitée *f*	Gast
mettre	anziehen
normalement	normalerweise
personnel *m*	Personal
plateau *m*	Tablett
porter	tragen
prêter	ausleihen
rien de chic	nichts Schickes
s'habiller	sich anziehen
s'asseoir (tu t'assois)	sich setzen (du setzt dich)
seulement	nur
si	wenn
sortie *f*	Ausgang
sûrement	sicherlich
taille *f*	(Konfektions-)Größe
tenue *f* de soirée	Abendgarderobe

Kleidung	
vêtements *m Pl*	Kleidung
bonnet *m*	Mütze
chaussettes *f Pl*	Socken
chemise *f*	Hemd
chemisier *m*	Bluse
costume *m*	Anzug
cravate *f*	Krawatte
écharpe *f*	Schal
gants *m Pl*	Handschuhe
jupe *f*	Rock
maillot *m* de bain	Badeanzug
manteau *m*	Mantel
pantalon *m*	Hose
pullover *m* (*ugs.* pull *m*)	Pullover, Pulli
robe *f*	Kleid
sous-vêtements *m Pl*	Unterwäsche
t-shirt *m*	T-Shirt

Grammatik und Redemittel

Die Konjunktion *si* ▸ *§ 8.2.1*

Wollen Sie einen Vorschlag machen? Dann bilden Sie einfach einen Nebensatz mit der Konjunktion **si** *wenn* gefolgt vom Imparfait, wie im Beispiel:
Et si tu venais avec ton cousin ? *Wie wäre es, wenn du mit deinem Cousin kämst?*
Beachten Sie, dass **si + il/ils** zu **s'il/s'ils** wird.

Achtung:

Einen Vorschlag können Sie auch mit dem Imperativ oder mit dem Konditional (▸ *Tag 27*) ausdrücken:

Viens donc avec ton cousin ! *Komm doch mit deinem Cousin!*

Tu pourrais venir avec ton cousin. *Du könntest mit deinem Cousin kommen.*

Die Verben *mettre* und *connaître*

	mettre anziehen	**connaître** kennen
Präsens		
je	**mets**	**connais**
tu	**mets**	**connais**
il/elle	**met**	**connaît**
nous	me**ttons**	**connaissons**
vous	me**ttez**	**connaissez**
ils/elles	me**ttent**	**connaissent**
Passé composé		
j'	ai **mis**	ai **connu**
Imparfait		
je	**mettais**	**connaissais**
Futur simple		
je	**mettrai**	**connaîtrai**

Das Adverb ▸ *§ 5*

Das Adverb ist unveränderlich. Es unterscheidet sich aber im Französischen vom Adjektiv. Viele Formen können Sie vom femininen Adjektiv ableiten, an das Sie die Endung **-ment** anhängen. Achten Sie jedoch auf die Sonderformen!

Adjektiv ***m***	**Adjektiv** ***f***	**Adverb**	
normal	normale	normalement	normalerweise
sûr	sûre	sûrement	sicherlich
bon	bonne	bien	gut, sehr
mauvais	mauvaise	mal	schlecht
rapide	rapide	vite, rapidement	schnell

Tag 26 Übungen

2/39

1 Beschreiben Sie, was die beiden Figuren angezogen haben. Überprüfen Sie Ihre Angaben mithilfe der CD.

1. L'homme a mis…

2. La femme a mis…

2 Tragen Sie die feminine Form des Adjektivs und das Adverb in die Tabelle ein.

Adjektiv *m*	Adjektiv *f*	Adverb
1. sûr	....	....
2. rapide	....	....
3. curieux	....	....
4. particulier	....	....
5. bon	....	....
6. seul	....	....

3 Kreuzen Sie die passende Konjunktion an.

1. Je ne connais personne a) ☐ quand b) ☐ parce que je suis nouvelle.
2. Et a) ☐ parce que b) ☐ si tu mettais ta belle robe ?
3. Je viens à trois heures a) ☐ comme b) ☐ quand tu me l'as dit.

4 Kreuzworträtsel. Tragen Sie französischen Bezeichnungen für die Kleidungsstücke ein. Wie lautet das Lösungswort?

1. Schal
2. Mantel
3. Mütze
4. Socke
5. Krawatte
6. Pulli
7. Anzug
8. Handschuh

Lösungswort: le ....

5 Ordnen Sie die Buchstaben so, dass Sie Verben erhalten, die mit dem Thema Kleidung zu tun haben. Notieren Sie die Infinitivform und die jeweilige deutsche Übersetzung.

1. E R T T E M ....
2. T O E R P R ....
3. R H E I L S' B L A ....
4. R R P E T Ê ....
5. S A S E Y R E ....

6 Formulieren Sie die Aufforderungen zu Vorschlägen um. Bilden Sie dazu Sätze, in denen Sie die Konjunktion si und das Imparfait verwenden.

1. Prends ton smartphone avec toi !

....

2. Cherchez de nouveaux amis !

....

3. Mettez une jolie robe !

....

4. Cherchons une tenue de soirée !

....

5. Apporte-lui un petit cadeau !

....

6. Invite Valérie au cinéma !

....

7 Bilden Sie Adverbien von diesen Adjektiven und vervollständigen Sie damit die Sätze. Jedes Adverb darf nur einmal verwendet werden.

mauvais seul grave normal rapide bon sûr

1. Magalie est .... malade. Elle est à l'hôpital.
2. Continuez ! C'est .... !
3. Il a .... raison, mais je ne le crois pas.
4. ...., je ne reste pas longtemps.
5. Il doit tout recommencer : il a .... travaillé.
6. J'ai .... un petit frère, je n'ai pas de sœur.
7. Il va .... comprendre où est le problème.

8 Verbinden Sie die passenden Satzteile.

1. Il n'y a personne : elle est → d)	a) seulement aller en ville.
2. Les notes de leur fille sont	b) rapide sur son vélo.
3. Aujourd'hui, je vais	c) toujours bien.
4. Il travaille	d) seule depuis hier.
5. Alexia est	e) rapidement demain.
6. Je vais passer	f) bonnes cette année.

9 Was sagen Sie auf Französisch, wenn ...

1. ... Sie jemanden in die Stadt begleiten werden?
2. ... Sie karierte Hemden nicht mögen?
3. ... Sie Konfektionsgröße 42 haben?
4. ... Sie etwas anprobieren möchten?
5. ... Sie gerne im Sommer geblümte Kleider tragen?
6. ... Sie eine Abendgarderobe suchen?

Kulturtipp
Entre midi et deux

Entre midi et deux (heures), wörtlich *zwischen Mittag und zwei (Uhr)*, ist die Zeit der Mittagspause. Traditionell ist **le déjeuner** *das Mittagessen*, das meistens aus mehreren Gängen besteht, die wichtigste Mahlzeit des Tages. Anschließend wird vielleicht noch ein Kaffee getrunken. Und dies kostet Zeit! Die durchschnittliche **pause de midi** *Mittagspause* dauert circa zwei Stunden ab zwölf Uhr mittags. Soweit vorhanden, gehen die Beschäftigten in Kantinen oder Restaurants essen. Einige nutzen sogar die Zeit, um zu Hause oder in den **salles de sport** *Fitnessstudios* abzuschalten. Allerdings verkürzt sich auch in Frankreich aufgrund des schnelllebigen Alltags die Mittagspause immer öfter auf eine Stunde oder weniger und es wird häufig nur noch ein Sandwich gegessen.

Was können Sie schon?

	☺	😐	☹	
■ beschreiben, was jemand angezogen hat	■	■	■	▸ *Ü1*
■ einen Vorschlag machen	■	■	■	▸ *Ü3, Ü6*
■ Ihr Handeln begründen	■	■	■	▸ *Ü3*
■ einen Termin bestätigen	■	■	■	▸ *Ü3*

Tag 27

Besprechungen

In dieser Lektion lernen Sie

- eine Besprechung zu eröffnen
- eine Besprechung zu moderieren
- eine Besprechung abzuschließen und zusammenzufassen

2/40 Le jour de la réunion

Patrick Tout d'abord, je voudrais vous présenter notre nouvelle collaboratrice, Nina. Nous animerons la réunion ensemble.
Nina est Allemande, alors soyez indulgents ! Je te donne la parole, Nina.

Nina Notre but aujourd'hui est de trouver un logo pour l'entreprise Dandon. Si nous regardons les résultats, nous voyons que son chiffre d'affaires augmente de 5% tous les ans.

Patrick La présentation de Nina montre bien qu'il s'agit d'une P.M.E. en pleine expansion. Son domaine d'activité est le recyclage des déchets. Mais son objectif actuel est d'améliorer son image de marque.

Nina Voilà deux tableaux avec deux concepts différents. Lequel préférez-vous ?

Collègue Si on osait, on pourrait développer le concept écologique.

Nina Je ne suis pas de votre avis : peut-on parler d'écologie quand on traite des déchets ?

Patrick Très bonne remarque ! *(Après de longues discussions...)* Pour conclure, je dirais qu'on se revoit lundi avec des propositions concrètes pour prendre une décision.
Nina, tu fais le compte-rendu ?

Nina Bien. Merci à tous. *(Elle chuchote à son chef :)* Zut, j'ai oublié la pause café !

Fragen zum Dialog

Was passt zusammen? Verbinden Sie.

1. Qui présente Patrick ?
2. Quel est le but de la réunion ?
3. Dans quel domaine travaille l'entreprise Dandon ?
4. Qu'est-ce qu'a oublié Nina ?

a) le traitement des déchets
b) trouver un logo
c) la pause café
d) Nina

Der Tag der Besprechung

Patrick Zunächst möchte ich Ihnen unsere neue Mitarbeiterin, Nina, vorstellen. Wir werden die Besprechung zusammen moderieren. Nina ist Deutsche, seien Sie also nachsichtig! Ich gebe das Wort an dich weiter, Nina.

Nina Unser Ziel heute ist, ein Logo für das Unternehmen Dandon zu finden. Wenn wir uns die Ergebnisse anschauen, sehen wir, dass sein Umsatz jedes Jahr um 5 % steigt.

Patrick Die Präsentation von Nina zeigt gut, dass es sich um ein mittelständisches Unternehmen im vollen Aufschwung handelt. Sein Aktivitätsbereich ist die Müllverwertung. Aber sein aktuelles Unternehmensziel besteht darin (ist), sein Markenimage zu verbessern.

Nina Hier sind zwei Darstellungen mit zwei verschiedenen Konzepten. Welches bevorzugen Sie?

Kollege Wenn man sich trauen würde, könnte man das ökologische Konzept entwickeln.

Nina Ich bin nicht Ihrer Meinung: Kann man über Ökologie sprechen, wenn man Müll verwertet?

Patrick Sehr gute Bemerkung! *(Nach langen Diskussionen ...)* Zum Abschluss würde ich sagen, dass wir uns am Montag mit konkreten Vorschlägen wiedersehen, um eine Entscheidung zu treffen. Nina, du machst das Protokoll?

Nina Gut. Danke an alle. *(Sie flüstert ihrem Chef zu:)* Mist, ich habe die Kaffeepause vergessen!

Tag 27 Lernwortschatz

3/24

améliorer	verbessern
augmenter	steigen
but *m*	Ziel
chiffre *m* d'affaires	Umsatz
chuchoter	(zu)flüstern
collaborateur *m*, collaboratrice *f*	Mitarbeiter, Mitarbeiterin
compte *m* rendu	Bericht; Protokoll
concept *m*	Konzept
concret, concrète	konkret
déchets *m Pl*	Müll
développer	entwickeln
différent(e)	verschieden; unterschiedlich
domaine *m* d'activité	Aktivitätsbereich
donner la parole	das Wort erteilen, hier: weitergeben
écologie *f*	Ökologie
écologique	ökologisch; umweltfreundlich
en pleine expansion	in vollem Aufschwung
ensemble	zusammen
être de votre avis	Ihrer Meinung sein
image *f* de marque	(Marken-)Image
indulgent(e)	nachsichtig
lequel	welche(r, s)
objectif *m*	(Unternehmens-)Ziel
oser	wagen; sich trauen
pause *f* (café)	(Kaffee-)Pause
PME *f* (petite et moyenne entreprise)	mittelständisches Unternehmen
pour cent *m* (%)	Prozent
prendre une décision	eine Entscheidung treffen
proposition *f*	Vorschlag
recyclage *m*	Recycling; Wiederverwertung
remarque *f*	Bemerkung
résultat *m*	Ergebnis
s'agir de qc	sich um etw. handeln
se revoir	sich wiedersehen
tableau *m*	Tabelle; hier: Darstellung
traiter	behandeln; hier: verwerten

Eine Besprechung organisieren	
organiser une réunion	eine Besprechung organisieren
commencer une réunion	eine Besprechung eröffnen
animer une réunion	eine Besprechung moderieren
conclure une réunion	eine Besprechung abschließen

Grammatik und Redemittel

Der Konditional Präsens *► § 8.4*

Er wird aus dem Stamm des Futur simple (*► Tag 20, Tag 21*) und den Endungen des Imparfait gebildet.

	Futur simple	Konditional	
je	regarder**ai**	regarder**ais**	ich würde schauen
tu		regarder**ais**	
il/elle		regarder**ait**	
nous		regarder**ions**	
vous		regarder**iez**	
ils/elles		**regarderaient**	
je	ser**ai**	ser**ais**	ich würde
j'	aur**ai**	aur**ais**	ich hätte

Mit dieser Form können Sie einen Wunsch, eine Vermutung, einen Ratschlag, eine Möglichkeit oder eine höfliche Bitte ausdrücken:
Je voudrais vous présenter Nina. *Ich möchte Ihnen Nina vorstellen.*
Elle aimerait faire une pause. *Sie möchte eine Pause machen.*
Tu pourrais demander au chef. *Du könntest den Chef fragen.*

Der Bedingungssatz mit *si*

Wenn das Hauptverb im Konditional ist, steht der **si**-Satz im Imparfait:
Si on osait, on pourrait... *Wenn wir uns trauen würden, könnten wir ...*
Ist aber das Hauptverb im Futur simple oder Präsens, dann steht der **si**-Satz im Präsens: **Si on regarde** le tableau, **on voit...** *Wenn man sich die Darstellung anschaut, sieht man ...*

Das Interrogativpronomen *lequel* *► § 7.5.2*

Es richtet sich in Geschlecht und Zahl nach dem Bezugswort:
Voici les concepts. **Lequel** préférez-vous ? *Hier sind die Konzepte. Welches bevorzugen Sie?*

	Maskulinum	Femininum
Singular	**lequel** welcher	**laquelle** welche
Plural	**lesquels** welche	**lesquelles** welche

Tag 27 Übungen

1 Welche Form von **lequel** passt in die Lücke?

1. Voici deux logos. .... choisirais-tu ?
2. Voici deux robes. .... préfères-tu ?
3. Voici mes chaussures. .... *(Pl)* te plaisent le plus ?

2/41

2 Stellen Sie sich vor, dass Sie in einer wichtigen Besprechung sitzen. Hören Sie den Dialog und ergänzen Sie die Lücken.

► Mesdames, Messieurs, commençons tout de suite la réunion. Vous connaissez notre projet. Qu'est-ce que .... (1.) ?

◄ Moi, je .... (2.) le projet va nous coûter beaucoup trop cher cette année.

► Vous .... (3.). Notre budget n'est pas très haut… Et vous Monsieur Ducieux, vous .... (4.) ?

◄ Non, je .... (5.). On pourrait par exemple commencer le projet cette année et le finir l'année prochaine. Le client n'est pas pressé.

► Vous .... (6.) on devrait différer le projet… Pourquoi pas… Bon, je vais voir avec les autres collègues. Merci d'être venus.

2/42

3 Sie hören Verben im Konditional. Notieren Sie diese Verben und schreiben Sie den Infinitiv dazu.

	Konditional	Infinitiv
1. nous	*parlerions*	*parler*
2. ils	....	....
3. je	....	....
4. vous	....	....
5. tu	....	....

4 Verbinden Sie die Satzteile. Denken Sie an die Übereinstimmung der Verben.

1. S'il avait une nouvelle voiture,
2. Si Rémi cherche un travail,
3. Si j'étais malade,

a) il peut demander à mon chef.
b) j'irais voir le docteur.
c) il tomberait moins en panne.

5 Kreuzen Sie an, was mit diesen Fragen gemeint sein kann.

1. Lequel prends-tu ?
   a) ☐ L'ordinateur de Pierre. b) ☐ L'entreprise écologique.
2. Lesquels cherchez-vous ?
   a) ☐ Le rouge et le noir. b) ☐ Les informations les plus importantes.
3. Dans laquelle est-ce qu'il travaille ?
   a) ☐ Dans les voitures bleues. b) ☐ Dans une P.M.E. intéressante.
4. Pour lequel elles ont fait une proposition ?
   a) ☐ Pour le projet d'Alex. b) ☐ Pour le projet de Thomas.
5. Lesquelles tu connais ?
   a) ☐ Toutes les chansons de Zaz. b) ☐ Tous les chanteurs de jazz.

6 In welcher Reihenfolge können diese Sätze in einem Meeting vorkommen? Tragen Sie die Buchstaben in die Tabelle ein.

1.	2.	3.	4.	5.	6.

a) Continuons avec la présentation de notre nouveau collègue.
b) Bienvenue à la réunion !
c) On prend une décision concrète et on finit la réunion.
d) Et pour conclure : qui écrit le compte rendu de la réunion ?
e) Qui veut donner son avis sur la présentation ?
f) Commençons par notre projet actuel.

7 Lesen Sie noch einmal den Dialog aus der Übung 2 und kreuzen Sie an, ob die folgenden Aussagen richtig (vrai) oder falsch (faux) sind.

	vrai	faux
1. Die Besprechung fängt nicht sofort an.	☐	☐
2. Das Projekt ist wahrscheinlich zu teuer.	☐	☐
3. Die Firma hat kein großes Budget für dieses Projekt.	☐	☐
4. M. Ducieux hat es nicht eilig.	☐	☐
5. Das Projekt muss unbedingt dieses Jahr abgeschlossen werden.	☐	☐
6. Die Endentscheidung wird auch mit anderen Kollegen abgesprochen.	☐	☐

Tag 27

8 **Lesen Sie den folgenden Ausschnitt aus einem Roman. Setzen Sie in die Lücken das passende Verb im Konditional ein.**

aimer　　être　　avoir (3x)　　faire (2x)　　travailler

Le rêve...

Dans le rêve de Michel, il y avait un monde parfait où il n'y .... (1) pas de voitures, pas de déchets et pas de problèmes. Tous les habitants .... (2) heureux. Ils .... (3) un peu, ils .... (4) assez d'argent pour bien vivre. Ils .... (5) aussi beaucoup de sport. Ils .... (6) le temps de faire les hobbys qu'ils aiment ! Si Michel pouvait créer ce monde magique, il le .... (7) tout de suite. Michel .... (8) vivre dans ce monde. Mais...

9 **Vervollständigen Sie die Sätze mithilfe der Verben in Klammern. Achten Sie auf die Verbformen in den Sätzen mit si.**

1. Si tu m'appelles dans une heure, on .... organiser la réunion de cet après-midi. (pouvoir)
2. Si j'avais assez d'argent, je ne .... plus. (travailler)
3. S'ils .... bientôt, nous commencerions la réunion. (arriver)
4. Si notre concept vous ...., prenez la bonne décision ! (plaire)
5. Si vous aviez le temps, vous .... plus de voyages ? (faire)
6. Si je comprenais la question, j'y .... ! (répondre)

10 **Sagen Sie es auf Französisch! Wie lauten Ihre persönlichen Antworten auf diese Fragen?**

Que feriez-vous si vous étiez très riche* ?

Et si vous changiez de travail ? Que feriez-vous ?

*riche: *reich*

Kulturtipp L'économie française

Unternehmen werden in vier Kategorien eingeteilt: **très petites entreprises (T.P.E.)** *sehr kleine Unternehmen* mit weniger als zehn **salariés** *Beschäftigten*, **petites et moyennes entreprises (P.M.E.)** *Klein- und Mittelbetriebe* (zwischen 10 und 499 Beschäftigte), **entreprises de taille intermédiaire (E.T.I.)** *Unternehmen mittlerer Größe* und **grandes entreprises (G.E.)** *große Unternehmen* mit mehr als 5.000 Beschäftigten. Zu den größten Unternehmen Frankreichs gehören Total, Carrefour, P.S.A. (Peugeot Société Anonyme), E.D.F. (Électricité de France), Renault und LVMH (Luxusartikelhersteller mit Marken wie Dior, Moët, Hennessy, Louis Vuitton etc.).

Aber auch der Landwirtschaftssektor spielt in Frankreich eine wichtige Rolle. Circa 3,5 % der erwerbstätigen Bevölkerung sind in der Landwirtschaft beschäftigt. Sie ist die Grundlage für die Entwicklung einer starken Nahrungsmittelbranche. Wie in Deutschland wächst die Bio-Branche rasant schnell (ca. 10 % pro Jahr). **Manger des produits du terroir bio** *Bio-Regionalprodukte zu essen* ist zu einer Lebensart geworden!

Was können Sie schon?

	☺	😐	☹	
▪ jemanden nach seinem Geschmack fragen	☐	☐	☐	▸ *Ü1*
▪ sich an einer Diskussion beteiligen	☐	☐	☐	▸ *Ü2*
▪ Bedingungen verstehen und formulieren	☐	☐	☐	▸ *Ü3, Ü4, Ü9*
▪ erzählen, was Sie in bestimmten Situationen machen würden	☐	☐	☐	▸ *Ü4, Ü9*

Tag 28

Lebenslauf

In dieser Lektion lernen Sie

- einen Lebenslauf zu verstehen
- über das Bildungssystem in Frankreich zu sprechen
- Ihre Sprachkompetenzen zu beschreiben

2/43

Le C.V.

Patrick Nina, il faut absolument trouver un juriste-stagiaire pour qu'il nous aide sur les projets internationaux !

Nina Pour combien de temps ?

Patrick Six mois. Je recherche un étudiant qui a un bon niveau en droit et qui maîtrise au moins une langue étrangère. Il faut qu'il rédige des contrats en anglais.

Charlène et Nina lisent ensemble les demandes de candidature.

Charlène Avant que tu regardes les C.V. dans le détail, tu peux enlever les candidats qui n'ont pas la licence. Ils n'auront pas le niveau.

Nina Super, je ne connais même pas le système universitaire français... Regarde ce C.V. : Jérôme, bac + 4, prépare un master.

Charlène Oui, il correspond exactement aux attentes du chef. Et ses connaissances en langue ?

Nina Moyen. Anglais : parlé et lu, allemand : connaissances scolaires.

Charlène Ah, tu pourrais lui donner des cours... Mais ça ne suffira pas.

Nina J'ai aussi Fabrice, 22 ans, master droit civil. Il parle anglais couramment...

Charlène Enfin un candidat qui a les compétences recherchées. Tu as lu sa lettre de motivation ?

Nina Non, pas encore.

Fragen zum Dialog

Finden Sie die richtige Ergänzung.

	a)	b)
1. Patrick recherche	a) ☐ un stagiaire.	b) ☐ un client.
2. Le stagiaire doit rester	a) ☐ trois mois.	b) ☐ six mois.
3. Le stagiaire doit savoir	a) ☐ faire des contrats.	b) ☐ faire le café.
4. Le C.V. de est le plus intéressant.	a) ☐ Fabrice	b) ☐ Jérôme

Der Lebenslauf

Patrick Nina, wir müssen unbedingt einen Juristen als Praktikant finden, damit er uns bei den internationalen Projekten hilft!

Nina Für wie lange?

Patrick Sechs Monate. Ich suche einen Studenten, der ein gutes Niveau in Jura hat und der mindestens eine Fremdsprache beherrscht. Er muss Verträge in Englisch schreiben.

Charlène und Nina lesen zusammen die Bewerbungen.

Charlène Bevor du dir die Lebensläufe im Detail anschaust, kannst du die Kandidaten aussortieren, die die *licence* nicht haben. Sie werden das Niveau nicht haben.

Nina Toll, ich kenne nicht einmal das französische Hochschulsystem ... Schau dir diesen Lebenslauf an: Jérôme, Abitur + 4(-jähriges Studium), bereitet einen Master vor.

Charlène Ja, er entspricht genau den Erwartungen des Chefs. Und seine Sprachkenntnisse?

Nina Mittelmäßig. Englisch: in Wort und Schrift (gesprochen und gelesen), Deutsch: Schulkenntnisse.

Charlène Ah, du könntest ihm Unterricht erteilen ... Aber das wird nicht ausreichen.

Nina Ich habe auch Fabrice, 22 Jahre, Master in Zivilrecht. Er spricht fließend Englisch ...

Charlène Endlich ein Kandidat, der die gesuchten Kompetenzen hat. Hast du sein Bewerbungsschreiben gelesen?

Nina Nein, noch nicht.

Tag 28 Lernwortschatz

3/25

absolument	absolut; unbedingt
attente *f*	Erwartung
au moins	mindestens; wenigstens
baccalauréat *m*, (*ugs.* bac)	Abitur, Abi
candidat *m*	Kandidat; Bewerber
combien de temps	wie lange
compétence *f*	Kompetenz
connaissances *f pl*	Kenntnisse
contrat *m*	Vertrag
correspondre	entsprechen
couramment	fließend
demande *f* de candidature	Bewerbung
détail *m*	Detail; Einzelheit
donner des cours	Unterricht erteilen
droit *m*	Recht
droit *m* civil	Zivilrecht
enlever	herausnehmen (hier: aussortieren)
étudiant *m*, étudiante *f*	Student, Studentin
exactement	genau
juriste *m/f*	Jurist, Juristin
langue *f* étrangère	Fremdsprache
langue *f* maternelle	Muttersprache
lettre *f* de motivation	Bewerbungsschreiben
master *m*	Master; Diplom
maîtriser	beherrschen
même pas	nicht einmal
moyen(ne)	mittelmäßig
niveau *m*	Niveau
parlé et lu	in Wort und Schrift
pour que	damit
recherché(e)	gesucht
rechercher	suchen
rédiger	verfassen; schreiben
scolaire	schulisch; Schul-
stagiaire *m/f*	Praktikant, Praktikantin
suffire	(aus)reichen; genügen

Lebenslauf	
expérience *f* professionnelle	Berufserfahrung
stage *m*	Praktikum
études *f Pl*	Studium
formation *f* (professionnelle)	(Berufs-)Ausbildung
parcours *m* scolaire	Schulausbildung; Schullaufbahn
connaissances *f Pl* en langues	Sprachkenntnisse
connaissances *f Pl* en informatique	Computerkenntnisse
intérêts *m Pl* personnels	persönliche Interessen

Grammatik und Redemittel

Das Verb *lire* (lesen)

	Präsens	Imparfait	Passé composé	Futur simple	Konditional
je/j'	**lis**	lis**ais**	ai **lu**	lir**ai**	lir**ais**
tu	**lis**	lis**ais**	as **lu**	lir**as**	lir**ais**
il/elle	**lit**	lis**ait**	a **lu**	lir**a**	lir**ait**
nous	lis**ons**	lis**ions**	avons **lu**	lir**ons**	lir**ions**
vous	lis**ez**	lis**iez**	avez **lu**	lir**ez**	lir**iez**
ils/elles	lis**ent**	lis**aient**	ont **lu**	lir**ont**	lir**aient**

Der Subjonctif ▸ *§8.5*

Die Formen der Verben auf **-er** gleichen den Formen im Präsens, mit Ausnahme der 1. und 2. Person Plural.

		aider helfen	
que	j'	aide	dass ich helfe
que	tu	aides	dass du hilfst
qu'	il/elle	aide	dass er/sie hilft
que	nous	aid**ions**	dass wir helfen
que	vous	aid**iez**	dass ihr helft/ Sie helfen
qu'	ils/elles	aid**ent**	dass sie helfen

Der Subjonctif steht in Nebensätzen, die mit **que** eingeleitet werden. Er steht unter anderem nach den Konjunktionen **avant que** *bevor* und **pour que** *damit*.
Avant que vous commenciez, je voudrais dire quelque chose. *Bevor Sie beginnen, möchte ich etwas sagen.*
Je cherche un stagiaire **pour qu'il nous aide.** *Ich suche einen Praktikanten, damit er uns hilft.*

Der Ausdruck *il faut*

Sätze mit **il faut** *es ist nötig/man muss* können entweder mit einem Infinitiv oder mit **que** und einem Verb im Subjonctif gebildet werden.
Il faut trouver un stagiaire. Oder: **Il faut qu'on trouve un stagiaire.**
Wir müssen einen Praktikanten finden.

Tag 28 Übungen

1 Welcher Bewerber passt am besten zu der Stellenausschreibung? Lesen Sie die kurzen Auszüge aus den Lebensläufen und finden Sie den passenden Kandidaten.

1. Nous cherchons un jeune coiffeur

a) École de coiffeur de 1990 à 1993
Note : moyen
Expérience professionnelle :
Stage Coiffeur Paul
Stage salon de coiffure « Hair »

b) École de coiffeur à Paris (2010-2013)
Note : bien
Expérience professionnelle :
Employé 3 ans chez le coiffeur de la gare à Avignon

2. Stage comme secrétaire internationale (français-anglais)

a) français : langue maternelle
italien : parlé et lu
anglais : connaissances scolaires

b) anglais : langue maternelle
français : couramment
espagnol : parlé et lu

2 Setzen Sie die richtige Verbform im Subjonctif ein.

1. Il faut que je .... (travailler).
2. Il faut que nous .... (chercher) une maison à louer.
3. Il faut que vous .... (arriver) de bonne heure.
4. Il faut que tu .... (parler) plus doucement.

2/44

3 Bilden Sie mündlich aus der Übung 2 neue Sätze mit einem Infinitiv. Sie hören zunächst das Beispiel. Kontrollieren Sie Ihre Lösungen anhand der CD.

2/45

4 Kreuzen Sie an, welche Form von *lire* Sie hören.

	lis	lirai	lirais
1.	☐	☐	☐
2.	☐	☐	☐
3.	☐	☐	☐

5 Kreuzen Sie die Kategorien an, die in einem Lebenslauf zu finden sind.

1. ☐ Les connaissances en langues
2. ☐ Les stages
3. ☐ Les connaissances en informatique
4. ☐ Les coups de téléphone
5. ☐ Les rendez-vous d'affaires
6. ☐ Les intérêts personnels
7. ☐ Les demandes de candidature
8. ☐ L'expérience professionnelle
9. ☐ La formation
10. ☐ Les études

6 Vervollständigen Sie den Lebenslauf mithilfe der Informationen, die Sie dem Bewerbungsanschreiben entnehmen können.

Strasbourg, le 11 février 2017

Objet : lettre de motivation pour le stage d'assistante marketing

Monsieur,

Je suis allemande et je finis mes études d'économie en mars 2017 avec un master en marketing après avoir fait 4 ans d'études à Augsbourg. Je suis à la recherche d'un stage pratique en France pour six mois. Je peux commencer en avril. J'aime beaucoup le marketing et le controlling qui sont ma spécialité. Je suis donc très intéressée par votre offre de stage. Je pense être la personne que vous cherchez. J'ai passé le baccalauréat allemand, l'*Abitur*, au Gymnasium Berthold Brecht en 2013. J'ai commencé en 2005 dans ce collège-lycée. Pour le baccalauréat, j'avais déjà une option économique où j'ai eu des bonnes notes. Les cours à l'université d'Augsbourg m'ont permis d'approfondir mes connaissances en marketing.
De plus, j'ai beaucoup d'expériences dans tous les programmes informatiques (Windows, Excell, Power Point). Je suis une jeune fille sérieuse* et très motivée qui parle plusieurs langues : l'allemand est ma langue maternelle et j'ai un très bon niveau en anglais et en français. Pendant mon temps libre**, j'aime lire et faire du sport, surtout du jogging.
Avec ce stage dans votre entreprise, je pourrais avoir plus de pratique dans le domaine du marketing. J'ai déjà fait un job d'étudiant dans une petite agence marketing entre 2014 et 2016.
Dans l'attente de vous rencontrer, je vous prie d'agréer, Monsieur, l'expression de mes salutations respectueuses.

Heidi Schmidt

*sérieux, sérieuse: *zuverlässig*
**libre: *frei*

Tag 28

Parcours scolaire :

1. École primaire : (de à)
2. Collège/Lycée : (de à)
3. Baccalauréat/Diplôme:
4. Formation universitaire :
   (de à)
5. Formation professionnelle :
   (de à)

Expérience professionnelle/Stages :

1. (de à)
2. (de à)
3. (de à)

Connaissances en langue:

allemand : anglais :

français : autre:

Connaissances en informatique :

1. Windows :	☐ très bien	☐ bien	☐ moyen	☐ pas du tout
2. Excel :	☐ très bien	☐ bien	☐ moyen	☐ pas du tout
3. Powerpoint :	☐ très bien	☐ bien	☐ moyen	☐ pas du tout

Intérêts personnels :

1.
2.
3.

7 Verbinden Sie jeweils den Satzanfang mit dem passenden Satzende.

1. Il faut → f)
2. Avant que
3. Pour
4. Avant de
5. Ils cherchent un collaborateur
6. Mon père dit qu'il faut que je

a) travailler, je veux faire un stage.
b) pour que le projet marche bien.
c) fasse des études.
d) tu partes, vas voir le chef !
e) avoir un job, il faut un bon CV.
f) avoir des connaissances en informatique.

Kulturtipp De la maternelle à l'université

Die **maternelle** *Kindergarten* gehört in Frankreich zur Grundschule und ist gebührenfrei. Kinder kommen mit ca. sechs Jahren in die fünfstufige **école primaire** *Grundschule*. Danach folgen vier gemeinsame Jahre im **collège** *Mittelschule*. Anschließend gehen die Schüler ins **lycée**, wo sie mit circa 18 Jahren das **baccalauréat** *Zentralabitur, umgangssprachlich* **bac** *Abi genannt,* machen, oder ins **lycée d'enseignement professionnel** (**L.E.P.**), wo sie eine Berufsausbildung und das Fachabitur absolvieren. Das **système universitaire** *Hochschulsystem* wurde in den letzten Jahren reformiert.

An der **université** *Universität*, umgangssprachlich **fac** *Uni*, kann man sein Studium nach drei Jahren mit einer **licence** abschließen oder nach zwei weiteren Jahren mit einem **master**. Zum Hochschulsystem gehören auch die berühmten **grandes écoles** *Elitehochschulen* oder die **I.U.T. (Institut Universitaire de Technologie)** *Fachhochschulen*.

Aufgrund der begrenzten Studienplätze *werden nur wenige Studenten in den* **grandes écoles** – *und erst nach einem* **concours** *Aufnahmeprüfung – zugelassen. Die meisten französischen Minister zum Beispiel haben an der berühmten* **ENA (École Nationale d'Administration)** *Hochschule für Verwaltungswissenschaften studiert.*

Was können Sie schon?

	☺	😐	☹	
einen Lebenslauf verstehen und erstellen				▸ *Ü1, Ü6*
sagen, was Sie oder andere Personen tun müssen				▸ *Ü2, Ü3, Ü7*
Verben in verschiedenen Zeiten verstehen				▸ *Ü3, Ü6*

Tag 29

Arbeitssuche und Bewerbung

In dieser Lektion lernen Sie

- einen Bewerbungsbrief zu schreiben
- Wertungen, Eindrücke und Wünsche auszudrücken
- ein berufliches Profil zu beschreiben

2/46

Sincères salutations

Nina lit la lettre de motivation du candidat retenu et Charlène vérifie ses diplômes et ses références.

Nina « Madame, Monsieur, En tant qu'étudiant en droit, je cherche à acquérir une expérience professionnelle en entreprise pour pouvoir entrer plus facilement dans la vie active après mes études. Je recherche un stage de trois mois… »

Charlène Waouh, en plus, il a de bonnes notes aux examens !

Nina « J'ai amélioré mes connaissances en langues grâce à des stages à l'étranger. J'ai donc un excellent niveau en anglais… Dans l'attente de vous rencontrer, je vous prie… » Je ne crois pas que le chef soit déçu par cette lettre !

Charlène Le seul problème, c'est la durée de son stage ! Il faut encore qu'il veuille bien rester six mois chez nous ! Il va falloir le convaincre de rester plus longtemps !

Nina fait part à son supérieur de ses impressions.

Nina On a un très bon candidat qui correspond aux critères.

Patrick Ah, je suis très content que tu aies trouvé quelqu'un. Je voudrais que tu le convoques pour un entretien. Nina, je suis très satisfait de tes premiers jours chez nous. Tu fais du bon travail !

Fragen zum Dialog

Beantworten Sie die Fragen in vollständigen Sätzen.

1. Que lit Nina ?

....

2. Que recherche le candidat ?

....

3. Pourquoi Patrick est très satisfait de Nina ?

....

Mit freundlichen Grüßen

Nina liest das Bewerbungsschreiben des ausgesuchten Kandidaten und Charlène überprüft seine Zeugnisse und seine Referenzen.

Nina „Sehr geehrte Damen und Herren, als Jurastudent möchte ich (suche ich) Berufserfahrung in einem Unternehmen sammeln, um nach meinem Studium leichter ins Berufsleben einsteigen zu können. Ich suche ein dreimonatiges Praktikum ... “

Charlène Wow, er hat außerdem gute Noten in den Prüfungen!

Nina „Ich habe meine Sprachkenntnisse mithilfe von Auslandspraktika verbessert. Ich habe daher ein ausgezeichnetes Niveau in Englisch ... In Erwartung, Sie kennenzulernen (zu treffen), verbleibe ich (bitte ich Sie) ... “ Ich glaube nicht, dass der Chef von diesem Brief enttäuscht sein wird!

Charlène Das einzige Problem ist die Dauer seines Praktikums! Er muss sechs Monate bei uns bleiben wollen! Wir werden ihn überreden müssen, länger zu bleiben!

Nina teilt ihrem Vorgesetzten ihre Eindrücke mit.

Nina Wir haben einen sehr guten Kandidaten, der den Kriterien entspricht.

Patrick Ah, ich freue mich sehr, dass du jemanden gefunden hast. Ich möchte, dass du ihn zu einem Vorstellungsgespräch einlädst. Nina, ich bin sehr zufrieden mit deinen ersten Tagen bei uns. Du leistest (machst) gute Arbeit!

Tag 29 Lernwortschatz

3/26

acquérir	hier: sammeln
convaincre	überzeugen
convoquer	bestellen (hier: einladen)
critère *m*	Kriterium
dans l'attente de	in Erwartung
déçu(e)	enttäuscht
diplôme *m*	Zeugnis; Diplom
durée *f*	Dauer
en tant que	als
entretien *m*	(Vorstellungs-) Gespräch
entrer	eintreten (hier: einsteigen)
être content(e)	sich freuen
étudiant *m* en droit	Jurastudent
examen *m*	Prüfung
excellent(e)	hervorragend
faire part	mitteilen
grâce à	dank; mithilfe
impression *f*	Eindruck
lettre *f*	Brief
note *f*	Note
prier	bitten
référence *f*	Referenz
retenu(e)	ausgesucht
satisfait(e)	zufrieden
seul(e)	allein; einzig
supérieur *m*, supérieure *f*	Vorgesetzter, Vorgesetzte
vérifier	überprüfen
vie *f* active	Berufsleben
vouloir (il veuille)	wollen (er wolle)

Offizieller Brief	
Als Anrede: Sehr geehrte(r) ...	
Madame,	Sehr geehrte Frau XX,
Monsieur,	Sehr geehrter Herr XX,
Madame, Monsieur,	Sehr geehrte Damen und Herren,
Als Schlussformeln: Mit freundlichen Grüßen	
Je vous prie d'agréer Madame, l'expression de mes salutations respectueuses. oder Veuillez croire, Monsieur, à l'assurance de mes sentiments les meilleurs. oder Veuillez agréer, Monsieur, l'expression de mes sentiments distingués. oder Sincères salutations.	
Vergessen Sie nicht:	
signature *f*	Unterschrift
P.S. *m* (post-scriptum)	PS, Postskriptum

Grammatik und Redemittel

Der Subjonctif der unregelmäßigen Verben ▸ *§ 8.5*

		avoir haben	**être** sein	**faire** machen	**aller** gehen	**prendre** nehmen	**venir** kommen
que	je/j'	**aie**	**sois**	**fasse**	**aille**	**prenne**	**vienne**
que	tu	**aies**	**sois**	**fasses**	**ailles**	**prennes**	**viennes**
qu'	il/elle	**ait**	**soit**	**fasse**	**aille**	**prenne**	**vienne**
que	nous	**ayons**	**soyons**	**fassions**	**allions**	**prenions**	**venions**
que	vous	**ayez**	**soyez**	**fassiez**	**alliez**	**preniez**	**veniez**
qu'	ils/elles	**aient**	**soient**	**fassent**	**aillent**	**prennent**	**viennent**

Der Subjonctif: Zusammenfassung ▸ *§ 8.5*

Der Subjonctif steht:

1. nach Verben der Notwendigkeit und der Forderung:
   Il faut que j'écrive une lettre. *Ich muss einen Brief schreiben.*
   Je veux que tu viennes. *Ich will, dass du kommst.*
2. nach Verben der Wertung:
   Je suis content que tu aies quelqu'un. *Ich freue mich, dass du jemanden hast.*
   Il est important qu'il en parle. *Es ist wichtig, dass er darüber spricht.*
3. nach Verben des Wünschens oder bei Vorschlägen:
   Je voudrais que tu le convoques. *Ich möchte, dass du ihn einlädst.*
   Je propose que tu viennes demain. *Ich schlage vor, dass du morgen kommst.*
4. nach verneinten Verben:
   Je ne pense/crois pas qu'il soit déçu. *Ich denke/glaube nicht, dass er enttäuscht sein wird.*

Tag 29 Übungen

1 Lesen Sie den Auszug aus dem Bewerbungsschreiben eines neuen potenziellen Kandidaten für Patrick. Kreuzen Sie dann an, ob der Bewerber Patricks Vorstellungen entsprechen könnte.

« Avant de finir mes études, je voudrais faire un nouveau stage dans une entreprise. Depuis quatre ans, je fais des études de droit international à l'université de Strasbourg. J'ai un très bon niveau en droit du travail. De plus, je parle couramment allemand parce que ma mère est Allemande, et bien sûr je parle très bien anglais... »

Le candidat correspond-il aux attentes de Patrick ? ☐ oui ☐ non

2/47

2 Kreuzen Sie an, ob die Nebensätze, die Sie hören, im Subjonctif oder im Indikativ Präsens stehen.

	Subjonctif	Indikativ Präsens
1.	☐	☐
2.	☐	☐
3.	☐	☐
4.	☐	☐

3 Ergänzen Sie die Sätze mit der richtigen Form des Subjonctifs.

1. Je ne crois pas qu'ils .... l'allemand. (comprendre)
2. Je voudrais que Valérie .... un bon diplôme. (avoir)
3. Je suis contente que tu .... un stage à l'étranger. (faire)

2/48

4 Stellen Sie sich vor, dass Sie zu einem Vorstellungsgespräch eingeladen sind. Wie würden Sie sagen, dass ... ? Kontrollieren Sie Ihre Sätze anhand der CD.

1. ... Sie eine gute Berufserfahrung haben?
2. ... Sie Französisch und Englisch sprechen?
3. ... Sie schon ein Praktikum im Ausland gemacht haben?
4. ... Sie den Kriterien des Unternehmens entsprechen?

5 **Lesen Sie den folgenden Ausschnitt aus einem Bewerbungsanschreiben. Einige Wörter darin sind sehr unpassend! Unterstreichen Sie die 10 Fehler und notieren Sie den korrekten Ausdruck.**

But : lettre de motivation pour le job d'été
Salut !
Je mange un job pour l'été 2017. Votre carte dans le journal m'intéresse parce que je suis jeune, je suis motivée, j'aime beaucoup les enfants et je parle des langues professionnelles. En ce moment, je fais des stages d'anglais et d'allemand à l'université. Pour payer mes études, je regarde trois fois par semaine du baby-sitting. J'aime aussi beaucoup l'école : à l'école, j'ai fait du basket et maintenant, je suis dans le diplôme de volley de l'université (...)
Grosses bises Monsieur !
Caroline Madubois

....

....

....

6 **Lesen Sie noch einmal das Anschreiben aus Übung 5 und vergleichen Sie es mit den Stellenanzeigen. Auf welche Stelle hat sich Caroline beworben? Begründen Sie Ihre Entscheidung mündlich.**

1. ☐ Offre 1
Stage en entreprise
Nous recherchons une personne jeune et motivée qui veut faire deux mois de stage dans une entreprise automobile. Anglais obligatoire. Pour tous contacts : infos@voiture.fr

2. ☐ Offre 2
Personnel pour l'été 2017
L'agence Mamoire offre trois jobs d'été à des personnes qui aiment travailler dans un bureau et ont de très bonnes connaissances en informatique. Appelez-nous au 04.73.45.56.31

3. ☐ Offre 3
Au camping *La plage*
Futurs collaborateurs ! Nous recherchons des jeunes qui parlent aux moins deux langues étrangères et qui veulent s'occuper des enfants de nos campeurs. Expériences souhaitées*. Allez voir sur notre site Internet www.laplage@sete.fr

*erwünscht

Tag 29

7 Welches Verb fehlt hier? Vervollständigen Sie die Sätze mit der korrekten Verbform im Subjonctif.

avoir être arriver aller partir trouver

1. Je ne crois pas qu'il .... de la famille en Italie.
2. Il faut qu'elles .... un stage pendant les vacances !
3. Avant que vous ...., je voudrais vous dire merci.
4. Il faut qu'elle .... folle pour faire ça !
5. Elle appelle un taxi pour que nous .... à l'heure.
6. Il faut que j' .... à mon rendez-vous ce matin.

8 Wie lauten diese Aussagen auf Französisch? Vervollständigen Sie die Übersetzungen.

1. Ich denke nicht, dass sie nach Frankreich fahren.
   Je ne ....
2. Du musst Englisch lernen!
   Il faut que ....
3. Du musst ein Praktikum machen, damit du eine Arbeit findest.
   Il faut que ....
4. Er ist der interessanteste Kollege, den ich kenne.
   Il est ....
5. Wir schlagen vor, dass Sie morgen einen Termin vereinbaren.
   Nous ....
6. Es ist wichtig, dass Sie kommen.
   Il ....

9 Kreuzen Sie das fehlende Verb an. Achten Sie auf die Verbformen!

1. Il faut que tu .... à l'entretien. a) ☐ vas b) ☐ ailles
2. Mon frère dit qu'elle .... a) ☐ est partie b) ☐ parte
3. Je voudrais que vous nous .... plus souvent. a) ☐ téléphoniez b) ☐ téléphonons
4. Je .... dans le journal demain. a) ☐ regarderai b) ☐ regardais
5. Je crois que Carmen .... malade. a) ☐ sois b) ☐ était
6. Il ne pense pas qu'ils .... un jour l'avion. a) ☐ ont pris b) ☐ prennent
7. Il pleuvait quand je .... a) ☐ partais b) ☐ suis parti

Kulturtipp Poser sa candidature

Die Arbeitssuche in Frankreich gestaltet sich ähnlich wie in Deutschland. Dennoch gibt es einige Abweichungen: Grundsätzlich werden anfallende Reise- und Übernachtungskosten für ein Vorstellungsgespräch nicht erstattet.

Es ist sehr wichtig, dass das Bewerbungsschreiben handschriftlich verfasst wird. Es soll in einem höflichen, gewählten, aber eher zurückhaltenden Sprachstil auf edler Papierqualität verfasst werden.

Der Lebenslauf sollte rückwärts chronologisch sortiert, nicht datiert und nicht unterschrieben sein. Es ist auch nicht üblich, Kopien von Zeugnissen usw. beizulegen. Daher können die Unterlagen in einem Briefumschlag zusammengefaltet werden. Sie werden auch nicht zurückgesandt. Urkunden und Zeugnisse werden zum Vorstellungsgespräch einfach mitgebracht. Selbst wenn die Franzosen grundsätzlich eine Viertelstunde zu spät bei Verabredungen erscheinen, beim Vorstellungsgespräch sollte man jedoch unbedingt pünktlich sein!

Was können Sie schon?

	☺	😐	☹	
■ ein Bewerbungsschreiben lesen und verstehen	☐	☐	☐	• Ü1, Ü5
■ ausdrücken, dass Sie etwas denken oder glaube	☐	☐	☐	• Ü3, Ü8, Ü9
■ auf Fragen bei einem Vorstellungsgespräch antworten	☐	☐	☐	• Ü4
■ über Ihre Berufserfahrung sprechen	☐	☐	☐	• Ü4
■ sagen, welche Sprachen Sie spreche	☐	☐	☐	• Ü4

Tag 30

Wiederholen und üben Sie

Hier wiederholen Sie

- einen Lebenslauf zu verfassen
- ein Telefonat zu führen
- zu sagen, wie viel Uhr es ist
- einen Brief zu verstehen
- Ihre Wünsche, Ziele und Vorstellungen auszudrücken

Übungen

1 Ergänzen Sie Ihren persönlichen Lebenslauf.

Parcours scolaire :
1. École primaire : ______ (de ______ à ______)
2. Collège/Lycée : ______ (de ______ à ______)
3. Baccalauréat/Diplôme : ______
4. Formation universitaire : ______
(de ______ à ______)
5. Formation professionnelle : ______
(de ______ à ______)

Expérience professionnelle/Stages :
1. ______ (de ______ à ______)
2. ______ (de ______ à ______)
3. ______ (de ______ à ______)

Connaissances en langue :
allemand : ______ anglais : ______
français : ______ autre : ______

Connaissances en informatique :
1. Windows : ☐ très bien ☐ bien ☐ moyen ☐ pas du tout
2. Excel : ☐ très bien ☐ bien ☐ moyen ☐ pas du tout
3. Powerpoint : ☐ très bien ☐ bien ☐ moyen ☐ pas du tout

Intérêts personnels :
1. ______
2. ______
3. ______

2 Florence ruft in einer Firma an. Hören Sie das Telefonat zwischen ihr und der Sekretärin an und ergänzen Sie dabei die fehlenden Angaben. 2/49

Secrétaire Bonjour, c'est Nicole Chilord de l'entreprise Grandet.

Florence Bonjour Madame, Florence Saligne .... (1.).

Secrétaire Que puis-je faire pour vous, Madame ?

Florence Je cherche un .... (2.). Vous savez qui est responsable des stages dans l'entreprise ?

Secrétaire Oui, c'est Monsieur Grandet.

Florence Vous pouvez me le .... (3.) ?

Secrétaire Oh, je suis désolée. Il est .... (4.). Vous voulez lui .... (5.) ?

Florence Je préfère .... (6.). Quand est-ce que je peux le .... (7.) ?

Secrétaire Demain après 10 heures.

Florence Parfait. Je rapellerai demain. Au revoir, Madame.

3 Suchen Sie die Wörter in dem Buchstabengitter und streichen Sie sie durch. Am Ende bleibt nur noch das Lösungswort übrig. Finden Sie es?

actuels	information
appareil	lire
but	non
calendrier	oui
cantine	projet
chef	répondeur
chic	salle
client	site
composer	tantes
date	tard
droit	téléphone
fête	titre
heure	très

C	O	M	P	O	S	E	R	I	S
A	A	C	T	U	E	L	S	N	A
L	T	N	I	N	C	H	E	F	L
E	I	A	T	B	U	T	T	O	L
N	T	N	N	I	H	E	U	R	E
D	R	O	I	T	N	E	F	M	R
R	E	N	R	L	E	E	E	A	N
I	D	E	O	U	I	S	T	T	C
E	S	A	P	P	A	R	E	I	L
R	I	E	T	A	R	D	E	O	I
T	T	E	L	E	P	H	O	N	E
R	E	P	O	N	D	E	U	R	N
C	H	I	C	P	R	O	J	E	T

Lösungswort:

....

Tag 30

Regel 1: Die Uhrzeit

Die Uhrzeit wird mit .... (a)(wörtlich: Stunde) angegeben. Für „zwölf Uhr" sagt man .... (b) und für „Mitternacht" .... (c). Außerdem geht man, abweichend vom Deutschen, bei der halben Stunde von der vorausgehenden Stunde aus. Man unterscheidet auch im Französischen zwischen der umgangssprachlichen Uhrzeit, z. B. ***huit heures et demie****, und der offiziellen Uhrzeit .... (d).*

2/50

4 Sagen Sie, wie viel Uhr es ist. Überprüfen Sie Ihre Angaben anhand der CD.

1.

2.

3.

4.

Regel 2: Das Adverb

Anders als im Deutschen unterscheiden sich Adjektive und Adverbien im Französischen voneinander. Die Form des Adverbs wird meist von dem femininen .... (a) abgeleitet, an das die Endung .... (b) angehängt wird.

5 Tragen Sie die Formen des Adjektivs in die Tabelle ein.

	Adjektiv *f*	Adjektiv *m*
1. normalement	*normale*	*normal*
2. officiellement		
3. dernièrement		
4. simplement		
5. longuement		
6. prochainement		
7. vite		

2/51

6 Lesen Sie nun die Adverbien aus der Übung 5 laut vor und überprüfen Sie Ihre Aussprache mithilfe der CD.

Regel 3: Das Fragepronomen *lequel*

*1. **Lequel** ist ein Fragepronomen, das sich in .... (a)*

und .... (b) nach dem Substantiv richtet, das es bezeichnet.

*2. Die Formen sind: **lequel**, ... (a), ... (b), ... (c).*

7 Welche Aussage passt zu welcher Frage?

1. Regarde ces deux vélos.
2. Ce sont toutes mes cravates.
3. Tu as le choix entre ces deux chemises.
4. J'ai acheté plusieurs t-shirts.

a) Laquelle tu veux ?
b) Lesquels préfères-tu ?
c) Lequel tu prendrais ?
d) Lesquelles te plaisent ?

Regel 4: Relativpronomen

*Das Relativpronomen **qui** ist .... (a), ... (b) ist Objekt des Relativsatzes.*

Das Relativpronomen .... (c) bezieht sich auf Orts- und Zeitangaben.

8 Einige der Relativpronomen sind durcheinandergeraten. Streichen Sie diese durch und schreiben Sie die richtige Form in die Spalte rechts.

1. Je te présente Jules où est mon nouveau collègue de bureau. ....
2. Patrick qui j'ai rencontré en vacances est responsable d'une P.M.E. ....
3. Nous nous souvenons bien de Brest que nous avons passé nos vacances d'été. ....
4. Je ne connais pas cette fille qui vient d'arriver. ....
5. À l'heure que je te parle, il est déjà au soleil. ....

9 Ergänzen Sie die richtige Form von **connaître** (kennen), **mettre** (anziehen), **lire** (lesen) oder **croire** (glauben).

1. Nous .... que cette école est le bon choix pour toi.
2. Tu .... ta robe à fleurs ce soir ?
3. Est-ce que vous .... Géraldine Leblanc ?
4. Hier, j' .... dans le journal qu'il y a eu un grave accident sur l'autoroute.
5. Il ne .... jamais de costume.

Tag 30

Regel 5: Das Imparfait

Das Imparfait wird aus dem Stamm der 1. Person Plural .... (a)

gebildet, an den die Endungen .... (b) angehängt werden.

■■■ **10 Sie wollen einem Freund oder einer Freundin Vorschläge machen. Bilden Sie dafür Sätze wie im Beispiel:**

1. choisir cette robe — *Et si tu choisissais cette robe ?*
2. faire une réunion ....
3. aller au cinéma ....
4. mettre une chemise ....

Regel 6: Der Konditional

Mit dem Konditional kann man einen .... (a), eine Vermutung, einen

Ratschlag, eine Möglichkeit oder eine .... (b) Bitte ausdrücken.

*An den Stamm des Futur simple hängt man dafür die Formen des .... (c) (**-ais**, **-ais**, **-ait**, **-ions**, **-iez**, **-aient**).*

■■■ **11 Begründen Sie Ihre Vorschläge aus der Übung 10 nach folgendem Muster.**

1. choisir cette robe – être très belle
   Si tu choisissais cette robe, tu serais très belle.
2. faire une réunion – trouver une solution au problème
   ....
3. aller au cinéma – passer une bonne soirée
   ....
4. mettre une chemise – être chic
   ....

Regel 7: Der Subjonctif

1. Die Formen des Subjonctifs sind ____________________.
2. Der Subjonctif wird in Nebensätzen verwendet, die mit .... (a) beginnen. Zusammengefasst ist er meist Ausdruck der Notwendigkeit, des Wünschens und der Wertung. Er steht auch nach .... (b) Verben oder nach Ausdrücken wie .... (c) (es ist nötig, dass/man muss).

12 Hören Sie die Sätze und notieren Sie die fehlenden Verben wie im Beispiel: 2/52

1. que tu *boives* ....
2. qu'on ....
3. que vous ....
4. qu'il ....

13 Lesen Sie zunächst den Brief, den S. Martin als Antwort auf eine Bewerbung geschrieben hat. Anschließend unterstreichen Sie alle Verben im Subjonctif und schreiben Sie die Infinitivform in die vorgesehene Spalte.

Monsieur,
Très intéressé par votre profil, je suis heureux de vous faire ....
part de ma décision. Grâce à vos connaissances en langues et ....
vos notes excellentes aux examens, vous avez pu nous ....
convaincre de vos compétences. Je voudrais que vous veniez ....
à Angers pour que nous fassions connaissance. Je propose ....
que vous fixiez un rendez-vous avec notre secrétaire dans la ....
semaine du 20 au 27 mars. Je ne pense pas qu'il y ait de ....
problèmes. Dans l'attente de vous rencontrer, je vous prie, ...
Monsieur, d'agréer mes sincères salutations.
S. Martin

14 Bilden Sie aus den angegebenen Elementen einen einzigen Satz. Achten Sie dabei auf die Zeiten und die Übereinstimmung der Verben.

1. Je travaillais. (comme – tu – arriver)
   Je travaillais comme tu arrivais.
2. J'attendais devant la porte. (pendant que – tu – chercher – tes clés)
   ....
3. Carl est passé à la boulangerie. (avant de – aller – au bureau)
   ....
4. Je m'achèterais une grande maison. (si – je – avoir – beaucoup d'argent)
   ....
5. Je vais t'aider. (pour que – tu – finir – plus vite)
   ....

Abschlusstest

Test 1: Lesen und verstehen

1 Lesen Sie den Text aufmerksam durch. Finden Sie heraus, worum es sich handelt?

J'habite dans un pays européen plutôt petit. Nous sommes environ dix millions. À côté de mon pays, il y a la France, l'Allemagne et le Luxembourg par exemple. Moi, je parle français. Mais nous avons trois langues officielles : l'allemand, le français et le néerlandais. Bruxelles est la plus grande ville.

__/2 Je suis ....

2 Was bedeutet das fett gedruckte Wort?

1. **Si** Laure avait le temps, elle partirait en vacances.
   a) ☐ doch b) ☐ wenn c) ☐ ob
2. Quel **temps** fera-t-il demain ?
   a) ☐ Wetter b) ☐ Zeit
3. Je crois **que** tu vas mieux.
   a) ☐ dass b) ☐ wie c) ☐ den
4. Je t'attends depuis neuf heures !
   a) ☐ neu b) ☐ neun
5. C'est **qui** ?
   a) ☐ wer b) ☐ wen c) ☐ der
6) Je l'ai vue pour la dernière fois **il y a** trois ans.
   a) ☐ vor b) ☐ es gibt
7. Mon ordinateur est sur mon **bureau**.
   a) ☐ Schreibtisch b) ☐ Arbeitszimmer c) ☐ Büro
8. Aujourd'hui, il fait **lourd**.
   a) ☐ schwer b) ☐ schwül
9. J'ai un cadeau pour **toi**.

__/9 a) ☐ du b) ☐ dir c) ☐ dich

3 Kreuzen Sie die passende Zeitform an.

1. Et si on a) ☐ va / b) ☐ allait / c) ☐ irait à la piscine ?

2. Elle a) ☐ est arrivée / b) ☐ arrivera / c) ☐ arriverait à l'heure au travail ce matin.

3. Aujourd'hui, j' a) ☐ avais / b) ☐ aurai / c) ☐ ai rendez-vous chez le docteur.

4. Si tu a) ☐ dormais / b) ☐ dormirais / c) ☐ dors un peu, tu d) ☐ es / e) ☐ seras / f) ☐ serais moins fatigué.

5. a) ☐ Parlé / b) ☐ Parle / c) ☐ Parles moins vite !

6. Il faut que tu a) ☐ prendrais / b) ☐ prends / c) ☐ prennes tes médicaments matin et soir.

7. Vous avez a) ☐ choisi / b) ☐ choisit / c) ☐ choisissais un dessert ?

8. Je voudrais vous a) ☐ invité / b) ☐ inviter / c) ☐ invitez à dîner demain.

9. Elle me a) ☐ téléphonerait / b) ☐ téléphonera / c) ☐ téléphonait demain.

__/10

4 Verbinden Sie die passenden Satzteile.

1. J'ai reçu un e-mail
2. Huit heures, c'est l'heure
3. C'est l'imprimante
4. Je vois le train
5. Tu connais la ville
6. Mais, c'est Delphine

a) où je pars.
b) que j'ai vue au marché !
c) qui ne marche pas.
d) que je ne comprends pas.
e) qui arrive.
f) où elle travaille ?

__/6

5 Wofür stehen die Pronomen? Mehrfachantworten sind möglich.

1. J'ai une lettre pour eux.
   a) ☐ Patricia b) ☐ tes parents c) ☐ ses cousines
2. Grégoire et Martine y pensent déjà.
   a) ☐ à leurs vacances b) ☐ à Sandrine c) ☐ en Bretagne
3. Arielle l'a rencontré à Marseille.
   a) ☐ Luc b) ☐ Sylvie c) ☐ Karim et Marc
4. Je vais leur dire.
   a) ☐ aux collègues b) ☐ à la voisine c) ☐ à Isabelle
5. Vous y êtes allés cet été ?
   a) ☐ du camping b) ☐ de la Suisse c) ☐ à Saint-Tropez
6. Vous en voulez encore ?
   a) ☐ du fromage b) ☐ l'eau c) ☐ en France
7. Je lui ai prêté un CD.
   a) ☐ à Christine b) ☐ à mes copains c) ☐ à David

__/7

Test 2: Korrekt sprechen

2/53 **6 Wie sagen Sie … ? Die Lösungen finden Sie auf der CD.**

1. … , dass Sie Konfektionsgröße 40 haben.
2. … , wenn Sie sich am Telefon melden.
3. … , dass Sie die Ergebnisse des Fußballspiels kennen.
4. … , dass Sie mit Herrn Muriol sprechen möchten.
5. … , dass Sie am 23. September 2009 einen Termin haben.
6. … , dass Sie Rückenschmerzen haben.
7. … , dass Sie zu einem Vorstellungsgespräch eingeladen sind.
8. … , dass Sie um halb fünf kommen.

__/8

7 Wie sprechen Sie die verschiedenen Laute aus? Hören Sie die Wörter auf der CD. 2/54

1. In welchem Wort hören Sie [k]?
   a) ☐ goûter b) ☐ coûter c) ☐ cadeau d) ☐ gâteau
2. In welchem Wort hören Sie [v]?
   a) ☐ vous c) ☐ vais e) ☐ fin g) ☐ veut
   b) ☐ fou d) ☐ fait f) ☐ vin h) ☐ feu
3. In welchem Wort hören Sie [õ] wie in s**on**?
   a) ☐ bon c) ☐ avant e) ☐ mon g) ☐ blond
   b) ☐ beau d) ☐ avons f) ☐ main h) ☐ blanc

__/10

8 Für jede Wendung erhalten Sie zwei Punkte, wenn Sie sie richtig aussprechen und die passende Entsprechung dazu finden. 2/55

1. Que puis-je faire pour vous ?
2. Ne quittez pas !
3. Continue tout droit !
4. Veuillez croire à l'assurance de mes sentiments les meilleurs.
5. Calme-toi !
6. Allons-y en taxi !
7. Bon appétit !

a) *Guten Appetit!*
b) *Was kann ich für Sie tun?*
c) *Beruhige dich!*
d) *Mit freundlichen Grüßen*
e) *Bleiben Sie dran!*
f) *Fahren wir mit dem Taxi!*
g) *Fahre geradeaus weiter!*

__/14

Test 3: Aufgepasst! Gut zuhören.

9 Was hören Sie? Mehrfachlösungen sind möglich. 2/56

1. a) ☐ mais b) ☐ mai c) ☐ mets
2. a) ☐ non b) ☐ n'ont c) ☐ nom
3. a) ☐ c'est b) ☐ ces c) ☐ ses
4. a) ☐ eau b) ☐ haut c) ☐ oh !
5. a) ☐ prix b) ☐ pris c) ☐ prit
6. a) ☐ à temps b) ☐ attends
7. a) ☐ avoir b) ☐ à voir

__/7

2/57 **10 Hören Sie zuerst den Text und beantworten Sie anschließend die Fragen.**

	vrai	faux
1. Lucie a écrit la lettre.	☐	☐
2. Lucie a passé ses vacances en Italie.	☐	☐
3. Sandrine était en Espagne.	☐	☐
4. Sandrine a acheté un petit appartement.	☐	☐
5. L'appartement était près de la plage.	☐	☐
6. Sandrine travaille depuis lundi.	☐	☐
7. La carte postale de Lucie n'est pas encore arrivée.	☐	☐

__/7

2/58 **11 Hören Sie die Fragen auf der CD und kreuzen Sie die richtige Antwort an.**

	a)	b)
1.	☐ C'est Pierre.	☐ Je te présente Pierre.
2.	☐ C'est le 01.81.28.53.68.	☐ Je suis né le 01.05.80.
3.	☐ Oui, nous faisons les courses.	☐ Oui, nous faisons du basket.
4.	☐ Ma voiture est rouge.	☐ C'est le bleu.
5.	☐ Oui, nous prenons un apéritif.	☐ Oui, nous prenons le train.
6.	☐ Je vais au théâtre.	☐ Je vais bien.
7.	☐ J'ai 38 ans.	☐ J'ai 38 de fièvre.
8.	☐ Nous revenons d'Italie.	☐ Nous allons en Italie.

__/8

2/59 **12 Ordnen Sie die Begriffe, die Sie hören, einer Kategorie zu. Mehrfachantworten sind möglich.**

	la technique	la médecine	les voyages
1.	☐	☐	☐
2.	☐	☐	☐
3.	☐	☐	☐
4.	☐	☐	☐
5.	☐	☐	☐
6.	☐	☐	☐
7.	☐	☐	☐
8.	☐	☐	☐
9.	☐	☐	☐
10.	☐	☐	☐

__/10

13 Hören Sie die Uhrzeit und kreuzen Sie den richtigen Wecker an. 2/60

1. ☐  ☐

2. ☐  ☐

3. ☐  ☐

4. ☐  ☐

__/4

Test 4: Korrekt schreiben

14 Übersetzen Sie ins Französische.

1. Ich heiße François Durond.

....

2. Seine Mutter steht früh auf.

....

3. Wir essen kein Fleisch.

....

4. Pierre und Paul sind 45 Jahre alt.

....

5. Sie warten am Flughafen auf ihre Schwester.

....

6. Er geht nie ohne sie weg.

....

7. Kennst du meinen Bruder?

....

8. Bezahlen Sie sofort?

.... __/8

15 Ordnen Sie die Ausdrücke dem passenden Verb zu.

a) demi-tour b) les courses c) raison d) du 38 e) orage f) besoin g) de la fièvre h) de la chance i) nuit j) du cheval k) une voiture

1. avoir	2. faire
....	....
....	....
....	....
....	....
....	....
....	....

__/11

16 Wie lautet die richtige Form des Adjektivs?

1. Nous avons un très .... appartement en ville. (*groß*)
2. Voilà des solutions .... ! (*interessant*)
3. Nos vacances étaient très .... (*teuer*)
4. Mon grand-père est un .... homme maintenant. (*alt*)
5. Vous avez vu la .... exposition de Matisse à Paris ? (*letzte*)
6. Valérie est moins .... que Marianne. (*dick*)
7. Gilles s'est acheté un tout .... portable. (*klein*)
8. Je te présente ma .... amie Florence. (*neu*)

__/8

17 Bilden Sie aus den Silben vier Körperteile und vier Kleidungsstücke.

SE	TÊ	BE	PAN	CHE	VEN	MI	LON	JAM
TA	TE	PE	CHE	BE	VEUX	RO	TRE	JU

1. .... 5. ....
2. .... 6. ....
3. .... 7. ....
4. .... 8. ....

__/8

18 Welcher Begleiter passt in die Lücke?

les du de l' ma ce cet

1. Tu veux .... pain ?
2. Ce sont .... enfants de mon frère.
3. .... hôtel me plaît beaucoup.
4. Tu n'as pas vu .... trousse de toilette ?
5. On pourrait faire .... omelette à midi ?
6. Il fait froid .... matin.

__/6

19 Brauchen Sie das Imparfait oder das Passé composé?

1. Et si tu .... (venir) me voir demain ?
2. Pascal et Amélie .... (emménager) dans leur nouvel appartement en mars.
3. Comme je .... (parler) sur le portable, le téléphone ________________ (sonner).
4. Carole .... (espérer) qu'il ne l'oublie pas.
5. Elle .... (travailler) toute sa vie comme coiffeuse.

__/6

20 Bilden Sie Bedingungssätze nach folgendem Muster:

1. Tu téléphones à Lucie. Elle est contente.
   Si tu téléphonais à Lucie, elle serait contente.
2. Tu prends l'avion. Tu arrives plus vite.
   ....
3. Vous avez assez d'argent. Vous faites un beau voyage.
   ....
4. J'ai 18 ans. Je passe le bac.
   ....

__/3

21 Schreiben Sie die richtige Form im Subjonctif.

1. aller — qu'elles ....
2. trouver — que tu ....
3. avoir — que nous ....
4. entendre — que vous ....

__/4

__/156

Grammatische Fachausdrücke

Fachausdruck	Deutsche Bezeichnung	Beispiel
Adjektiv	Eigenschaftswort	un bon restaurant
Adverb	Umstandswort	Je suis très fatigué.
Adverbialpronomen	Fürwort	en und y
betontes Personalpronomen	betontes persönliches Fürwort	moi, toi
bestimmter Artikel	bestimmtes Geschlechtswort	le chien, la voisine, les parents
Demonstrativadjektiv	hinweisendes Fürwort	cette maison
direktes Objektpronomen	direktes persönliches Fürwort für die Satzergänzung	Je le regarde.
Femininum/feminin	weibliche Form	la cousine
Futur composé	zusammengesetzte Zukunft	Je vais venir.
Futur simple	einfache Zukunft	Je lui demanderai demain.
Genus	Geschlecht	Maskulinum oder Femininum
Grundzahl		un, deux, trois usw.
Hilfsverb		être, avoir
Imperativ	Befehlsform	Donne !
Imparfait	Imperfekt	Je regardais la télé.
Indefinitadjektiv	unbestimmter Begleiter	chaque chambre
Indefinitpronomen	unbestimmtes Fürwort	Personne ne vient.
Indikativ	Wirklichkeitsform	J'arrive.
indirektes Objektpronomen	indirektes persönliches Fürwort für die Satzergänzung	Je lui parle.
Infinitiv	Grundform	travailler, finir
Interrogativadjektiv	Fragebegleiter	Quelle heure est-il ?
Interrogativpronomen	Fragefürwort	Lequel je vois aujourd'hui ?
Intonationsfrage	Betonungsfrage	Il arrive aujourd'hui ?
Inversionsfrage	Umstellungsfrage	Arrive-t-il aujourd'hui ?
Komparativ	Vergleichsform (1. Steigerungsstufe)	plus beau que
Konditional	Bedingungsform	Tu devrais chanter.
Konjunktion	Bindewort	mais, où, que
Konsonant	Mitlaut	b, c, d, f usw.

Fachausdruck	Deutsche Bezeichnung	Beispiel
Maskulinum/ maskulin	männliche Form	le cousin
Ordnungszahlen		premier, deuxième usw.
Partizip Perfekt	Mittelwort der Vergangenheit	parlé, fini
Passé composé	Perfekt	j'ai dit, je suis allé
Personalpronomen	persönliches Fürwort	je, tu, il usw.
Plural	Mehrzahl	des enfants
Possessivadjektiv	besitzanzeigendes Fürwort	C'est mon frère.
Präposition	Verhältniswort	avec Paul, à Paris
Präsens	Gegenwart	J'ai faim.
reflexives Verb	rückbezügliches Tätigkeitswort	se laver
Relativpronomen	bezügliches Fürwort	un homme qui travaille
Singular	Einzahl	un enfant
Subjekt	Satzgegenstand	Fiona est là.
Subjonctif	Subjonctif	Il faut que tu partes.
Substantiv	Hauptwort	la maison
Superlativ	Vergleichsform (2. Steigerungsstufe)	le plus grand
Teilungsartikel		Je mange du poisson, de la...
unbestimmter Artikel	unbestimmtes Geschlechtswort	un hôtel, une chambre des lits, la table
Verb	Tätigkeitswort	boire, manger
Vokal	Selbstlaut	a, e, i, o, u
Verneinung		Je ne sais pas.

Kurzgrammatik

§1 Der Artikel

§1.1 Der bestimmte Artikel ▸ *Tag 3*

	Maskulinum	Femininum
Singular	**le** cousin der Cousin	**la** femme die Frau
	l'hôtel das Hotel	**l'**omelette das Omelett
	(**l'** *steht vor einem Vokal oder stummem* **h**)	
Plural	**les** enfants die Kinder	

Der bestimmte Artikel steht:

- vor Kontinenten und Ländernamen (▸ *Tag 15*): **la France** Frankreich, **le Portugal** *Portugal*
- vor Körperteilen: **les cheveux longs** *lange Haare*
- vor Wochentagen (zum Ausdruck einer Wiederholung): **le dimanche** *sonntags*
- vor Eigennamen: **les Sartin** *die Sartins*
- nach **apprendre** *lernen*, **adorer** *lieben*, **détester** *verabscheuen*, **préférer** bevorzugen: **J'apprends le français.** *Ich lerne Französisch.*

§1.2 Der unbestimmte Artikel ▸ *Tag 3*

	Maskulinum	Femininum
Singular	**un** voyage eine Reise	**une** excursion ein Ausflug
Plural	**des** chambres Zimmer	

§1.3 Der Teilungsartikel ▸ *Tag 4*

	Maskulinum	Femininum
Singular	**du** pain Brot	**de la** viande Fleisch
	de l'argent Geld	**de l'**eau Wasser
	(**de l'** *steht vor einem Vokal oder stummem* **h**)	
Plural	**des** pommes Äpfel	

Der Teilungsartikel steht:

- bei unzählbaren Dingen und unbestimmten Mengen: **Je mange du pain.** *Ich esse Brot.*
- nach festen Redewendungen: **faire du sport** *Sport treiben*, **faire du foot** *Fußball spielen*, **avoir de la chance** *Glück haben*
- nach **avec**: **un sandwich avec du jambon et du beurre** *ein Sandwich mit Schinken und Butter*

Bei Mengenangaben mit **de** (▸ *Tag 7*) gilt:

Mengenangabe + **de** + Substantiv ohne Artikel

J'achète un kilo de pommes. *Ich kaufe ein Kilo Äpfel.*
Je bois beaucoup d'eau. *Ich trinke viel Wasser.*

§2 Die Präpositionen ▸ *Tag 3, Tag 10, Tag 15, Tag 17, Tag 18*

à	in; nach	de	aus; von
en	in; nach	à côté de	neben; in der Nähe von
devant	vor	derrière	hinter
en face de	gegenüber von	jusqu'à	bis; bis zu
à droite de	rechts von/neben	à gauche de	links von/neben
loin de	weit (entfernt) von	vers	bei; in der Nähe von
avant	vor	apres	nach
dans	in	sur	auf

Beachten Sie die Verschmelzung des bestimmten Artikels mit den Präpositionen de und à (▸ *Tag 15*):

à + le = **au**	de + le = **du**
à + les = **aux**	de + les = **des**

§3 Das Substantiv

§3.1 Geschlecht ▸ *Tag 3, Tag 15*

Femininum = Maskulinum + **-e** *(meist bei Personenbezeichnungen)*

	Maskulinum	Femininum
Singular	**un employé** ein Angestellter	**une employée** eine Angestellte
	un Allemand ein Deutscher	**une Allemande** eine Deutsche

Das **-e** wird nicht ausgesprochen.
Manche Substantive haben besondere Endungen im Femininum:

Maskulinum		Femininum	
-er	un **ouvrier** ein Arbeiter	-ère	une **ouvrière** eine Arbeiterin
-teur	un **chanteur** ein Sänger un **acteur** ein Schauspieler	-euse -trice	une **chanteuse** eine Sängerin une **actrice** eine Schauspielerin
-eur	un **serveur** ein Kellner	-euse	une **serveuse** eine Kellnerin
-on	un **piéton** ein Fußgänger	-onne	une **piétonne** eine Fußgängerin
-en	un **Italien** ein Italiener	-enne	une **Italienne** eine Italienerin
-an	un **paysan** ein Bauer	-anne	une **paysanne** eine Bäuerin
-in	un **voisin** ein Nachbar	-ine	une **voisine** eine Nachbarin
-f	un **sportif** ein Sportler	-ve	une **sportive** eine Sportlerin
-eux	un **amoureux** ein Verliebter	-euse	une **amoureuse** eine Verliebte
-el	un **industriel** ein Industrieller	-elle	une **industrielle** eine Industrielle

Substantive auf **-e** haben im Maskulinum und Femininum die gleiche Form:
un Belg**e** ein Belgier   une Belg**e** eine Belgierin.

§3.2 Pluralbildung ▸ *Tag 5*

Plural = Singular + **-s**

	Maskulinum	Femininum
Plural	des employé**s** Angestellte	des employée**s** Angestellte
	des Allemand**s** Deutsche	des Allemande**s** Deutsche

Das **-s** wird nicht ausgesprochen.
Endet das Substantiv auf **-s**, **-x** oder **-z**, bleibt die Pluralform unverändert:

le **bras** der Arm	les **bras**
la **voix** die Stimme	les **voix**
le **nez** die Nase	les **nez**

Manche Substantive haben besondere Endungen im Plural:

Singular		Plural	
-eau	un **cadeau** ein Geschenk	-eaux	des cad**eaux**
-al	un **journal** eine Zeitung	-aux	des journ**aux**
-ail	un **travail** eine Arbeit	-aux	des trav**aux**
-eu	un **jeu** ein Spiel	-eux	des **jeux**

Einige Substantive können im Singular und im Plural ganz unterschiedliche Formen haben:
l'**œil** das Auge   les **yeux** die Augen.

§4 Das Adjektiv ▸ *Tag 10, Tag 11*

§4.1 Formen und Angleichung

Grundsätzlich richtet sich das attributive Adjektiv in Geschlecht und Zahl nach dem dazugehörigen Substantiv. Anders als im Deutschen wird das prädikative Adjektiv (also nach dem Verb **être** *sein*) auch an das dazugehörige Substantiv angeglichen:

	attributives Adjektiv	prädikatives Adjektiv
Singular	un **petit** bus ein kleiner Bus	Il est **petit**. Er ist klein.
	une voiture **verte** ein grünes Auto	Elle est **verte**. Sie ist grün.
Plural	des **grands** enfants große Kinder	Ils sont **grands**. Sie sind groß.
	des **jolies** robes schöne Kleider	Elles sont **jolies**. Sie sind schön.

Einige wenige Adjektive bleiben unverändert: **super**, **chic** *schick*, **marron** *braun*, **orange** *orange* sowie zusammengesetzte Farbadjektive wie **jaune citron** *zitronengelb*.

Wie bei den Substantiven gilt auch bei den Adjektiven:

Femininum = Maskulinum + **-e**
Plural = Singular + **-s**

Die Sonderendungen entnehmen Sie dem Abschnitt **Das Substantiv**.

Weitere besondere Formen im Femininum sind:

Maskulinum		Femininum		
-il	gent**il**	-ille	gent**ille**	nett
-et	inqui**et**	-ète	inqui**ète**	besorgt
	viol**et**	-ette	viol**ette**	violett
-s	gro**s**	-sse	gro**sse**	dick
	frai**s**	-che	fraî**che**	frisch
-x	rou**x**	-sse	rou**sse**	rothaarig
	dou**x**	-ce	dou**ce**	sanft
-c	blan**c**	-che	blan**che**	weiß
	gre**c**	-cque	gre**cque**	griechisch
-g	lon**g**	-gue	lon**gue**	lang

Achten Sie auf die Formen und die Stellung der folgenden Adjektive:

Maskulinum vor Konsonanten	Maskulinum vor Vokal oder stummem h	Femininum
beau schön	un **bel homme** ein schöner Mann	**belle**
nouveau neu	un **nouvel appart** eine neue Wohnung	**nouvelle**
vieux alt	un **vieil hôtel** ein altes Hotel	**vieille**

§4.2 Die Stellung des Adjektivs

Meistens stehen mehrsilbige Adjektive **nach** dem Substantiv, während kurze und häufige gebrauchte Adjektive sowie Zahlwörter **davor** stehen. *Nach dem* Substantiv *stehen auch:*

- Farbadjektive: **une robe rouge** *ein rotes Kleid*
- Nationalitätsadjektive: **un enfant belge** *ein belgisches Kind*
- Adjektive mit einer Ergänzung: **une tour haute de vingt mètres** *ein zwanzig Meter hoher Turm*
- körperliche und geistige Eigenschaften: **des yeux verts** *grüne Augen*

§5 Das Adverb ▸ *Tag 26*

Das Adverb ist unveränderlich. Anders als im Deutschen sind die Formen des Adverbs und des Adjektivs im Französischen unterschiedlich. Generell gilt:

Adverb = feminine Adjektivform + **ment**

feminine Adjektivform	Adverb	
exacte	exactement	genau
curieuse	curieusement	neugierig(erweise)
simple	simplement	einfach

Beachten Sie folgende unregelmäßige Formen:

Adjektiv	Adverb	
bon	bien	gut, sehr
mauvais	mal	schlecht
rapide	vite, rapidement	schnell

§6 Der Vergleich ▸ *Tag 21*

Generell gilt:

	Komparativ	Superlativ
+	**plus** + Adj./Adv. + **que**	**le/la/les plus** + Adj./Adv. (+ **de**)
=	**aussi** + Adj./Adv. + **que**	
–	**moins** + Adj./Adv. + **que**	**le/la/les moins** + Adj./Adv. (+ **de**)

Sophie est plus petite que Pierre. *Sophie ist kleiner als Pierre.*
C'est la plus petite (de tous). *Sie ist die kleinste (von allen).*
Je vais moins vite que Pierre. *Ich fahre weniger schnell als Pierre.*
Je vais le moins vite (de tous). *Ich fahre am wenigsten schnell (von allen).*

Bei Adverbien der Menge gilt:

	Komparativ	Superlativ
+	**plus de** + Subst. + **que**	**le plus de** + Subst.
=	**autant de** + Subst. + **que**	
–	**moins de** + Subst. + **que**	**le moins de** + Subst.

Léa achète plus de pommes que David. *Léa kauft mehr Äpfel als David.*
Elle achète le plus de pommes. *Sie kauft die meisten Äpfel.*

Achten Sie auf die Sonderformen:

Adjektiv/Adverb	Komparativ	Superlativ
bon gut	meilleur(e) que	le/la/les meilleur(e)(s)
bien gut	mieux que	le mieux
mauvais schlecht	pire que	le/la/les pire(s)
	plus mauvais(e) que	le/la/les plus mauvais(e)(s)

§7 Das Pronomen

§7.1 Das Personal- und Adverbialpronomen

§7.1.1 Formen

Je nach Funktion im Satz hat das Personalpronomen verschiedene Formen:

unbetontes Subjekt-pronomen	betontes Subjekt-pronomen	direktes Objekt-pronomen	indirektes Objekt-pronomen	Reflexiv-pronomen	Adverbial-pronomen
je* ich	moi	me*	me*	me*	
tu du	toi	te*	te*	te*	
il er	lui	le*	lui	se*	
elle sie	elle	la*	lui	se*	
nous wir	nous	nous	nous	nous	
vous ihr/Sie	vous	vous	vous	vous	
ils sie	eux	les	leur	se*	
elles sie	elles	les	leur	se*	
					y/en

* Die gekennzeichneten Pronomen werden vor einem Vokal oder stummem **h** apostrophiert.

§7.1.2 Die unbetonten Subjektpronomen ▸ *Tag 2*

- **Vous** *ihr* ist auch die Höflichkeitsform *Sie.*
- **Elles** ist ausschließlich weiblich: **Sophie et Lucie ? Elles jouent avec Jean. Ils jouent ensemble**. **Sophie und Lucie?** *Sie spielen mit Jean. Sie spielen zusammen.*
- **Nous** wird in der gesprochenen Sprache oft durch **on** ersetzt: **On va au cinéma.** *Wir gehen ins Kino.*

§7.1.3 Die betonten Subjektpronomen ▸ *Tag 2*

Sie stehen:

- vor einem Subjekt: **Moi, je suis malade.** *Ich bin krank.*
- als Subjekt eines Satzes ohne Verb: **Lui aussi.** *Er auch.*
- nach einer Präposition: **pour eux** *für sie*

- in Sätzen nach einem Vergleich: **Patrick est plus grand que moi.**
  Patrick ist größer als ich.
- nach der Wendung **c'est**: **C'est lui ?** *Ist er das?*
- im bejahten Imperativ in der 1. und 2. Person Singular: **Regarde-moi !**
  Schau mich an!

§7.1.4 Die direkten Objektpronomen ▸ *Tag 16*

Direkte Personalpronomen stehen bei Verben, die ohne Präposition verwendet werden:
▸ **Tu cherches Claire ?** *Suchst du Claire?*
◂ **Oui, je la cherche.** *Ja, ich suche sie.*

§7.1.5 Die indirekten Objektpronomen ▸ *Tag 20*

Indirekte Objektpronomen stehen bei Verben, die mit der Präposition **à** verwendet werden:
▸ **Tu demandes à Claire ?** *Fragst du Claire?*
◂ **Oui, je lui demande.** *Ja, ich frage sie.*

§7.1.6 Die reflexiven Pronomen ▸ *Tag 18*

Reflexive Pronomen werden im Zusammenhang mit einem reflexiven Verb verwendet. Sie richten sich nach dem Subjekt des Satzes: **Paul se lève.** *Paul steht auf.* Nicht alle französischen reflexiven Verben sind auch im Deutschen reflexiv.

§7.1.7 Die Adverbialpronomen *y* und *en* ▸ *Tag 19*

Grundsätzlich können Adverbialpronomen nur für Sachen – also nicht für Personen – stehen.

- Das Adverbialpronomen **y** vertritt:
  a) Ortsangaben:
  ▸ **Les clés ne sont pas sur la table ?** *Die Schlüssel sind nicht auf dem Tisch?*
  ◂ **Non, elles n'y sont pas.** *Nein, sie sind nicht dort.*
  b) Ergänzungen mit der Präposition **à**:
  ▸ Tu penses **à ton travail ?** *Denkst du an deine Arbeit?*
  ◂ Oui, j'**y** pense. *Ja, ich denke daran.*

- Das Adverbialpronomen **en** vertritt:
  a) bestimmte und unbestimmte Mengen:
  ▸ Vous voulez **du lait ?** *Wollen Sie Milch?*
  ◂ Non, je n'**en** veux pas. *Nein, ich will keine.*
  ▸ Tu as **une valise ?** *Hast du einen Koffer?*
  ◂ Non, j'**en** ai deux. *Nein, ich habe zwei.*
  b) Mengenangaben mit **de**:
  ▸ Il y a assez **de pain ?** *Gibt es genug Brot?*
  ◂ Oui, il y **en** a assez. *Ja, es gibt genug davon.*
  c) Ergänzungen mit der Präposition **de**:
  ▸ Elle parle **de son travail ?** *Spricht sie über ihre Arbeit?*
  ◂ Oui, elle **en** parle. *Ja, sie spricht darüber.*

§7.2 Das Possessivadjektiv ▸ *Tag 9*

Das Possessivadjektiv richtet sich – anders als im Deutschen – in Geschlecht und Zahl ausschließlich nach dem Substantiv, vor dem es steht: **Voilà son père et sa mère**. *Hier sind sein/ihr Vater und seine/ihre Mutter.*

Ein Besitzer:		
Singular		Plural
Maskulinum	**Femininum**	**Mask./Fem.**
mon mein	**ma** meine	**mes** meine
ton dein	**ta** deine	**tes** deine
son sein/ihr	**sa** seine/ihre	**ses** seine/ihre
Mehrere Besitzer (oder Höflichkeitsform):		
notre unser; unsere		**nos** unsere
votre euer/Ihr; eure/Ihre		**vos** eure/Ihre
leur ihr; ihre		**leurs** ihre

Vor einem Vokal oder stummem h werden die femininen Formen **ma**, **ta**, **sa** zu **mon**, **ton**, **son**: **ton amie** *deine Freundin*.

§7.3 Das Demonstrativadjektiv ▸ *Tag 18*

Das Demonstrativadjektiv richtet sich in Geschlecht und Zahl nach dem dazugehörigen Substantiv:

	Singular	Plural
Maskulinum	**ce jardin** dieser Garten	**ces enfants** diese Kinder
Femininum	**cette fille** dieses Mädchen	**ces chambres** diese Zimmer

Ce wird vor maskulinen Substantiven, die mit einem Vokal oder stummem **h** anfangen, zu **cet**: **cet enfant** *dieses Kind.*
Das Demonstrativadjektiv wird auch in zeitlichen Wendungen verwendet: **ce matin** *heute Vormittag*, **cet après-midi** *heute Nachmittag*, **ce soir** *heute Abend.*

§7.4 Die Relativpronomen *qui, que, où* ▸ *Tag 24*

Das Relativpronomen ist unveränderlich. Es hat je nach Funktion im Satz eine andere Form:

qui der/die/das	*Subjekt; bezieht sich auf Personen und Sachen:* **J'entends Luc qui arrive.** Ich höre Luc, der kommt.
que/qu' den/die/das	*direktes Objekt; bezieht sich auf Personen und Sachen:* **C'est Jean qu'elle a vu.** Es ist Jean, den sie gesehen hat.
où wo/wohin	*bezieht sich auf Orts- und Zeitangaben:* **la ville où j'habite** die Stadt, wo ich wohne **au moment où il est arrivé** in dem Moment, als er ankam

Anders als im Deutschen steht vor dem Relativpronomen kein Komma.

§ 7.5 Das Interrogativpronomen und -adjektiv

§7.5.1 *Qui, que, quoi* ▸ *Tag 13*

Mit **qui** wer	*wird nach Personen gefragt:* **Qui est là ?** Wer ist da?
Mit **que** was	*wird nach Sachen gefragt:* **Que veux-tu ?** Was willst du?
Mit **quoi** was	*wird nach Sachen gefragt (immer in Verbindung mit einer Präposition):* **De quoi parlez-vous ?** Wovon reden Sie?

§ 7.5.2 Das Interrogativpronomen *lequel* ▸ *Tag 27*

	Maskulinum	Femininum
Singular	**lequel** welcher	**laquelle** welche
Plural	**lesquels** welche	**lesquelles** welche

Das Interrogativpronomen **lequel** richtet sich in Geschlecht und Zahl nach dem Bezugswort. Es bezieht sich sowohl auf Personen als auch auf Sachen.
Voilà des fleurs. Lesquelles voulez-vous ? *Hier sind Blumen. Welche wollen Sie?*

§7.5.3 Das Interrogativadjektiv *quel* ▸ *Tag 17*

	Maskulinum	Femininum
Singular	**quel** numéro *welche Nummer*	**quelle** couleur *welche Farbe*
Plural	**quels** pays *welche Länder*	**quelles** villes *welche Städte*

Das Interrogativadjektiv richtet sich in Geschlecht und Zahl nach dem Substantiv, das es begleitet: **Quelle est ta couleur préférée ?** *Welche ist deine Lieblingsfarbe?*

§8 Das Verb und die Konjugationen

Im Französischen werden die Verben je nach Infinitivendung in drei Gruppen eingeteilt: Zur 1. Gruppe gehören die meisten Verben mit Infinitivendung auf **-er**, zur 2. Gruppe die meisten Verben auf **-ir** und zur 3. Gruppe alle übrigen, meist unregelmäßigen Verben.

§8.1 Das Präsens

Das französische Präsens wird wie im Deutschen verwendet. Generell gilt:

Präsens = *Verbstamm + Endungen* **-e**, **-es**, **-e**, **-ons**, **-ez**, **-ent**

§8.1.1 Verben der 1. Gruppe ▸ *Tag 3*

regarder schauen	
je regard**e**	nous regard**ons**
tu regard**es**	vous regard**ez**
il/elle regard**e**	ils/elles regard**ent**

Vor **-a**/**-o**/**-u** werden **-c** und **-g** zu **-ç** und **-ge**:
commen**c**er *beginnen* nous commen**ç**ons
man**g**er *essen* nous man**ge**ons.
Besonderheiten bei dieser Verbgruppe sind Verben mit folgenden Stammenden (▸ *Tag 4, Tag 7*):

	Infinitiv	regelmäßig	unregelmäßig
e → è	ach**e**ter kaufen	nous ach**e**tons	j'ach**è**te
l → ll	appe**l**er (an)rufen	nous appe**l**ons	j'appe**ll**e
é → è	préf**é**rer bevorzugen	nous préf**é**rons	je préf**è**re
y → i/y	essa**y**er probieren	nous essa**y**ons	j'essa**i**e/essa**y**e
y → i	envo**y**er senden	nous envo**y**ons	j'envo**i**e

§8.1.2 Verben der 2. Gruppe ▸ *Tag 10, Tag 11*

Diese Gruppe wird in zwei Gruppen unterteilt: Verben mit Stammerweiterung im Plural und Verben ohne Stammerweiterung.

	choisir wählen	**partir** weggehen/-fahren
je	chois**is**	par**s**
tu	chois**is**	par**s**
il/elle	chois**it**	par**t**
nous	chois**issons**	par**tons**
vous	chois**issez**	par**tez**
ils/elles	chois**issent**	par**tent**

§8.1.3 Verben der 3. Gruppe ▸ *Tag 5, Tag 8, Tag 16, Tag 17, Tag 19, Tag 24, Tag 26, Tag 28*

Achten Sie auf die Unregelmäßigkeit dieser Verben. Zur 3. Gruppe gehören auch:

	apprendre lernen	**recevoir** empfangen	**descendre** aussteigen
je/j'	appren**ds**	re**çois**	descen**ds**
tu	appren**ds**	re**çois**	descen**ds**
il/elle	appren**d**	re**çoit**	descen**d**
nous	appren**ons**	re**cevons**	descen**dons**
vous	appren**ez**	re**cevez**	descen**dez**
ils/elles	appren**nent**	re**çoivent**	descen**dent**

§8.1.4 Die Verben *être* und *avoir* ▸ *Tag 2*

	être sein	**avoir** haben
je	**suis**	**ai**
tu	**es**	**as**
il/elle	**est**	**a**
nous	**sommes**	**avons**
vous	**êtes**	**avez**
ils/elles	**sont**	**ont**

Wie im Deutschen dienen die Verben **être** und **avoir** auch als Hilfsverben bei zusammengesetzten Verben (siehe auch den Abschnitt **Passé composé**):
j'ai regardé *ich habe geschaut*
il est arrivé *er ist angekommen.*

§8.1.5 Modalverben ▸ *Tag 9, Tag 10*

Infinitiv	1. Pers. Sing.	1. Pers. Pl.	3. Pers. Pl.
devoir müssen/sollen	je **dois**	nous dev**ons**	ils **doivent**
pouvoir können/dürfen	je **peux**	nous pouv**ons**	ils **peuvent**
vouloir wollen/mögen	je **veux**	nous voul**ons**	ils **veulent**
savoir wissen/können	je **sais**	nous sav**ons**	ils **savent**

Auf Modalverben folgt ein Verb im Infinitiv: **Ils veulent venir.** *Sie wollen kommen.*

§8.1.6 Das unpersönliche Verb

Unpersönliche Verben sind Verben, die nur in der 3. Person Singular mit dem Pronomen il verwendet werden. Dazu gehören:

- Verben zu Wetterangaben: **Il pleut.** *Es regnet.*
- Wendungen wie:
  Il y a du pain. *Es gibt Brot.*
  Il faut réserver. *Man muss reservieren.*
  Il faut un ordinateur. *Man braucht einen Computer.*
  Il est quelle heure ? *Wie viel Uhr ist es?*

§8.2 Die Vergangenheit

§8.2.1 Das Imparfait ▸ *Tag 23, Tag 24, Tag 25*

Generell gilt:

Imparfait = *Stamm der 1. Pers. Pl. Präsens + Endungen* **-ais**, **-ais**, **-e**, **-ait**, **-ions**, **-iez**, **-aient**

demander fragen	
je demand**ais**	nous demandi**ons**
tu demand**ais**	vous demandi**ez**
il/elle demand**ait**	ils/elles demand**aient**

Infinitiv	1. Pers. Sing.
être sein	j'**étais**
avoir haben	j'av**ais**
aller gehen/fahren	j'all**ais**
faire machen/tun	je fais**ais**

Achten Sie auf die Stammänderung des Verbs **être**.

Mit dem Imparfait kann Folgendes ausgedrückt werden:

- zeitlich unbegrenzte Handlungen und Zustände aus der Vergangenheit:
  À la fête, ils chantaient, ils mangeaient et ils buvaient. *Bei der Feier tanzten, aßen und tranken sie.*
- eine Gewohnheit in der Vergangenheit:
  Quand elle était en vacances, elle allait tous les jours à la plage. *Als sie im Urlaub war, ging sie jeden Tag zum Strand.*
- einen Vorschlag (▸ *Tag 26*):
  Et si tu me parlais ? *Wie wäre es, wenn du mit mir sprechen würdest?*
  In diesem Fall besteht der Satz im Französischen nur aus einem Nebensatz.

§8.2.2 Das Passé composé ▸ *Tag 12, Tag 13, Tag 25*

Generell gilt:

Passe composé = *Präsens des Hilfsverbs* **avoir** oder **être** + *Verb im Partizip Perfekt*

§8.2.2.1 Das Partizip Perfekt

Generell gilt:

-er	→	**-é**	manger	→	mang**é**
-ir	→	**-i**	finir	→	fin**i**
-dre	→	**-u**	attendre	→	attend**u**

Unregelmäßige Formen des Partizips Perfekt sind z. B.:

avoir haben	**eu**	**aller** fahren/gehen	**allé**
être sein	**été**	**faire** machen/tun	**fait**
prendre nehmen	**pris**	**venir** kommen	**venu**

§8.2.2.2 Das Passé composé mit *avoir*

Mit **avoir** wird das Passé composé gebildet von:

- **avoir** *haben* j'**ai eu** und **être** *sein* j'**ai été**
- allen transitiven Verben: **J'ai mangé un œuf.** *Ich habe ein Ei gegessen.*
- den meisten intransitiven Verben: **Mon réveil a sonné**. *Mein Wecker hat geklingelt.*
- Verben der Bewegungsart: **courir** *rennen* j'**ai couru**
- den unpersönlichen Verben: **Il a fait orage**. *Es hat gewittert.*

Das Partizip Perfekt bleibt dabei in der Regel unverändert:
J'ai bu une boisson chaude. *Ich habe ein warmes Getränk getrunken.*
Steht aber ein direktes Objekt vor dem Passé composé, dann wird das Partizip in Geschlecht und Zahl diesem Objekt angeglichen:
C'est la boisson que j'ai commandée. *Das ist das Getränk, das ich bestellt habe.*
Je l'ai commandée. (= la boisson) *Ich habe es bestellt.*

§8.2.2.3 Das Passé composé mit *être*

Hierbei wird das Partizip Perfekt in Geschlecht und Zahl dem Subjekt des Satzes angeglichen, z. B. bei **venir** *kommen:*

je suis venu(e)	nous sommes venu(e)s
tu es venu(e)	vous êtes venu(e)s
il est venu	ils sont venus
elle est venue	elles sont venues

Mit **être** wird das Passé composé gebildet von:

- allen reflexiven Verben: **Elle s'est dépêchée.** *Sie hat sich beeilt.*
- Verben der Bewegungsrichtung: **Ils sont arrivés.** *Sie sind angekommen.*
  Achten Sie darauf, dass manche Verben der Bewegungsrichtung je nach Bedeutung mit **être** oder **avoir** verwendet werden können:
  Il a sorti les valises. *Er hat die Koffer herausgetragen.*
  Il est sorti. *Er ist ausgegangen.*

§8.2.2.4 Gebrauch

Mit dem Passé composé können Sie Folgendes ausdrücken:

- eine Handlung, die bereits abgeschlossen ist, aber zum Teil noch bis in die Gegenwart wirkt: **Il a beaucoup parlé et maintenant il n'a plus de voix.**
  Er hat viel geredet und jetzt hat er keine Stimme mehr.

- aufeinanderfolgende abgeschlossene Handlungen: **Il s'est levé, il a préparé son petit déjeuner et il est allé au travail.** *Er ist aufgestanden, hat sein Frühstück vorbereitet und ist zur Arbeit gefahren.*
- ein weit zurückliegendes Ereignis, meist in der gesprochenen Sprache: **La Révolution Française a commencé en 1789.** *Die Französische Revolution hat 1789 begonnen.*

§8.2.3 Das Passé récent ▸ *Tag 17*

Passé récent = **venir** + **de** + *Infinitiv*
Je viens (juste) d'arriver. Ich bin gerade (eben) angekommen.

§8.3 Das Futur

§8.3.1 Das Futur simple ▸ *Tag 20, Tag 21*

Generell gilt:

Futur simple = *Infinitiv der meisten Verben auf* **-er**, **-ir** *und* **-re** (*ohne* **-e**) + *Endungen* **-ai**, **-as**, **-a**, **-ons**, **-ez**, **-ont**

arriver ankommen	
j'arriver**ai**	nous arriver**ons**
tu arriver**as**	vous arriver**ez**
il/elle arriver**a**	ils/elles arriver**ont**

Die Verben auf **-er**, die im Präsens eine Stammänderung haben, behalten diese im Futur simple bei:
ach**et**er *kaufen* j'achèter**ai**.

Achten Sie auf die unregelmäßigen Formen:
devoir *müssen/sollen* je dev**ra**i
envoyer *senden* j'en**verrai**
recevoir *empfangen* je recev**rai**.

Das Futur simple wird häufig in der geschriebenen Sprache verwendet.
Im Deutschen steht dafür oft das Präsens: **Je passerai ce soir**. *Ich komme heute Abend vorbei.*

§8.3.2 Das Futur composé ▸ *Tag 17*

Generell gilt:

Futur composé = *Präsens von* **aller** + *Infinitiv*
je **vais lire** ich werde lesen

Mit dem Futur composé können Sie, vor allem in der gesprochenen Sprache, über ein unmittelbar bevorstehendes Ereignis oder Ihre Absicht berichten:
Ils vont lui demander. *Sie wollen ihn fragen.*
Le serveur va arriver. *Der Kellner kommt gleich.*

§8.4 Der Konditional Präsens ▸ *Tag 27*

§8.4.1 Formen

Generell gilt:

Konditional = *Verbstamm des Futur simple* + *Endungen* **-als**, **-ais**, **-ait**, **-ions**, **-iez**, **-ont**

imprimer drucken	
j'imprimer**ais**	nous imprimer**ions**
tu imprimer**ais**	vous imprimer**iez**
il/elle imprimer**ait**	ils/elles imprimer**aient**

Angelehnt ans Futur simple werden die unregelmäßigen Formen des Konditionals gebildet (siehe den Abschnitt **Futur simple**).

§8.4.2 Gebrauch

Mit dem Konditional Präsens wird Folgendes ausgedrückt:
- Wünsche: **Je voudrais dormir.** *Ich möchte schlafen.*
- höfliche Bitten: **Je pourrais avoir du pain ?** *Könnte ich Brot haben?*
- Ratschläge: **Tu devrais rentrer.** *Du solltest nach Hause gehen.*
- Möglichkeiten: **Par mauvais temps, je resterais chez moi.** *Bei schlechtem Wetter würde ich zu Hause bleiben.*
- Bedingungssätze: **Si j'avais beaucoup d'argent, j'achèterais une maison.** *Wenn ich viel Geld hätte, würde ich ein Haus kaufen.*

§8.4.3 Der Bedingungssatz mit *si*

- Wahrscheinliche oder mögliche Erfüllung einer Bedingung:

si-*Satz im Präsens* *Hauptsatz im Präsens, Futur simple oder Imperativ*
Si tu vas au marché, achète des pommes.
Wenn du zum Markt gehst, kauf Äpfel.

- Unwahrscheinliche oder unmögliche Erfüllung einer Bedingung:

si-*Satz im Imparfait* *Hauptsatz im Konditional Präsens*
Si tu avais un ordinateur, on pourrait s'écrire des e-mails.
Wenn du einen Computer hättest, könnten wir uns E-Mails schreiben.

Anders als im Deutschen steht im Nebensatz mit **si** nie ein Verb im Futur oder Konditional!

§8.5 Der Subjonctif Präsens ▸ *Tag 28, Tag 29*

§8.5.1 Formen

Generell gilt:

Subjonctif = *Verbstamm 3. Pers. Pl. Präsens + Endungen* **-e**, **-es**, **-e**, **-ions**, **-iez**, **-ent**

travailler arbeiten	
que je travaill**e**	que nous travaill**ions**
que tu travaill**es**	que vous travaill**iez**
qu'il/elle travaill**e**	qu'ils/elles travaill**ent**

Achten Sie auf die unregelmäßigen Formen von manchen Verben:

		vouloir wollen	**pouvoir** können	**savoir** wissen
que	je	veuille	puisse	sache
que	tu	veuilles	puisses	saches
qu'	il/elle	veuille	puisse	sache
que	nous	voulions	puissions	sachions
que	vous	vouliez	puissiez	sachiez
qu'	ils/elles	veuillent	puissent	sachent

§8.5.2 Gebrauch

Der Subjonctif steht in Nebensätzen mit **que** bei:

- Verben der Willens- und Wunschäußerung: **vouloir** *wollen,* **aimer** *mögen*, **préférer** *lieben*, **souhaiter** *wünschen*:
  Je veux que tu viennes tout de suite. *Ich will, dass du sofort kommst.*
  Beachten Sie jedoch, dass auf **espérer** *hoffen* kein Subjonctif folgt:
  J'espère que tu vas bien. *Ich hoffe, dass es dir gut geht.*
- Ausdrücken der Gefühlsäußerung: **être content**/**triste** *glücklich/traurig sein,* **avoir peur** *Angst haben*, **regretter** *bedauern:*
  Je suis contente que tu m'appelles. *Ich freue mich, dass du mich anrufst.*
- unpersönlichen Verben: **il faut que** *man muss/es ist nötig, dass,* **c'est bien**/ **important que** *es ist gut/wichtig, dass:*
  Il faut que vous alliez en France. *Sie müssen nach Frankreich fahren.*
- bestimmten Konjunktionen wie **bien que** *obwohl*, **sans que** *ohne dass*, **pour que** *damit*, **jusqu'à ce que** *bis*:
  Bien qu'il soit malade, il est au bureau. *Obwohl er krank ist, ist er im Büro.*
- verneinten Verben des Denkens: **ne pas croire** *nicht glauben*, **ne pas être sûr** *nicht sicher sein*, **ne pas penser** *nicht denken*:
  Je ne pense pas qu'il parte. *Ich denke nicht, dass er wegfährt.*

§8.6 Der Imperativ ▸ *Tag 8*

Generell gilt:

Imperativformen = *2. Pers. Sing. Präsens (ohne* **-s** *für Verben auf* **-er***)*
und 1. und 2. Pers. Pl. Präsens

parler sprechen		**apprendre** nehmen	
parl**e** !	Sprich!	appren**ds** !	Lern!
parl**ons** !	Sprechen wir!	appren**ons** !	Lernen wir!
parl**ez** !	Sprecht!/Sprechen Sie!	appren**ez** !	Lernt!/Lernen Sie!

Achten Sie auf die Formen von **être** *sein* und **avoir** *haben*:

sois	sei	aie	habe
soyons	sind wir	ayons	haben wir
soyez	seid/seien Sie	ayez	habt/haben Sie

§9 Die Konjunktion *que* ▸ *Tag 19*

Que kann als alleinige Konjunktion (**Il dit qu'il est fatigué.** *Er sagt, dass er müde ist.*) oder als mehrteilige Konjunktion stehen: **parce que** *weil*, **avant que** *bevor*, **depuis que** *seitdem*, **pendant que** *während*, **sans que** *ohne dass*: **Depuis que je suis là, il ne se passe rien.** *Seitdem ich da bin, passiert nichts.*
Die Zeitform im **que**-Satz wird durch die Verben im Hauptsatz bestimmt.
Der Nebensatz mit der Konjunktion **que** kann in manchen Fällen durch eine Infinitivkonstruktion ersetzt werden, wenn Haupt- und Nebensatz das gleiche Subjekt haben (▸ *Tag 23*):

que dass	Infinitiv ohne Präposition
Je pense que je viendrai demain. Ich denke, dass ich morgen kommen werde.	Je pense venir demain.
pour que um ... zu, **sans que** ohne dass	**pour/sans** + Infinitiv
Je m'habille pour que je sorte. Ich ziehe mich an, um auszugehen.	Je m'habille pour sortir.
il faut que man muss/es ist nötig, dass	**il faut** + Infinitiv
Il faut que je parte. Ich muss gehen.	Il faut partir.

§10 Der Fragesatz ▸ *Tag 4, Tag 8, Tag 13*

Im Französischen gibt es je nach Sprachniveau drei Möglichkeiten, eine Frage zu bilden. Generell gilt:

Intonationsfrage	= *Subjekt + Verb...? (durch Anheben der Stimme)*
Frage mit **est-ce que**	= **Est-ce que** + *Subjekt + Verb...?*
Inversionsfrage	= *Verb + Subjekt...?*

Glaubst du? **Tu crois ?** (meist gesprochene Sprache)
Est-ce que tu crois ? (gesprochen/geschrieben)
Crois-tu ? (meist geschriebene/gehobene Sprache)

Endet die Verbform in der Inversionsfrage auf **-e** oder **-a**, tritt bei **il**/**elle**/**on** zwischen Verb und Subjektpronomen ein **-t-**:
Regarde-t-il le journal ? *Schaut er in die Zeitung?*

Das Interrogativpronomen steht meist am Anfang des Fragesatzes:

Wie geht es Ihnen?	**Comment vous allez ?**
	Comment est-ce que vous allez ?
	Comment allez-vous ?

In der gesprochenen Sprache können Sie das Interrogativpronomen in der Intonationsfrage vor- oder nachstellen: **Tu es où ?/Où tu es ?** *Wo bist du?*
Weitere Interrogativpronomen finden Sie im Abschnitt **Das Interrogativpronomen und -adjektiv.**

§ 11 Die Verneinung ▸ *Tag 7, Tag 11, Tag 12*

Generell gilt:

Subjekt + **ne** *(+ Personal-/Adverbialpronomen) + konjugiertes (Hilfs-)Verb +* **pas** *(+ Partizip Perfekt)*

Je ne sais pas. *Ich weiß nicht.*
Je n'ai pas compris. *Ich habe nicht verstanden.*
Je ne le vois pas. *Ich sehe ihn nicht.*

ne/n'... pas nicht	**ne/n'... rien** nichts
ne/n'... pas encore noch nicht	**ne/n'... plus** nicht mehr
ne/n'... pas du tout gar nicht	**ne/n'... personne** niemand
ne/n'... pas toujours nicht immer	**ne/n'... jamais** nie
ne/n'... pas non plus auch nicht	

In der gesprochenen Sprache wird **ne** oft weglassen: **J'ai pas faim**. *Ich habe keinen Hunger.*

Die Verneinung des Teilungs- und des unbestimmten Artikels ist **ne... pas de** kein:
Je ne veux pas de thé. *Ich will keinen Tee.*
Je ne connais pas de bon restaurant. *Ich kenne kein gutes Restaurant.*
Beim Verb **être** *sein* verändern sich die Artikel jedoch nicht:
Ce **n'**est **pas du** thé. *Das ist kein Tee.*
Ce **n'**est **pas un** bon restaurant. *Das ist kein gutes Restaurant.*

Verbtabellen

1. Hilfsverben

avoir *haben*

	Präsens	Passé composé	Imparfait	Futur simple	Konditional	Subjonctif
j'	ai	ai eu	avais	aurai	aurais	aie
tu	as	as eu	avais	auras	aurais	aies
il/elle	a	a eu	avait	aura	aurait	ait
nous	avons	avons eu	avions	aurons	aurions	ayons
vous	avez	avez eu	aviez	aurez	auriez	ayez
ils/elles	ont	ont eu	avaient	auront	auraient	aient

être *sein*

	Präsens	Passé composé	Imparfait	Futur simple	Konditional	Subjonctif
je/j'	suis	ai été	étais	serai	serais	sois
tu	es	as été	étais	seras	serais	sois
il/elle	est	a été	était	sera	serait	soit
nous	sommes	avons été	étions	serons	serions	soyons
vous	êtes	avez été	étiez	serez	seriez	soyez
ils/elles	sont	ont été	étaient	seront	seraient	soien

2. Verben auf *-er*

parler *reden*

	Präsens	Passé composé	Imparfait	Futur simple	Konditional	Subjonctif
je/j'	parle	ai parlé	parlais	parlerai	parlerais	parle
tu	parles	as parlé	parlais	parleras	parlerais	parles
il/elle	parle	a parlé	parlait	parlera	parlerait	parle
nous	parlons	avons parlé	parlions	parlerons	parlerions	parlions
vous	parlez	avez parlé	parliez	parlerez	parleriez	parliez
ils/elles	parlent	ont parlé	parlaient	parleront	parleraient	parlen

3. Verben auf *-ir*

finir *beenden*

	Präsens	Passé composé	Imparfait	Futur simple	Konditional	Subjonctif
je/j'	finis	ai fini	finissais	finirai	finirais	finisse
tu	finis	as fini	finissais	finiras	finirais	finisses
il/elle	finit	a fini	finissait	finira	finirait	finisse
nous	finissons	avons fini	finissions	finirons	finirions	finissions
vous	finissez	avez fini	finissiez	finirez	finiriez	finissiez
ils/elles	finissent	ont fini	finissaient	finiront	finiraient	finissen

Ebenso **choisir** *wählen.*

4. Verben auf *-re*

entendre *hören*

	Präsens	Passé composé	Imparfait	Futur simple	Konditional	Subjonctif
je/j'	entends	ai entendu	entendais	entendrai	entendrais	entende
tu	entends	as entendu	entendais	entendras	entendrais	entendes
il/elle	entend	a entendu	entendait	entendra	entendrait	entende
nous	entendons	avons entendu	entendions	entendrons	entendrions	entendions
vous	entendez	avez entendu	entendiez	entendrez	entendriez	entendiez
ils/elles	entendent	ont entendu	entendaient	entendront	entendraient	entenden

Ebenso **attendre** *warten,* **rendre** *zurückgeben.*

prendre *nehmen*

	Präsens	Passé composé	Imparfait	Futur simple	Konditional	Subjonctif
je/j'	prends	ai pris	prenais	prendrai	prendrais	prenne
tu	prends	as pris	prenais	prendras	prendrais	prennes
il/elle	prend	a pris	prenait	prendra	prendrait	prenne
nous	prenons	avons pris	prenions	prendrons	prendrions	prenions
vous	prenez	avez pris	preniez	prendrez	prendriez	preniez
ils/elles	prennent	ont pris	prenaient	prendront	prendraient	prennent

Ebenso **apprendre** *lernen.*

faire *machen/tun*

	Präsens	Passé composé	Imparfait	Futur simple	Konditional	Subjonctif
je/j'	fais	ai fait	faisais	ferai	ferais	fasse
tu	fais	as fait	faisais	feras	ferais	fasses
il/elle	fais	a fait	faisait	fera	ferait	fasse
nous	faisons	avons fait	faisions	ferons	ferions	fassions
vous	faites	avez fait	faisiez	ferez	feriez	fassiez
ils/elles	font	ont fait	faisaient	feront	feraient	fassent

aller *gehen/fahren*

	Präsens	Passé composé	Imparfait	Futur simple	Konditional	Subjonctif
je	vais	suis allé(e)	allais	irai	irais	aille
tu	vas	es allé(e)	allais	iras	irais	ailles
il/elle	va	est allé(e)	allait	ira	irait	aille
nous	allons	sommes allé(e)s	allions	irons	irions	allions
vous	allez	êtes allé(e)s	alliez	irez	iriez	alliez
ils/elles	vont	sont allé(e)s	allaient	iront	iraient	aillent

Lösungen und Hörtexte

Tag 2

Fragen zum Dialog

1. falsch – **2.** richtig – **3.** falsch – **4.** richtig – **5.** richtig

1 **1.** f) – **2.** c) – **3.** e) – **4.** a) – **5.** d) – **6.** g) – **7.** b)

3 **1.** a) – **2.** a) – **3.** c)

4 **1.** 18: dix-huit – **2.** 7: sept – **3.** 13: treize – **4.** 15: quinze

5 **1.** sept – **2.** deux – **3.** neuf – **4.** quatorze, quinze – **5.** seize

6 **1.** b) – **2.** c) – **3.** f) – **4.** a) – **5.** d) – **6.** e)

7 Salut !
Ça va ? **Moi, je** suis fatigué. **Je** suis à la maison. Mais à 15 heures, **je** rencontre Cécile. **Je** suis très content ! **Elle, elle** est cool. C'est la cousine de Marc. Cécile et Marc, **eux, ils** sont à la gare maintenant.
Ciao ! Pascal

8 e t v r a i e s a i s o m m e s v o i t u r e a s a f e m m e a v o n s a v e z s u i s
g a r e o u i ê t e s e s t c o m m e n t o n t c o m m e n t s o n t p a r k i n g

9 **1.** as – **2.** a – **3.** est – **4.** sont – **5.** suis – **6.** sont – **7.** ont

10 **Lösungsvorschläge**
1. Ça va ? – **2.** Je vais bien. – **3.** Je ne comprends pas. –
4. Plus doucement ! – **5.** Je suis d'accord. / D'accord !

Tag 3

Fragen zum Dialog

1. 25 – **2.** Grenoble – **3.** 28 – **4.** chat – **5.** 15

1 **1.** arrivent – **2.** présente – **3.** travaillez – **4.** dure – **5.** habitons

2 **1.** 0**3**.05.84.45.46 – **2.** 02.40.81.36.74 – **3.** 06.9**4**.67.76.30 – **4.** 04.48.86.33.21

3 **1.** coiffeuse – **2.** actrice – **3.** policier – **4.** chanteur – **5.** secrétaire

4 Nina
Hörtext
Je suis une femme. J'ai 28 ans. Je travaille bientôt à Grenoble.
J'habite chez mon cousin pendant deux semaines.
Je suis assistante dans une agence de marketing.

5 **1.** présente – **2.** arrives – **3.** commencez – **4.** habitons – **5.** travaillent –
6. rencontre

6 **2.** 48 + 9 = cinquante-sept (57) – **3.** 91 – 11 = quatre-vingts (80) – **4.** 78 – 10 = soixante-huit (68) – **5.** 62 + 14 = soixante-seize (76) – **6.** 86 – 72 = quatorze (14)

7 **1.** la porte – **2.** une maison – **3.** la semaine – **4.** une femme – **5.** un voyage – **6.** le parking

8 **1.** les portes – **2.** des maisons – **3.** les semaines – **4.** des femmes – **5.** des voyages – **6.** les parkings

9 **1.** la cousine – **2.** l'assistant – **3.** le journaliste – **4.** la policière – **5.** l'employée – **6.** le coiffeur

10 **1.** Muriel – **2.** Jean – **3.** Muriel

11 **Individuelle Antworten**

Tag 4

Fragen zum Dialog

1. non – **2.** non – **3.** oui

1 **1.** de la – **2.** du – **3.** des – **4.** de l'

2 [ɛ̃] wie in tr**ain: 2.** le cousin
[õ] wie in jamb**on: 3.** l'oncle
[ɑ̃] wie in m**an**ger: **1.** les parents, 4. la tante, **5.** le grand-père, **6.** l'enfant

3 **1.** Nous mangeons **– 2.** Je m'appelle **– 3.** Vous commandez **– 4.** Son père préfère **– 5.** Raymond commence

4 **Hörtext**
Beispiel: Tu prends un café ? – **1.** Tu prends un thé ? – **2.** Tu prends une limonade ? – **3.** Tu prends un croissant ? – **4.** Tu prends une omelette ? – **5.** Tu prends une salade ?

5 commandes, cherches, préférez, regardez, vous appelez, habitez, avez, mangez, êtes

6 **1.** préfères, préfère – **2.** mangez, mangeons – **3.** s'appellent, s'appelle, s'appelle – **4.** commençons, commence

7 **Lösungsvorschläge**
1. Un café, s'il vous plaît ! – **2.** Merci. – **3.** Excusez-moi ! – **4.** Je ne sais pas.

8 **1.** Ils mangent du/le chocolat ? – **2.** Tu préfères de la/la limonade ? – **3.** Nous commandons de la/la salade. – **4.** Je prends de l'/l'omelette.

9 **1.** oncle
2. parents
3. sœur
4. mère
5. tante

T	A	M	O	C	H	E
I	È	B	N	A	M	M
M	S	P	C	T	Œ	O
O	S	È	L	A	A	U
P	A	R	E	N	T	S
G	N	E	F	T	B	Œ
O	R	V	I	E	C	U
N	M	È	R	E	D	R

10 **des** croissants, **du** jambon, **des** salades, **du** coca cola, **de** l'eau, **de la** crème, **du** fromage, **des** muffins

Tag 5

Fragen zum Dialog

1. c) – **2.** b) – **3.** a)

1 **1.** enfants – **2.** fille – **3.** omelette – **4.** gâteaux – **5.** heures – **6.** verres – **7.** entreprise

2 **1.** d) – **2.** c) – **3.** e) – **4.** f) – **5.** b) – **6.** a)

3 **2.** Sie wurden „französisiert".

Hörtext

1. le week-end – **2.** le tennis – **3.** le jogging – **4.** le gentleman – **5.** le footing – **6.** la basket

4 **1.** Je fais du sport. – **2.** Nous allons en ville. – **3.** Tu fais les courses ?

5 aivaisarriveefaiscommandonssuisavonscommencent
répètesesfais va aallezsontfaitavonsfontfilleontvont
faitesprefèreêtesfaisons allonsmangeavezsommesvas

6 **1.** Les enfants commandent. – **2.** Les gâteaux sont où ? – **3.** Les fils sont là. – **4.** Les cadeaux font 20 €.

7 **1.** b) – **2.** b) – **3.** a) – **4.** b) – **5.** b) – **6.** b) – **7.** a)

8

On fait du camping. On a beaucoup	**shopping**
de taches ! Après, on va au café. On	**sacs**
mange un baiser, un croissant ou un	**une meringue**
cadeau. Au fait, on mange aussi une	**gâteau**
glace. Et on va à la maison. Salade !	**Salut**

9 **Individuelle Antworten**

Tag 6

1 **1.** oui – **2.** non – **3.** non – **4.** oui – **5.** non

Hörtext

Marie	Christelle, tu commandes quelque chose ?
Christelle	Oui, une boisson chaude. Et toi, Marie ?
Marie	Je ne sais pas.
Christelle	Ah oui, je prends un thé !
Marie	Moi, je préfère un coca.
Christelle	Un thé et un coca cola, s'il vous plaît.
Serveur	Je vous les apporte tout de suite. Et voilà les boissons !

Christelle	Oh, du sucre aussi, s'il vous plaît.
Serveur	Oui. Tout de suite.
Christelle	Merci.

3 [y]: 2. sucre – [u]: 1. bonjour – 3. cousin – 4. jouer – 5. chouette –
[ʒ]: **1.** bonjour. – 4. jouer – 6. voyage – [ʃ]: 5. chouette – 7. tache

4 **1.** Bonjour. – **2.** Bonsoir. – **3.** Salut. – **4.** Au revoir. – **5.** Ça va ? –
6. Je m'appelle... – **7.** Je ne comprends pas.
Regel 1 *a)* ***-e*** *– b)* ***-s***

5 **1.** a) – **2.** b) – **3.** c)

6 **1.** chaussures – **2.** bagages – **3.** famille – **4.** ouvrier – **5.** restaurant
Lösungswort: SALUT

7 **Individuelle Antworten**
Regel 2 *a) 4 x 20 – b) 4 x 20 + 10*

8 **1.** cinquante-six – **2.** quarante-huit – **3.** quatre-vingt-trois – **4.** quatre-vingt-quinze

9 **1.** Coiffeur, 97, 12 – **2.** Technicien, 36, 56 – **3.** Journaliste, 18, 73
Hörtext
1. Je m'appelle Christian. Je suis coiffeur. J'habite à Vannes en Bretagne. Mon numéro de téléphone est le 02.97.5**4.**66.12.
2. Salut. C'est Gérard Crochet. J'habite au 36b, rue du tunnel et mon numéro de téléphone est le 05.56.81.30.2**2.** Au fait, je suis technicien.
3. Bonjour. Moi, je m'appelle Isabelle Maurice. Je suis journaliste. Mon adresse ? C'est 18, avenue Charles de Gaulle à Clermont-Ferrand. Voici le numéro de téléphone du bureau : 0**4.**7**3.**56.41.76.

10 **Individuelle Antworten**
Regel 3 *a) unbestimmten – b)* ***le, la, l', les*** – c) ***du, de la, de l', des***

11 **1.** Le – **2.** un – **3.** du – **4.** l' – **5.** des
Regel 4 *a) Vokal – b) stummem* ***h***

12 **1.** les banques – **2.** des enfants – **3.** les maisons – **4.** des idées – **5.** les portes –
6. les hôtels – **7.** les policiers
Regel 5 *a)* ***je, tu, il/elle, nous, vous, ils/elles*** *– b) betonte*

13 **1.** Il – **2.** Toi – **3.** vous – **4.** elle – **5.** Nous
Regel 6 *anheben*

14 Hörtext
1. Il a 20 ans ? – **2.** Toi, tu es chanteuse ? – **3.** C'est à vous ? –
4. Il travaille avec elle ? – **5.** Nous faisons les courses aujourd'hui ?

15 **1.** c) – **2.** g) – **3.** f) – **4.** a) – **5.** b) – **6.** e) – **7.** d)
Regel 7 **1.** ***-e, -es, -e, -ons, -ez, -ent*** – **2.** *a)* ***avoir*** *– b)* ***être***

16 **1.** prépare – **2.** parlent – **3.** jouons – **4.** trouvent – **5.** dure – **6.** travaillez

17 **1.** manger – **2.** répéter – **3.** faire – **4.** aller – **5.** préférer – **6.** être – **7.** avoir

Zwischentest 1

1 **1.** assistante – **2.** policier – **3.** actrice
▸ *Tag 3*

2 **1.** b), d) – **2.** a), c), e)
▸ *Tag 5*

3 Hörtext
1. Je suis assistante. – **2.** Il est policier. – **3.** Elle est actrice.

4 mit Bindung: **1.** un employé – **3.** un appartement – **5.** un homme
ohne Bindung: **2.** des femmes – **4.** un café
▸ Aussprache

5 **1.** a) – **2.** c) – **3.** b) – **4.** b) – **5.** a)
▸ Aussprache

6 **1.** a) – **2.** b) – **3.** c) – **4.** b) – **5.** c)
▸ *Tag 2, Tag 3, Tag 4*

7 **1.** 31 – **2.** 99 – **3.** 25 – **4.** 48 – **5.** 93
▸ *Tag 3*

8 **1.** du – **2.** Le – **3.** un – **4.** des – **5.** une
▸ *Tag 3, Tag 4*

9 **2.** On habite à Marseille. – **3.** On est en vacances. – **4.** On fait une pause. – **5.** On arrive à la gare. – **6.** On regarde un film.
▸ *Tag 2*

10 *fSg:* **1.** journaliste – **3.** employée – **5.** gare – **9.** secrétaire – *mSg:* **1.** journaliste – **4.** verre – **6.** sucre – **9.** secrétaire – *fPl:* **2.** boissons – **7.** techniciennes – *mPl:* **9.** restaurants
▸ *Tag 3, Tag 5*

Von 50 Punkten haben Sie .... erreicht.

50–41:	**très bien** *sehr gut*. Weiter so!
40–31:	**bien gut**. Sie sind auf dem richtigen Weg.
30–21:	**satisfaisant** *zufriedenstellend*. Üben Sie noch die Themen, die Ihnen Probleme bereitet haben. Sie haben aber schon viele Fortschritte gemacht.
weniger als 21:	**vous pouvez mieux faire** *Sie können es noch besser.* In den Lösungen finden Sie Verweise zu den Lektionen, in denen Sie den Stoff wiederholen können.

Tag 7

Fragen zum Dialog

1. c) – **2.** a) – **3.** d) – **4.** b)

1 **1.** vrai – **2.** faux – **3.** vrai

Hörtext

Marchand	Bonjour madame.
Cliente	Je voudrais un kilo de pommes de terre, s'il vous plaît.
Marchand	Oui et avec ça ?
Cliente	Je prends une livre de carottes.
Marchand	Voilà madame.
Cliente	Vous avez des poires ?
Marchand	Non, je n'ai pas de poires aujourd'hui. Mais j'ai des belles pommes !
Cliente	Alors six pommes, s'il vous plaît.
Marchand	Et voilà les pommes ! Ça fait 15 euros, madame.
Cliente	Voilà. Au revoir monsieur.

2 **Hörtext**

1. Je voudrais un kilo de pommes de terre, s'il vous plaît. – **2.** Je prends une livre de carottes. – **3.** Vous avez des poires ?

3 **1.** Patricia ne va pas à la boucherie. – **2.** Martine n'ouvre pas le sac. – **3.** Nous n'achetons pas de pain. – **4.** Je ne regarde pas de film. – **5.** Vous n'allez pas en ville aujourd'hui ?

4 **1.** b) – **2.** a) – **3.** a) – **4.** c) – **5.** a)

5 **1.** a), b) – **2.** c) – **3.** b) – **4.** c) – **5.** a), b), c)

6 Louise est la m**è**re de Tom. Aujourd'hui, elle fait les courses au march**é**. Elle ach**è**te des pommes de terre, des carottes et des pommes. Tom aime bien les pommes, mais il pr**é**f**è**re les poires. Il ne mange pas beaucoup de l**é**gumes. Mais il aime les carottes **à** la cr**è**me. Apr**è**s, Tom et Louise vont **à** la p**â**tisserie. Ils ach**è**tent un bon g**â**teau. Et vous ? Vous achetez aussi des g**â**teaux ?

7 **1.** c) – **2.** d) – **3.** a) – **4.** f) – **5.** e) – **6.** b)

8 **1.** ne mangent pas de confiture. – **2.** n'achetons pas de fruits. – **3.** ne prend pas d'œuf. – **4.** ne prépare pas de liste de courses. – **5.** n'achète pas de jambon.

9 six bouteilles d'eau – du lait – un pot de confiture – une livre de pommes de terre – deux kilos de carottes – des fruits

10 **Lösungsvorschläge**

1. Il/Ça coûte combien ? – **2.** Je voudrais un kilo de pommes de terre. / Un kilo de pommes de terre, s'il vous plaît ! – **3.** Je fais une liste de courses.

Tag 8

Fragen zum Dialog

1. « Chez Raymond » **– 2.** 18 euros **– 3.** du vin et de l'eau

1 **1.** Réponse 1 **– 2.** Réponse 2 **– 3.** Réponse 2

Hörtext

1. Je vous recommande du vin blanc. – Je commande un sandwich.

2. Nous avons de la chance. – Nous avons de la tartiflette, par exemple.

3. C'est un sac de voyage. – C'est un dessert au chocolat.

2 **1.** a) – **2.** a) – **3.** b)

3 **1.** aime – **2.** attendons – **3.** arrive – **4.** commandons – **5.** prenons – **6.** prends – **7.** prend – **8.** buvons

4 **Hörtext**

1. Mange des fruits et des légumes ! – **2.** Fais du sport ! – **3.** Bois beaucoup d'eau ! – **4.** Mange du poisson !

5 **1.** Prends – **2.** préparez – **3.** Attendons – **4.** achète – **5.** Faites – **6.** trouvons

6 *Zu streichen:* Soirée typique, Table au choix, Personne (hier müsste *Dessert* stehen), Four délicieux

7 **1.** je, tu bois – **2.** nous prenons – **3.** ils, elles boivent – **4.** j', tu attends – **5.** il, elle, on prend – **6.** vous attendez

8 **1.** e) – **2.** a) – **3.** c) – **4.** f) – **5.** d) – **6.** b)

9 **1.** Est-ce qu'il prend un dessert ? – **2.** Qu'est-ce que c'est ? – **3.** Est-ce que vous aimez les oignons ? / Est-ce que tu aimes les oignons ? – **4.** Qu'est-ce qu'ils prennent ?

10 **1.** a), b), c) – **2.** c) – **3.** a), b), d) – **4.** b), c)

Tag 9

Fragen zum Dialog

1. Elle lit le programme du week-end dans le journal. – **2.** Il y a un karaoké avec des chansons françaises. – **3.** Elle veut aller au cinéma.

1 **1.** son – **2.** son – **3.** leur – **4.** leurs

2 **1.** peux – **2.** voulons – **3.** veux – **4.** pouvez

4 [s] wie in salut: **1.** salle – **3.** concert – **4.** cinéma – **6.** chanson – **7.** séance
[z] wie in zéro: **2.** exposition **– 5.** musée
8. Wortanfang – **9.** Konsonanten – **10.** c – **11.** Vokalen

5 **1.** e) – **2.** a) – **3.** c) – **4.** b) – **5.** d)

6 **1.** doit – **2.** peux – **3.** devez – **4.** voulons – **5.** pouvons – **6.** dois
Lösungswort: NOUS DEVONS

7 **1.** Il veut aller au cinéma. – **2.** Elle aime faire du shopping. – **3.** Nous préférons faire du sport. – **4.** Vous devez apprendre la chanson. – **5.** J'aime aller au restaurant. – **6.** Je ne peux pas venir.

8 **1.** ton – **2.** ta, Son – **3.** Son – **4.** votre – **5.** Leurs – **6.** Leur, leur

Tag 10

Fragen zum Dialog

1. dimanche – **2.** entraînement – **3.** Antoine – **4.** cousine – **5.** entraîneur – **6.** ballon

1 Antoine

Hörtext

Je suis un homme. Je suis grand et sportif. Mon sport préféré est le volley et je joue dans l'équipe de Grenoble. Je vais tous les dimanches à l'entraînement. J'ai beaucoup d'amis. Mes amis s'appellent Pierre et Pauline. J'ai même une amie allemande, c'est Nina. Je suis...

2 **1.** Savez b) – **2.** finit a) – **3.** choisir c)

3 **1.** grande – **2.** bons – **3.** contents – **4.** intéressant

5 **1.** choisit – **2.** finit – **3.** sais – **4.** choisissent – **5.** finissons – **6.** savez

6 **1.** c) – **2.** a) – **3.** b) – **4.** e) – **5.** d)

7 **1.** Ils ont un match important. – **2.** Pauline est grande. – **3.** Nous avons une discussion intéressante. – **4.** Mes deux frères sont petits. – **5.** Ses questions sont simples. – **6.** Les filles sont surprises.

8 tennis crudités filet entraînement potdeeauplat match vélo marrant foot viandechercherblanc joueur gâteau randonnée boisson entraîneur serveur jogging parfait oncle ballon sport poisson échauffement sucre basket

9 **1.** font du tennis. – **2.** faisons du bateau. – **3.** fais du vélo. – **4.** joue au volley. – **5.** fait de la randonnée. – **6.** jouent au foot.

10 **Individuelle Antworten**

Tag 11

Fragen zum Dialog

1. b) – **2.** b) – **3.** a)

1 **1.** a) – **2.** a) – **3.** b) – **4.** b)

2 **1.** fais – **2.** prends l'apéritif – **3.** avec plaisir – **4.** inviter – **5.** venir – **6.** rendez-vous – **7.** dommage – **8.** prochaine

3 **1.** grande – **2.** belle – **3.** intéressant – **4.** contente – **5.** roux – **6.** gentil

4 **1.** a) – **2.** a) – **3.** b) – **4.** b) – **5.** a) – **6.** b)

5 **1.** bleu, bleue – **2.** blanc, blanche – **3.** rouge, rouge – **4.** vert, verte – **5.** jaune, jaune – **6.** noir, noire

6 **1.** nouvelle – **2.** grande – **3.** intéressante – **4.** bonne – **5.** belle – **6.** longs – **7.** bruns – **8.** curieuse – **9.** sympa – **10.** nouvelle – **11.** française

7 **1.** choisissez – **2.** choisit – **3.** sors – **4.** sort – **5.** choisissent – **6.** finissez
Lösungswort: VOUS SORTEZ

8 **1.** b) – **2.** f) – **3.** a) – **4.** e) – **5.** c) – **6.** d)

9 **1.** Ils ne vont jamais en France. – **2.** Nous ne sommes plus en ville. – **3.** Il ne boit pas du tout d'alcool. – **4.** Je n'invite personne. – **5.** Elle n'a pas encore de nouveau travail.

Tag 12

Fragen zum Dialog

1. vrai – **2.** faux : Pierre a aidé Nina. – **3.** faux : Nina emménage dans deux semaines.

1 **3.**

2 **Hörtext**

Je cherche un F3 en ville avec une grande cuisine et un balcon. L'appartement doit être grand.

3 **1.** J'ai loué... – **2.** André et Charlotte ont mangé... – **3.** Nous avons cherché... – **4.** Géraldine a acheté...

4 **1.** mit Verneinung – **2.** mit Verneinung – **3.** ohne Verneinung – **4.** mit Verneinung – **5.** ohne Verneinung

Hörtext

1. Gilles ne travaille pas aujourd'hui. – **2.** Martine n'a pas appelé son amie. – **3.** On a été au cinéma. – **4.** Il ne prend rien. – **5.** Ils ont trouvé une maison à louer.

5 **1.** Je n'ai pas loué de maison avec un grand balcon. – **2.** André et Charlotte n'ont pas mangé au restaurant. – **3.** Nous n'avons pas cherché de parking. – **4.** Géraldine n'a pas acheté de CD du chanteur Cali.

6 **1.** vrai – **2.** faux – **3.** faux – **4.** vrai – **5.** faux – **6.** vrai – **7.** faux
2. La maison a deux étages. – **3.** L'appartement a une grande cuisine neuve. – **5.** La maison a un jardin et un balcon. – **7.** L'appartement a deux chambres.

7 **Lösungsvorschläge**

1. Je cherche un F4 pour moi et ma famille. Je voudrais une grande cuisine. L'appartement ne doit pas être trop cher. – **2.** Je cherche un grand appartement ou une petite maison. Je ne veux pas d'agence immobilière. La cuisine et la salle de bains doivent être neuves ou presque neuves.

8 J'ai eu de la chance aujourd'hui. J'ai cherché longtemps et enfin, j'ai trouvé un F2 sympa. J'ai pris le temps et j'ai été à cet appartement. J'ai regardé toutes les pièces. J'ai adoré le grand salon et j'ai trouvé la cuisine très sympa !

9 **Individuelle Antworten**

Tag 13

Fragen zum Dialog

1. b) – **2.** a) – **3.** b)

1 **1.** Qui – **2.** qui – **3.** Que – **4.** Que

2 **1.** Qui est-ce que tu vois ? – **2.** À qui est-ce que tu veux demander ? – **3.** Qu'est-ce qu'il fait ? – **4.** Qu'est-ce que vous dites ?

3 **1.** est allée – **2.** sont arrivés – **3.** sont restées – **4.** est allé

4 **1.** la main – **2.** le ventre – **3.** le bras – **4.** l'oreille – **5.** l'œil – **6.** le nez – **7.** la jambe – **8.** le pied – **9.** les cheveux

5 **1.** Où avez-vous mal ? – **2.** Avez-vous de la fièvre ? – **3.** Prend-il des médicaments ? – **4.** A-t-elle un rhume ? – **5.** Sont-ils tous malades ? – **6.** Pourquoi allez-vous chez le médecin ?

6 **1.** c) – **2.** f) – **3.** d) – **4.** a) – **5.** b) – **6.** e)

7 **1.** ont – **2.** es – **3.** sont – **4.** a – **5.** ont – **6.** sommes – **7.** a

8 la jambe *das Bein*
l'œil *das Auge*
l'oreille *das Ohr*
la tête *der Kopf*
le pied *der Fuß*
le ventre *der Bauch*
le bras *der Arm*
la main *die Hand*
la gorge *der Hals*
le dos *der Rücken*

E	O	R	E	I	L	L	E	H
M	I	È	T	N	A	M	M	M
O	M	S	Ê	C	T	Œ	P	A
J	O	S	T	L	A	I	A	I
A	P	I	E	D	N	L	G	N
M	G	N	E	F	T	D	O	S
B	R	A	S	I	E	C	R	C
E	N	M	È	R	E	D	G	D
U	V	V	E	N	T	R	E	Ê

9 **1.** b) – **2.** b) – **3.** b) – **4.** b) – **5.** a) – **6.** b)

10 **Lösungsvorschläge**
Je suis malade : j'ai mal à la tête et j'ai de la fièvre. Je dois prendre des médicaments et aller à la pharmacie. Je préfère rester au lit !

Tag 14

1 **1.** b) **– 2.** a) **– 3.** c)

Hörtext

Salut Sandrine. C'est José. Dommage, tu n'es pas là. Je t'invite demain soir à la maison. Toi et Thomas bien sûr. Je fais un apéritif avec des amis. Vous pouvez passer après le travail. Est-ce que vous voulez venir ? Appelle-moi ce soir. Merci. À bientôt. Au revoir.

2 Reihenfolge: **10.** – **7.** – **4.** – **3.** – **5.** – **9.** – **1.** – **6.** – **2.** – **8.**

3 Hörtext

Docteur Bonjour. Qu'est-ce qu'il vous arrive ?
Patient Bonjour, je suis malade.
Docteur Je vois. Vous avez de la fièvre ?
Patient Oui, j'ai 38 depuis trois jours.
Docteur Depuis trois jours ! Où est-ce que vous avez mal ?
Patient J'ai mal à la gorge.
Docteur Faites voir ! Mais vous avez une bonne angine !
Patient Je ne peux pas aller au travail alors ?
Docteur Non. Prenez vos médicaments et restez chez vous pendant une semaine !
Patient Merci. Au revoir, docteur.

4 **1.** e) – **2.** d) – **3.** c) – **4.** b) – **5.** a) – **6.** f)

5 **1.** 2x : Cali est un très b**on** chanteur en c**on**cert. – **2.** 2x : On a acheté de la vi**an**de excell**en**te. – **3.** 4x : Dami**en** est **in**vité à **un** apéritif dema**in**.

6 **1.** bureau – **2.** cave – **3.** chambre – **4.** cuisine – **5.** salon – **6.** salle de bains

7 Hörtext

1. ▸ Quelle est votre couleur préférée ? ◂ Ma couleur préférée est le vert.
2. ▸ Quelle est votre ville préférée ? ◂ Ma ville préférée est Paris.
3. ▸ Quels sont vos loisirs préférés ? ◂ Mes loisirs préférés sont le sport et la musique.
4. ▸ Quel est votre film préféré ? ◂ Mon film préféré est un film d'action.
5. ▸ Quelle est votre chanson préférée ? ◂ Ma chanson préférée est « The Wall ».
6. ▸ Quels sont vos chanteurs préférés ? ◂ Mes chanteurs préférés sont Herbert Grönemeyer et Jacques Brel.

8 **1.** foot – **2.** notation – **3.** ballon – **4.** joueurs – **5.** basket

Lösungwort: FILET

Regel 1 *a) Aufforderung – b) zweiten – c) Plural*

9 **1.** c) – **2.** b) – **3.** a)

Regel 2 **1.** *a) drei – b) Betonung – c)* ***est-ce que*** *– d) Inversionsfrage* **– 2.** *a) Verb – b) Personalpronomen – c)* ***-t-***

11 **1.** Allez-vous à Paris ? – **2.** Ont-ils mangé un plat typique de la région ? – **3.** A-t-elle mal à la tête ? – **4.** Attend-elle son frère à la gare ? – **5.** Bois-tu un apéritif ?
Regel 3 **1.** *a) Geschlecht – b) Zahl – c) Substantiv –* **2.** *a) nach – b) vor*

12 **1.** veste noire – **2.** nouvel appartement – **3.** cheveux longs – **4.** bonne joueuse
Regel 4 *a)* ***-is, -is, -it, -issons, -issez, -issent*** *– b) unregelmäßig*

13 **1.** choisissez – **2.** prenez
Regel 5 *a) devoir – b) pouvoir – c) vouloir – d) savoir – e) Infinitivergänzung*

14 **1.** b) – **2.** a) – **3.** b) – **4.** b) – **5.** a)
Regel 6 *a)* ***-é*** *– b)* ***-ir***

15 **1.** demandé – **2.** fini – **3.** pris – **4.** attendu – **5.** resté – **6.** fait
Hörtext
1. demander – **2.** finir – **3.** prendre – **4.** attendre – **5.** rester – **6.** faire
Regel 7 *a)* ***avoir*** *– b)* ***être*** *– c) Partizip Perfekt – d) angeglichen*

16 **1.** d) – **2.** e) – **3.** b) – **4.** c) – **5.** a)
Regel 8 *a)* ***ne… pas*** *– b) umschließt – c)* ***ne… pas de***

17 **1.** Nous ne prenons pas l'apéritif chez Muriel. – **2.** Paul ne va plus à l'entraînement de foot. – **3.** Aline ne veut jamais aller au cinéma. – **4.** Fabien et Catherine n'aiment pas du tout le sport. – **5.** Nous ne sommes pas allées au restaurant. – **6.** Je n'ai jamais fait de ski.

Zwischentest 2

1 **1.** d) – **2.** b) – **3.** c) – **4.** a)

2 **1.** b) – **2.** b) – **3.** c) – **4.** a) – **5.** b) – **6.** a)
▸ *Tag 10, Tag 12*

3 **1.** b) – **2.** b) – **3.** a) – **4.** b) – **5.** a)
▸ *Tag 10*

4 **1.** a) – **2.** b) – **3.** b) – **4.** a) – **5.** b) – **6.** a)

5 **1.** c) – **2.** b) – **3.** a) – **4.** a) – **5.** b) – **6.** c)
Hörtext
1. Elle ouvre la porte. – **2.** Mangez des fruits ! – **3.** Arrive-t-il aujourd'hui ? – **4.** Tu ne comprends pas ? – **5.** Demande au serveur ! – **6.** Nous allons au théâtre.
▸ *Tag 8, Tag 13*

6 les fruits et légumes : la pomme – la tomate – les carottes
le sport : le match – l'entraîneur
les activités de loisir : l'exposition – le concert
le corps : les oreilles – la main

7 **1.** loué – **2.** restés – **3.** fini – **4.** allés – **5.** attendu – **6.** sorties – **7.** bu
▸ *Tag 12, Tag 13*

8 **1.** finissons – **2.** buvons – **3.** prenez – **4.** sortez – **5.** emmènent – **6.** comprennent – **7.** boivent

▸ *Tag 7, Tag 8, Tag 10, Tag 11*

Von 50 Punkten haben Sie .... erreicht.

50–41:	**très bien** *sehr gut*. Weiter so!
40–31:	**bien** *gut*. Sie sind auf dem richtigen Weg.
30–21:	**satisfaisant** *zufriedenstellend*. Üben Sie noch die Themen, die Ihnen Probleme bereitet haben. Sie haben aber schon viele Fortschritte gemacht.
weniger als 21:	**vous pouvez mieux faire** *Sie können es noch besser*. In den Lösungen finden Sie Verweise zu den Lektionen, in denen Sie den Stoff wiederholen können.

Tag 15

Fragen zum Dialog

1. b) – **2.** b) – **3.** b)

1 **1.** en – **2.** à – **3.** au – **4.** aux – **5.** de

2 **1.** b) – **2.** b) – **3.** b) – **4.** a) – **5.** a)

Hörtext

1. Karin habite en Allemagne. – **2.** Mon ami habite en Angleterre. – **3.** Sophie et Julie habitent en France. – **4.** Pedro habite au Portugal. – **5.** Francesco et Maria habitent en Italie.

3 Hörtext

1. Elle parle allemand. – **2.** Il parle anglais. – **3.** Elles parlent français. – **4.** Il parle portugais. – **5.** Ils parlent italien.

4 à: **2.** Madrid – **5.** Lille – en: **3.** Hollande – **4.** France – du: **1.** Maroc – **6.** cinéma

5 **1.** Elle va en France. – **2.** Nous sommes en vacances en Italie. – **3.** Elle est allée au marché. – **4.** Vous habitez à Lille ? – **5.** Il est de Grèce.

6 **1.** anglais – **2.** Autriche – **3.** Maroc – **4.** Allemands – **5.** français – **6.** Espagne
Lösungswort: ITALIE

7 **1.** d'– **2.** en – **3.** du – **4.** de – **5.** au – **6.** à – **7.** au – **8.** en – **9.** au

8 **Lösungsvorschläge**

1. Samedi, Léonie n'a pas de rendez-vous. – **2.** Jeudi, elle doit aller à Nantes et chez Valérie. – **3.** Vendredi, ce sont Marc, Sandrine, Paul, Fatima. – **4.** Mardi, elle va au café avec Sophie et le soir, elle va au yoga. – **5.** Lundi, elle a rendez-vous à 12.30 avec Martin au Restaurant Le petit port.

Tag 16

Fragen zum Dialog

1. faux – **2.** faux – **3.** faux – **4.** faux

1 **2.** Jean les invite au restaurant. – **3.** Béatrice les a rangées dans le couloir. – **4.** Je l'ai acheté.

2 **1.** a) – **2.** b) – **3.** a) – **4.** a)

Hörtext

1. Nous sommes le 23 juin. – **2.** Aujourd'hui, nous sommes le 11 janvier. – **3.** C'est le 31 août. – **4.** Nous sommes le 14 décembre.

3 **1.** 445. 000 – **2.** 215. 000 – **3.** 808. 000

4 **1.** f) – **2.** d) – **3.** b) – **4.** e) – **5.** c) – **6.** a)

5 **1.** l' – **2.** le – **3.** les – **4.** les – **5.** l' – **6.** la

6 **1.** juillet – **2.** janvier, février – **3.** avril, juin – **4.** octobre, décembre

7 **2.** le 6 décembre – **3.** le 30 mai – **4.** le 1er novembre – **5.** le 16 août

8 **1.** c) – **2.** b) – **3.** a) – 4 b) – **5.** a)

9 **1.** prépare – **2.** voyage – **3.** réservé – **4.** vol – **5.** pars – **6.** juin – **7.** aéroport – **8.** de bonne heure – **9.** valise – **10.** vêtements

Tag 17

Fragen zum Dialog

1. le chauffeur de taxi – **2.** à un passant – **3.** de la plage

1 **Hörtext**

1. Je vais tout droit. – **2.** Je traverse la rue. – **3.** La pharmacie est à droite de la boulangerie. – **4.** Tourne au feu à gauche ! – **5.** Je veux aller à la plage.

2 **1.** quel – **2.** Quels – **3.** Quel – **4.** Quelles – **5.** quelle

3 **1.** c) – **2.** d) – **3.** a) – **4.** e) – **5.** b)

4 **Hörtext**

1. Tu regardes la carte. – Tu vas regarder la carte. – **2.** Ils louent un film. – Ils vont louer un film. – **3.** Nous demandons notre chemin à un passant. – Nous allons demander notre chemin à un passant. – **4.** Elle achète le journal. – Elle va acheter le journal. – **5.** Je viens avec vous. – Je vais venir avec vous.

5 **1.** c) – **2.** a) – **3.** d) – **4.** f) – **5.** b) – **6.** e)

6 **Lösungsvorschlag**

L'hôtel est devant toi. Alors, tu continues la rue à droite jusqu'au deuxième carrefour. Après, tu tournes à droite. Tu vas jusqu'au feu. Tu traverses la rue et tu continues jusqu'au prochain carrefour. Là, tu es presque arrivé : tu tournes à droite et tu vois déjà la poste !

7 **1.** vient – **2.** voyons – **3.** vois – **4.** viennent – **5.** venez – **6.** viens

8 **1.** Lucia est venue d'Italie. – **2.** Nous n'avons pas vu souvent nos parents. – **3.** Je l'ai vue tous les week-ends. – **4.** Ils sont venus quand ? – **5.** Vous êtes venu(e)s à la plage aujourd'hui ? – **6.** Non, tu n'es pas venu(e) avec nous !

9 **1.** a) – **2.** a) – **3.** a) – **4.** b) – **5.** b)

10 **Individuelle Antworten**

Tag 18

Fragen zum Dialog

1. oui – **2.** oui – **3.** non – **4.** oui – **5.** non

1 **1.** t'appelles – **2.** nous sommes perdu(e)s – **3.** me lève – **4.** me dépêche – **5.** se reposent

2 **1.** cette – **2.** ces – **3.** cette – **4.** cet – **5.** ce – **6.** cet – **7.** ce – **8.** ces – **9.** cette

3 **1.** faux – **2.** faux – **3.** faux – **4.** vrai

Hörtext

Dame	Bienvenue à l'hôtel « La grande plage ».
Touriste	Bonjour, est-ce que vous avez une chambre individuelle pour une semaine ?
Dame	Une semaine... Vous n'avez pas réservé ?
Touriste	Non.
Dame	Je vais voir... Oui, j'ai encore une chambre au premier étage !
Touriste	Elle coûte combien ?
Dame	90 euros la nuit.
Touriste	D'accord, je la prends.
Dame	Très bien. Vous remplissez le formulaire, s'il vous plaît ?
Touriste	Vous voulez mon adresse en Allemagne ?
Dame	Oui, bien sûr !
Touriste	Voilà le formulaire.
Dame	Parfait. Je vais vous montrer votre chambre.

4 Hörtext

Dame	Oui, j'ai encore une chambre au premier étage pour une semaine.
Touriste	Vous avez une chambre pour une semaine ?
Dame	C'est 90 euros la nuit.
Touriste	La chambre coûte combien ?
Dame	Oui, il y a un accès à Internet dans toutes les chambres.
Touriste	Est-ce qu'il y a un accès à Internet dans les chambres ?
Dame	Non, les chambres du premier étage sont non-fumeur.
Touriste	Les chambres sont fumeur ?

5 **1.** Dépêche-toi ! – **2.** Levons-nous ! – **3.** Repose-toi ! – **4.** Habillez-vous ! – **5.** Regardez-vous ! – **6.** Lave-toi !

6 **1.** se sont levés – **2.** ont pris – **3.** se sont dépêchés – **4.** sont sortis – **5.** sont... allés – **6.** se sont trompés – **7.** ont trouvé – **8.** ont montré

7 **1.** le 22 janvier – **2.** en décembre – **3.** en 2016 (deux mille seize) – **4.** dans une semaine – **5.** lundi – **6.** ce soir – **7.** le vendredi – **8.** dimanche prochain

8 **1.** faux – **2.** faux – **3.** vrai – **4.** faux – **5.** vrai – **6.** faux
1. Elle veut rester douze nuits (du 22.07 au 03.08). – **2.** Elle part avec une autre personne (Nombre de personnes : 2). – **4.** Elle veut une chambre double. – **6.** Elle cherche un hôtel trois étoiles.

9 **Individuelle Antworten**

Tag 19

Fragen zum Dialog

1. Elle trouve que les matelas sont un peu vieux. – **2.** Ils ont pensé à l'anniversaire de Nina. – **3.** Ils vont partir demain.

Geburtstagslied im Dialog

Joyeux anniversaire, joyeux anniversaire ! Joyeux anniversaire Nina, joyeux anniversaire.

1 **1.** c) – **2.** a) – **3.** d) – **4.** b)

2 **Hörtext**
1. Il fait très froid. – **2.** À Paris, il pleut. – **3.** Il neige. – **4.** Il fait chaud à Cannes.

3 **2.** Je pense qu'il va pleuvoir à Paris demain. – **3.** Je pense qu'il va neiger demain. – **4.** Je pense qu'il va faire chaud à Cannes demain.

4 **1.** y – **2.** en – **3.** en – **4.** y – **5.** en

5 **1.** Oui, j'**en** ai un. – **2.** Non, elle n'**en** a pas. – **3.** Oui, ils **en** ont chanté une. – **4.** Oui, elle **en** parle. – **5.** Non, nous n'**en** voulons pas.

6 **1.** Il **en** parle. – **2.** Elle **y** pense. – **3.** Il **en** prend. – **4.** Ils **y** sont partis. – **5.** Elles s'**en** souviennent. – **6.** Elle n'**en** met pas.

7 *Zutreffend:* **1.**, **4.**

8 **1.** a), b), d) – **2.** a), b) – **3.** a), c), d)

9 **1.** Nous pensons qu'il va faire beau (temps) demain. – **2.** Je dis que nous allons faire un beau cadeau à Marie. – **3.** Nous disons qu'il va faire 40 degrés demain. – **4.** Je vois qu'il n'aime pas l'excursion. – **5.** Vous ne dites pas que vous ne (le) savez pas.

10 **Individuelle Antwort**

Tag 20

Fragen zum Dialog

1. a) – **2.** b) – **3.** a)

1 **1.** b), f) – **2.** c), e) – **3.** a) – **4.** d), g)

2 **1.** a) – **2.** a) – **3.** a) – **4.** b)

Hörtext

1. Le serveur apporte une boisson à François. – **2.** L'agence de voyages recommande à mes parents un voyage en Grèce. – **3.** Je vais écrire une carte postale à Stéphanie. – **4.** J'ai téléphoné hier à Fabrice et Sandrine.

3 **1.** retourner**ons** – **2.** louer**a** – **3.** neiger**a** – **4.** rentrer**ons** – **5.** passer**ai** – **6.** téléphoner**ai**

4 ### Hörtext

Cher Paul,

Grosses bises de vacances où nous passons une super semaine. Aujourd'hui, nous sommes allés faire du ski. J'ai adoré ! Nous y retournerons demain. On louera même des snowboards. La région est magnifique. En plus, il y a beaucoup de neige. Ils disent à la météo qu'il neigera tout le week-end. Pas trop quand même, j'espère ! Nous rentrerons dans trois jours et je passerai te voir. Je te téléphonerai de la maison. À bientôt !

Émile

5 **1.** Je raconterai mes vacances à Marielle. – **2.** Vous finirez l'excursion à quelle heure ? – **3.** Ils partiront à la mer. – **4.** Il ne téléphonera pas pendant son voyage. – **5.** Tu chercheras un zoo ? – **6.** Nous ne choisirons pas l'hôtel cinq étoiles.

6 **1.** lui – **2.** leur – **3.** nous – **4.** me – **5.** lui – **6.** leur

7 **1.** Je lui écris une longue lettre. – **2.** Ils nous ont demandé notre numéro de téléphone. – **3.** Nous ne leur dirons rien. – **4.** Vous leur donnez un CD. – **5.** Tu ne me racontes pas le livre ! – **6.** Elle va leur téléphoner demain. / Demain, elle va leur téléphoner.

8 **1.** b) – **2.** a) – **3.** c) – **4.** c) – **5.** b) – **6.** c)

9 **1.** Chère Bea, – **2.** Je t'embrasse. À bientôt ! – **3.** C'est super ! J'aime bien..., Ça nous plaît beaucoup..., J'adore... – **4.** Je trouve que les Français mangent bien.

Tag 21

Fragen zum Dialog

1. b) – **2.** b) – **3.** b)

1 **1.** c) – **2.** c) – **3.** a)

2 **1.** vol – **2.** témoins – **3.** jardin – **4.** poste – **5.** tout de suite

3 **1.** irai – **2.** ferons – **3.** viendrez – **4.** sera

4 **1.** Mon portable est plus petit que le portable de Vanessa. – **2.** Ils sont moins confortables que la voiture. – **3.** Stéphane et Max sont plus gros que David. – **4.** L'accident d'aujourd'hui est aussi grave que l'accident d'hier. – **5.** Ses questions sont aussi intéressantes que ses réponses. – **6.** La glace au chocolat est meilleure que la glace à la vanille.

5 **1.** le plus grave – **2.** les plus belles – **3.** le moins cher – **4.** les plus heureuses – **5.** la moins propre

6 **1.** pourra – **2.** boirons – **3.** aimerai – **4.** viendrez – **5.** diront – **6.** auront – **7.** serai – **8.** choisiras
Lösungswort: JE PRENDRAI

7 **1.** faux – **2.** vrai – **3.** faux – **4.** vrai – **5.** faux – **6.** vrai
1. Il appelle à la gendarmerie. – **3.** Les voisins ont vu une personne dans le jardin. – **5.** Les voisins ont vu la personne hier soir.

8 **1.** d) – **2.** f) – **3.** a) – **4.** c) – **5.** b) – **6.** e)

Tag 22

1 **2.** – **3.**

Hörtext

Bienvenue à la météo sur Radio Bleue. Quel temps fera-t-il demain ? Demain matin, profitez du soleil. Il fera encore beau et chaud. Mais attention, dans l'après-midi, les orages arriveront. Le thermomètre descendra à 10° C. Il va pleuvoir jusqu'à vendredi. Mais ce week-end, il fera soleil !

2 **Lösungsvorschläge**
Cher XX, (**1.**) Je suis en vacances en France. (**2.**) Je vais bien. (**3.**) Il fait beau. (**4.**) La plage est magnifique. (**5.**) Ça me plaît. (**6.**) Grosses bises.

3 **Individuelle Antworten**

4 **Hörtext**
Vous allez tout droit. Au feu, vous tournez à droite. Vous allez jusqu'à la boulangerie. Vous prenez ensuite la petite rue en face de la boulangerie. Vous continuez jusqu'au rond-point et vous allez voir la cathédrale.

5 **1.** voiture – **2.** avion – **3.** train – **4.** tramway

6 **1.** quatre-vingt-dix-neuf, cent deux – **2.** mercredi, jeudi – **3.** février, juillet, août
7 stummes/kurzes **e** wie in **dame** : **1.** vacanc**es** – **2.** blagu**e** – **5.** pann**e** – **7.** touris**te**
geschlossenes **ö** wie in **euro** : **3.** joyeux
offenes **ö** wie in **heure** : **4.** chal**eu**r – **6.** fum**eu**r
8 **2.** Ma tante est plus vieille que mon oncle. – **3.** David est moins curieux que Claude. – **4.** Les gâteaux sont meilleurs que les légumes. – **5.** Françoise est aussi grande que Sébastien.
Regel 1 **1.** a) en, b) Vokal – **2.** a) Städten, b) Konsonanten – **3.** de
Regel 2 **1.** *a) Geschlecht, b) Zahl* – **2.** *a)* ***quelle****, b)* ***quels****, c)* ***quelles***
9 **1.** quel pays – **2.** Quel, le nom – **3.** Quels – **4.** quelle ville
Hörtext
1. Elle vient d'Angleterre. – **2.** Son nom est Paolo. – **3.** Les pays préférés de Paolo sont l'Espagne et les Pays-Bas. – **4.** Elle a fait sa connaissance à Paris.
Regel 3 **1.** *a) Ortsangaben, b)* ***à*** – **2.** *a)* ***En****, b)* ***de***
10 Hörtext
1. ▸ Tu vas au cinéma ? ◂ Oui, j'y vais.
2. ▸ Ils vont en Italie ? ◂ Oui, ils y vont.
3. ▸ Vous avez du vin ? ◂ Oui, nous en avons.
4. ▸ Vous parlez souvent de votre voyage en Afrique ?
◂ Oui, nous en parlons souvent.
5. ▸ Denise a commandé un gâteau d'anniversaire ?
◂ Oui, elle en a commandé un.
6. ▸ Vous avez habité à Marseille pendant deux ans ?
◂ Oui, j'y ai habité pendant deux ans.
Regel 4 **1.** ***te****,* ***le****,* ***la****,* ***nous****,* ***vous****,* ***les*** – **2.** *Präposition* – **3.** *a) Partizip Perfekt, b) Geschlecht, c) Zahl*
Regel 5 **1.** ***me****,* ***te****,* ***lui****,* ***nous****,* ***vous****,* ***leur*** **– 2.** ***à***
11 **1.** leur – **2.** lui – **3.** l' – **4.** l' – **5.** le – **6.** l'
12 **1.** dites – **2.** venons – **3.** pars – **4.** comprends – **5.** voient – **6.** traverse
Lösungwort: DORMIR
Regel 6 ***me****,* ***te****,* ***se****,* ***nous****,* ***vous****,* ***se***
13 **1.** se – **2.** te – **3.** s' – **4.** me – **5.** nous
Regel 7 **1.** *a) Futur simple, b)* ***-ai****,* ***-as****,* ***-a****,* ***-ons****,* ***-ez****,* ***-ont*** – **2.** *a) Futur composé, b) aller, c) Infinitiv, d) Absicht*
14 **1.** En juillet, nous partirons en vacances. – **2.** En été, je mangerai des glaces. – **3.** Demain, ma mère viendra me voir. – **4.** L'année prochaine, Daniel aura 25 ans. – **5.** Ce soir, Claire et Laure dormiront à l'hôtel.

Zwischentest 3

1 **1.** pompiers – **2.** S.A.M.U. – **3.** police/gendarmerie – **4.** agence de voyages – **5.** avion – **6.** train

▸ Tag 15, Tag 16, Tag 21

2 **1.** c) – **2.** a) – **3.** c) – **4.** b) – **5.** c) – **6.** a) – **7.** c)

3 **1.** Je voudrais réserver une chambre. – **2.** Je ne prends pas cette chambre. – **3.** La chambre me plaît. – **4.** J'adore ce pays ! – **5.** Vous avez des cartes postales ? – **6.** J'ai vu un accident.

▸ Tag 18, Tag 21

4 **1.** a) – **2.** a) – **3.** b) – **4.** b) – **5.** b)

▸ Tag 15, Tag 16

5 **1.** c) – **2.** b) – **3.** c) – **4.** c) – **5.** b)

6 **1.** b) – **2.** a) – **3.** b)

Hörtext

1. Tournez à droite ! – **2.** Faites demi-tour ! – **3.** Traversez la rue !

▸ Tag 17

7 **1.** a) – **2.** b) – **3.** a) – **4.** b) – **5.** a) – **6.** b) – **7.** b) – **8.** a) – **9.** b)

Hörtext

1. Je l'ai vu. – **2.** Elle se repose. – **3.** Dans quelle ville habitez-vous ? – **4.** Cet hôtel me plaît. – **5.** Ces valises ne sont pas à moi. – **6.** Il m'a téléphoné. – **7.** Nous sommes à Berlin. – **8.** Ils sont en Italie. – **9.** Je sais qu'elle viendra.

8 **1.** les – **2.** en – **3.** l' – **4.** lui – **5.** y – **6.** leur

▸ Tag 16, Tag 19, Tag 20

Von 47 Punkten haben Sie .... erreicht.

47–40:	**très bien** *sehr gut*. Weiter so!
39–31:	**bien** *gut*. Sie sind auf dem richtigen Weg.
30–21:	**satisfaisant** *zufriedenstellend*. Üben Sie noch die Themen, die Ihnen Probleme bereitet haben. Sie haben aber schon viele Fortschritte gemacht.
weniger als 21:	**vous pouvez mieux faire** *Sie können es noch besser*. In den Lösungen finden Sie Verweise zu den Lektionen, in denen Sie den Stoff wiederholen können.

Tag 23

Fragen zum Dialog

4. – **1.** – **3.** – **5.** – **2.**

1 **1.** b) – **2.** e) – **3.** a) – **4.** c) – **5.** d)

2 **1.** a) – **2.** b) – **3.** b) – **4.** a)

Hörtext

Sonia Allô ?
Caroline Salut Sonia, c'est Caroline, ça va ?
Sonia Ah Caroline. Oui, ça va.
Caroline Jules et moi, nous voulons aller au cinéma samedi soir. Ça te dit ?
Sonia Oui, pourquoi pas.
Caroline Tu peux venir avec ton copain si tu veux.
Sonia Écoute, il n'est pas là. On raccroche et je lui demande quand il arrive.
Caroline D'accord, je te rappellerai dans la soirée pour savoir.
Sonia Alors, à plus tard !
Caroline Salut !

3 **Hörtext**

Caroline Salut Sonia, c'est Caroline, ça va ?
Sonia Ah Caroline. Oui, ça va.
Caroline Jules et moi, nous voulons aller au cinéma samedi soir. Ça te dit ?
Sonia Oh, samedi, je ne peux pas.
Caroline Oh, c'est dommage. Bon, une prochaine fois alors. Je te rappellerai. Salut.
Sonia Salut !

4 **1.** Je prends le bus pour aller au travail. – **2.** Je me suis renseigné(e) avant de partir. – **3.** Je ne passe pas chez lui sans l'appeler avant. – **4.** J'ai pris des vacances pour me reposer.

5 **1.** e) – **2.** c) – **3.** a) – **4.** f) – **5.** d) – **6.** b)

6 **1.** b) – **2.** e) – **3.** h) – **4.** d) – **5.** g) – **6.** a) – **7.** f) – **8.** c)

7 **1.** parlais – **2.** étions – **3.** s'inquiétaient – **4.** finissiez – **5.** prenais – **6.** comprenais

8 **Lösungsvorschläge**

1. Bonjour, c'est Mme Müller. Je voudrais parler à M. Valérion, s'il vous plaît. – **2.** Je peux lui laisser un message ? – **3.** Je le rappelle demain. –
4. Je voudrais lui parler de la prochaine réunion. – **5.** Merci Madame. À demain !

9 **1.** b) – **2.** a) – **3.** b) – **4.** a) – **5.** b)

10 **Lösungsvorschläge**

1. C'est occupé. – **2.** Je peux laisser un message sur le répondeur ? –
3. Il est en communication. – **4.** Elle peut me rappeler ?

Tag 24

Fragen zum Dialog

1. vrai – **2.** vrai – **3.** faux – **4.** vrai – **5.** faux

1 **1.** que – **2.** où – **3.** qui – **4.** où

2 **1.** l'ordinateur – **2.** Internet – **3.** l'imprimante

3 **1.** Cher Antoine, Hier, c'était mon premier jour de travail. – **2.** Je m'inquiétais un peu parce que je ne connaissais pas du tout l'entreprise. – **3.** Je te raconterai tout ça quand on se reverra. Amicalement.

4 **1.** allais – **2.** faisions – **3.** croyaient – **4.** finissais – **5.** prenait – **6.** pouviez

5 **1.** avait – **2.** étais – **3.** croyait – **4.** alliez – **5.** pouvions – **6.** étais, venais

6 **1.** c), f) – **2.** a), h) – **3.** b), g) – **4.** b), i) – **5.** a), d) – **6.** c), e)

7 **2.** Regarde, c'est Pierre qui entre maintenant. – **3.** Je fais une lettre qui est longue. – **4.** C'est la liste que tu vas donner à ton chef. – **5.** J'ai appelé à un moment où il n'était pas dans son bureau. – **6.** L'ordinateur que j'ai acheté ne marche pas très bien. – **7.** Il y a une belle cathédrale dans la ville où tu es.

8 **1.** c) – **2.** a) – **3.** c) – **4.** b) – **5.** a) – **6.** a)

Tag 25

Fragen zum Dialog

1. La réunion est mercredi. – **2.** La réunion va durer environ une heure. – **3.** Elle doit finir à l'heure parce que la salle est à nouveau réservée de 10h à midi.

1 **1.** travaillait – **2.** aimait – **3.** détestait – **4.** n'a pas sonné – **5.** a dormi – **6.** est arrivé – **7.** s'inquiétaient – **8.** cherchaient – **9.** a décidé

4 **1.** 3h30 – **2.** 5h45 – **3.** 7h25 – **4.** 12h

Hörtext

1. Il est trois heures et demie. – **2.** Il est six heures moins le quart. – **3.** Il est sept heures vingt-cinq. – **4.** Il est midi.

5 **1.** b) – **2.** a) – **3.** a) – **4.** a)

6 **1.** 8h10 – **2.** 16h40 – **3.** 12h15 – **4.** 15h30 – **5.** 18h35 – **6.** 10h45

7 **1.** b) – **2.** c) – **3.** a) – **4.** d)

8 *Zutreffend:* **3.** – **4.** – **6.**

9 **Lösungsvorschlag**

Mercredi	Jeudi	Vendredi	Week-end
10h tennis	Bureau	9h 30–16h 30 meeting Paris	Dormir
12h collègues			12h / 12h 15 maman
15h réunion	14h dentiste		14h 30 café chez mamie
	18h yoga		
21h ciné avec Pierre	20h resto avec Céline	Théâtre	19h 30 apéritif chez Jojo

Tag 26

Fragen zum Dialog

1. c) – **2.** a), c) – **3.** a)

1 **1.** L'homme a mis une chemise, un pull, une cravate, un pantalon et des chaussures.
2. La femme a mis une jupe, un chemisier, une écharpe, un manteau et des chaussures.

2 **1.** sûre, sûrement – **2.** rapide, rapidement / vite – **3.** curieuse, curieusement – **4.** particulière, particulièrement – **5.** bonne, bien – **6.** seule, seulement

3 **1.** b) – **2.** b) – **3.** a)

4 **1.** écharpe – **2.** manteau – **3.** bonnet – **4.** chaussette – **5.** cravate – **6.** pull – **7.** costume – **8.** gant
Lösungswort: LE PANTALON

5 **1.** mettre *anziehen* – **2.** porter *tragen* – **3.** s'habiller *sich anziehen* – **4.** prêter *(aus)leihen* – **5.** essayer *anprobieren*

6 **1.** Et si tu prenais ton smartphone avec toi ? – **2.** Et si vous cherchiez de nouveaux amis ? – **3.** Et si vous mettiez une jolie robe ? – **4.** Et si nous cherchions une tenue de soirée ? – **5.** Et si tu lui apportais un petit cadeau ? – **6.** Et si tu invitais Valérie au cinéma ?

7 **1.** gravement – **2.** bien – **3.** sûrement – **4.** Normalement – **5.** mal – **6.** seulement – **7.** vite/rapidement

8 **1.** d) – **2.** f) – **3.** a) – **4.** c) – **5.** b) – **6.** e)

9 **Lösungsvorschläge**
1. Je vais t'accompagner en ville. – **2.** Je n'aime pas les chemises à carreaux. – **3.** Je fais du 42. – **4.** Je voudrais l'essayer. – **5.** En été, j'aime bien porter des robes à fleurs. – **6.** Je cherche une tenue de soirée.

10 **Individuelle Antworten**

Tag 27

Fragen zum Dialog

1. d) – **2.** b) – **3.** a) – **4.** c)

1 **1.** Lequel – **2.** Laquelle – **3.** Lesquelles

2 **1.** vous en pensez – **2.** pense que – **3.** avez raison – **4.** êtes d'accord – **5.** ne suis pas de cet avis – **6.** voulez dire qu'

3 **2.** seraient, être – **3.** finirais, finir – **4.** prendriez, prendre – **5.** donnerais, donner

4 **1.** c) – **2.** a) – **3.** b)

5 **1.** a) – **2.** a) – **3.** b) – **4.** a) – **5.** a)

6 **1.** b) – **2.** f) – **3.** a) – **4.** e) – **5.** c) – **6.** d)

7 **1.** faux – **2.** vrai – **3.** vrai – **4.** faux – **5.** faux – **6.** vrai

8 **1.** aurait – **2.** seraient – **3.** travailleraient – **4.** auraient – **5.** feraient – **6.** auraient – **7.** ferait – **8.** aimerait

9 **1.** pourra – **2.** travaillerais – **3.** arrivaient – **4.** plaît – **5.** feriez – **6.** répondrais

10 **Individuelle Antworten**

Tag 28

Fragen zum Dialog

1. a) – **2.** b) – **3.** a) – **4.** a)

1 **1.** b) – **2.** b)

2 **1.** travaille – **2.** cherchions – **3.** arriviez – **4.** parles

3 **Hörtext**
1. Il faut que je travaille. – Il faut travailler.
2. Il faut que nous cherchions une maison à louer. – Il faut chercher une maison à louer.
3. Il faut que vous arriviez de bonne heure. – Il faut arriver de bonne heure.
4. Il faut que tu parles plus doucement. – Il faut parler plus doucement.

4 **1.** lis – **2.** lirais – **3.** lirai
Hörtext
1. Je lis le programme de cinéma. – **2.** Si j'avais le temps, je lirais toute la journée. – **3.** Je lirai le journal demain.

5 *Zutreffend:* **1.** – **2.** – **3.** – **6.** – **8.** – **9.** – **10.**

6 Parcours scolaire : **2.** *Gymnasium Berthold Brecht* (de *2005* à *2013*) – **3.** *Abitur (option économique) 2013* – **4.** *Master en marketing à l'université d'Augsbourg* (de *2013* à *2017*)
Expériences professionnelles/Stages : **1.** *Job étudiant, agence marketing* (de *2014* à *2016*)
Connaissances en langue : allemand : *langue maternelle* – français : *très bon niveau* – anglais : *très bon niveau*
Connaissances en informatique : **1.** *très bien* – **2.** *très bien* – **3.** *très bien*
Intérêts personnels : **1.** *lire* – **2.** *faire du sport (jogging)*

7 **1.** f) – **2.** d) – **3.** e) – **4.** a) – **5.** b) – **6.** c)

Tag 29

Fragen zum Dialog

1. Elle lit la lettre de motivation du candidat. – **2.** Il recherche un stage de trois mois. – **3.** Il est très satisfait de Nina parce qu'elle fait du bon travail.

1 **1.** oui

2 im Subjonctif: **2.** und **3.**
im Indikativ Präsens: 1. und **4.**
Hörtext
1. Je pense qu'il a trop de travail. – **2.** Il faut qu'elle aille dans le bureau du chef. – **3.** Elle est contente qu'il vienne la voir. – **4.** Je crois que tu ne bois pas de café.

3 **1.** comprennent – **2.** ait – **3.** fasses

4 **Hörtext**
1. J'ai une bonne expérience professionnelle.
2. Je parle français et anglais.
3. J'ai déjà fait un stage à l'étranger.
4. Je corresponds aux critères de l'entreprise.

5 **Falsch:** But, Salut, mange, carte, professionnelles, stages, regarde, l'école, le diplôme, Grosses bises Monsieur
Richtig: Objet, Monsieur, cherche / recherche, annonce, étrangères, études, fais, le sport, l'équipe, Sincères salutations, / Veuillez agréer, Monsieur l'expression de mes sentiments distingués.

6 *Zutreffend:* Offre 3
Lösungsvorschläge
1. Caroline ne veut pas faire de stage et elle n'a pas d'expérience dans le secteur automobile. – **2.** Caroline ne veut pas travailler dans un bureau. On ne sait rien sur ses connaissances en informatique. – **3.** Caroline a de l'expérience avec les enfants parce qu'elle fait du baby-sitting. Elle parle aussi anglais et allemand.

7 **1.** ait – **2.** trouvent – **3.** partiez – **4.** soit – **5.** arrivions – **6.** aille

8 **1.** pense pas qu'ils/elles aillent en France. – **2.** tu apprennes l'anglais ! – **3.** tu fasses un stage pour que tu trouves du travail. – **4.** le collègue le plus intéressant que je connaisse. – **5.** proposons que vous preniez rendez-vous demain. – **6.** est important que vous veniez.

9 **1.** b) – **2.** a) – **3.** a) – **4.** a) – **5.** b) – **6.** b) – **7.** b)

Tag 30

1 Individuelle Antworten

2 **1.** à l'appareil – **2.** stage – **3.** passer – **4.** en réunion – **5.** laisser un message – **6.** rappeler – **7.** joindre3

3

C	O	M	P	O	S	E	R	I	S
A	A	C	T	U	E	L	S	N	A
L	T	N	I	N	C	H	E	F	L
E	I	A	T	B	U	T	T	O	L
N	T	N	N	I	H	E	U	R	E
D	R	O	I	T	N	E	F	M	R
R	E	N	R	L	E	E	E	A	N
I	D	E	O	U	I	S	T	T	C
E	S	A	P	P	A	R	E	I	L
R	I	E	T	A	R	D	E	O	I
T	T	E	L	E	P	H	O	N	E
R	E	P	O	N	D	E	U	R	N
C	H	I	C	P	R	O	J	E	T

Lösungswort: INTERNET

Regel 1 *a)* ***heure*** *– b)* ***midi*** *– c)* ***minuit*** *– d)* ***8h30***

4 **1.** Il est deux heures vingt. **– 2.** Il est six heures et quart. **– 3.** Il est une heure moins vingt. **– 4.** Il est onze heures et demie.

Regel 2 *a) Adjektiv – b)* ***-ment***

5 **2.** officielle, officiel **– 3.** dernière, dernier **– 4.** simple, simple **– 5.** longue, long **– 6.** prochaine, prochain **– 7.** rapide, rapide

Regel 3 **1.** *a) Geschlecht, b) Zahl –* **2.** *a)* ***laquelle****, b)* ***lesquels****, c)* ***lesquelles***

7 **1.** c) **– 2.** d) **– 3.** a) **– 4.** b)

Regel 4 *a) Subjekt – b)* ***que*** *– c)* ***où***

8 **1.** ~~où~~, qui **– 2.** ~~qui~~, que **– 3.** ~~que~~, où **– 4.** qui **–5.** ~~que~~, où

9 **1.** croyons – **2.** mets – **3.** connaissez – **4.** ai lu – **5.** met

Regel 5 *a) Präsens – b)* ***-ais, -ais, -ait, -ions, -iez, -aient***

10 **2.** Et si tu faisais une réunion ? – **3.** Et si tu allais au cinéma ? – **4.** Et si tu mettais une chemise ?

Regel 6 *a) Wunsch – b) höfliche – c) Imparfait*

11 **2.** Si tu faisais une réunion, tu trouverais une solution au problème. – **3.** Si tu allais au cinéma, tu passerais une bonne soirée. – **4.** Si tu mettais une chemise, tu serais chic.

Regel 7 **1. *-e, -es, -e, -ions, -iez, -ent*** – **2.** *a)* ***que****, b) verneinten, c) il* ***faut que***

12 **2.** se renseigne – **3.** restiez – **4.** revienne

Hörtext

1. Il faut que tu boives plus. – **2.** Il faut qu'on se renseigne. – **3.** Il faut que vous restiez. – **4.** Elle veut qu'il revienne.

13 **1.** veniez : venir – **2.** fassions : faire – **3.** fixiez : fixer – **4.** ait : avoir

14 **2.** J'attendais devant la porte pendant que tu cherchais tes clés. – **3.** Carl est passé à la boulangerie avant d'aller au bureau. – **4.** Je m'achèterais une grande maison si j'avais beaucoup d'argent. – **5.** Je vais t'aider pour que tu finisses plus vite.

Abschlusstest

1 Belge

▸ *Tag 15*

2 **1.** b) – **2.** a) – **3.** a) – **4.** b) – **5.** a) – **6.** a) – **7.** a) – **8.** b) – **9.** c)

3 **1.** b) – **2.** a) – **3.** c) – **4.** a), f) – **5.** b) – **6.** c) – **7.** a) – **8.** b) – **9.** b)

4 **1.** d) – **2.** a) – **3.** c) – **4.** e) – **5.** f) – **6.** b)

▸ *Tag 24*

5 **1.** b) – **2.** a) – **3.** a) – **4.** a) – **5.** c) – **6.** a) – **7.** a), c)

6 Hörtext

1. Je fais du 40. – **2.** Allô. – **3.** Je connais les résultats du match de foot. – **4.** Je voudrais parler à Monsier Muriol. – **5.** J'ai un rendez-vous le 23 septembre 2009. – **6.** J'ai mal au dos. – **7.** Je suis convoqué à un entretien. – **8.** Je viens à quatre heures et demie.

7 **1.** b), c) – **2.** a), c), f), g) – **3.** a), d), e), g)

8 **1.** b) – **2.** e) – **3.** g) – **4.** d) – **5.** c) – **6.** f) – **7.** a)

9 **1.** a), c) – **2.** b) – **3.** a) – **4.** a) – **5.** a) – **6.** a) – **7.** b)

Hörtext

1. Mais qu'est-ce que tu mets demain soir ? – **2.** Ils n'ont pas de chance. – **3.** C'est Pierre ! – **4.** Tu peux me passer l'eau ? – **5.** Quel est le prix du voyage ? – **6.** Luc est arrivé à temps à la gare. – **7.** Il n'y a rien à voir.

10 **1.** faux – **2.** faux – **3.** faux – **4.** faux – **5.** vrai – **6.** vrai – **7.** faux

Hörtext

Chère Lucie,

J'espère que tu as passé de bonnes vacances. Ici, tout va bien. Pendant que tu étais en Espagne, nous sommes allés en Italie pour une semaine. Nous étions dans un petit appartement près de la plage. Depuis lundi, nous avons repris le chemin du travail. Merci pour ta carte que nous avons reçue hier. Grosses bises et à bientôt. Sandrine

▸ *Tag 20*

11 **1.** a) – **2.** a) – **3.** b) – **4.** b) – **5.** a) – **6.** b) – **7.** a) **–** **8.** a)

Hörtext

1. Qui est à l'appareil ? – **2.** Quel est ton numéro de téléphone ? – **3.** Vous faites du sport ? – **4.** Quelle est ta couleur préférée ? – **5.** Vous voulez prendre une boisson ? – **6.** Comment allez-vous ? – **7.** Tu as quel âge ? – **8.** D'où revenez-vous ?

12 la technique: **1.** – **6.** – **7.** – **9.** – **10.**

la médecine: **2.** – **5.** – **7.**

les voyages: **3.** – **4.** – **8.**

Hörtext

1. l'ordinateur – **2.** le docteur – **3.** l'étranger – **4.** le Portugal – **5.** la grippe – **6.** l'informaticien – **7.** le virus – **8.** la plage – **9.** Internet – **10.** le portable

▸ *Tag 13, Tag 15, Tag 24*

13 **1.** 14.45 – **2.** 6.30 – **3.** 16.35 – **4.** 12.10

Hörtext

1. Il est trois heures moins le quart. – **2.** Il est six heures et demie. – **3.** Il est cinq heures moins vingt-cinq. – **4.** Il est midi dix.

▸ *Tag 25*

14 **1.** Je m'appelle François Durond. – **2.** Sa mère se lève tôt. – **3.** Nous ne mangeons pas de viande. – **4.** Pierre et Paul ont 45 ans. – **5.** Ils attendent leur sœur à l'aéroport. – **6.** Il ne part jamais sans elle. – **7.** Tu connais mon frère ? – **8.** Vous payez tout de suite ?

15 **1.** c), f), g), h), k) – **2.** a), b), d), e), i), j)

▸ *Tag 5*

16 **1.** grand – **2.** intéressantes – **3.** chères – **4.** vieil – **5.** dernière – **6.** grosse – **7.** petit – **8.** nouvelle

▸ *Tag 10, Tag 11*

17 **1.** tête – **2.** ventre – **3.** jambe – **4.** cheveux – **5.** pantalon – **6.** chemise – **7.** jupe – **8.** robe

▸ *Tag 13, Tag 26*

18 **1.** du – **2.** les – **3.** Cet – **4.** ma – **5.** de l' – **6.** ce
▸ *Tag 3, Tag 4, Tag 9, Tag 18*

19 **1.** venais – **2.** ont emménagé – **3.** parlais, a sonné – **4.** espérait – **5.** a travaillé
▸ *Tag 25*

20 **2.** Si tu prenais l'avion, tu arriverais plus vite. – **3.** Si vous aviez assez d'argent, vous feriez un beau voyage. – **4.** Si j'avais 18 ans, je passerais le bac.
▸ *Tag 27*

21 **1.** aillent – **2.** trouves – **3.** ayons – **4.** entendiez
▸ *Tag 28, Tag 29*

Von 156 Punkten haben Sie .... erreicht.

156–146:	**très bien** *sehr gut*. Prima! Ihre Mühe hat sich wirklich gelohnt. Sie sind schon ein Meister!
145–120:	**bien** *gut*. Toll! Die Grundzüge beherrschen Sie schon einwandfrei. Sie sind ein geübter Lerner!
119–75:	**satisfaisant** *zufriedenstellend*. Einige Themen klappen schon ganz gut. Üben Sie weiter mithilfe der Verweise die Themen, bei denen Sie noch Schwierigkeiten haben.
weniger als 75:	**vous pouvez mieux faire** *Sie können es noch besser.* Aller Anfang ist schwer. Wiederholen Sie noch einmal die Lektionen, die Sie noch nicht so gut können. Die Verweise helfen Ihnen, die Lektionen schneller zu finden.

Alphabetisches Wörterverzeichnis

A

à [a] in; am; um
à carreaux [akaʀo] kariert
à côté de [akoted(ə)] neben; in der Nähe von
à droite [adʀwat] (nach) rechts
à gauche [agoʃ] (nach) links
à l'étranger [aletʀɑ̃ʒe] im Ausland
à l'heure [alœʀ] pünktlich
À la tienne ! [alatjɛn] Zum Wohl! (wenn zwei Personen anstoßen)
À la vôtre ! [alavotʀ] Zum Wohl! (wenn mehrere Personen anstoßen oder Höflichkeitsform)
à mi-temps [amitɑ̃] in Teilzeit
absolument [apsɔlymɑ̃] absolut; unbedingt
accès *m* [aksɛ] Zugang
accident *m* [aksidɑ̃] Unfall
accompagner [akɔ̃paɲe] begleiten
acheter [aʃte] kaufen
acquérir [akeʀiʀ] sich aneignen; sammeln
acteur *m*, **actrice** *f* [aktœʀ, aktʀis] Schauspieler(in)
activité *f* [aktivite] Tätigkeit; Aktivität
actuel(le) [aktɥɛl] aktuell
addition *f* [adisjɔ̃] Rechnung
administration *f* [administʀasjɔ̃] Verwaltung
adorer [adɔʀe] sehr lieben; sehr mögen
adresse *f* [adʀɛs] Adresse
aéroport *m* [aeʀɔpɔʀ] Flughafen
affectueusement [afɛktɥøzmɑ̃] liebe Grüße; herzlichst
Afrique *f* [afʀik] Afrika
âge *m* [aʒ] Alter
agence *f* [aʒɑ̃s] Agentur
agence *f* **de marketing** [aʒɑ̃sdəmaʀkətiŋ] Marketingagentur
agence *f* **de voyages** [aʒɑ̃sdəvwajaʒ] Reisebüro
agence *f* **immobilière** [aʒɑ̃s im(m)ɔbiljɛʀ] Maklerbüro
agir (s') [saʒiʀ] sich handeln um
agression *f* [agʀɛsjɔ̃] Überfall; Angriff
aider [ede] helfen
aimer [eme] lieben; mögen
alcool *m* [alkɔl] Alkohol
Allemagne *f* [almaɲ] Deutschland
allemand(e) [almɑ̃, almɑ̃d] deutsch
aller [ale] gehen; fahren
allô [alo] hallo (am Telefon)
alors [alɔʀ] also; dann
ambulance *f* [ɑ̃bylɑ̃s] Krankenwagen
améliorer [ameljɔʀe] verbessern
Amérique *f* [ameʀik] Amerika
ami *m*, **amie** *f* [ami] Freund(in)
amicalement [amikalmɑ̃] freundliche Grüße
amitiés *f Pl* [amitje] freundliche Grüße
amoureux, amoureuse [amuʀø, amuʀøz] verliebt
an *m*, **année** *f* [ɑ̃, ane] Jahr
angine *f* [ɑ̃ʒin] Angina; Halsentzündung
anglais(e) [ɑ̃glɛ, ɑ̃glɛz] englisch
Angleterre *f* [ɑ̃glətɛʀ] England
animer [anime] moderieren
anniversaire *m* [anivɛʀsɛʀ] Geburtstag

annonce *f* [anõs] Annonce; Anzeige
annuler [anyle] absagen
août *m* [u(t)] August
aoûtiens *m Pl* [ausjɛ̃] Augusturlauber
apéritif *m*, **apéro** *m* [apeʀitif, apeʀo] Aperitif
appareil *m* [apaʀɛj] Apparat
appartement *m*, **appart** *m* [apaʀtəmɑ̃, apaʀt] Wohnung
appeler [aple] rufen; anrufen
appeler (s') [saple] heißen
appétit *m* [apeti] Appetit
apporter [apɔʀte] bringen
apprendre [apʀɑ̃dʀ] lernen
après [apʀɛ] nach; danach
après-midi *m* [apʀɛmidi] Nachmittag
argent *m* [aʀʒɑ̃] Geld
arrêter (s') [saʀete] anhalten
arrivée *f* [aʀive] Ankunft
arriver [aʀive] ankommen; geschehen
ascenseur *m* [asɑ̃sœʀ] Aufzug; Lift
asseoir (s') [saswaʀ] sich setzen
assez [ase] genug; ziemlich
assistant *m*, **assistante** *f* [asistɑ̃, asistɑ̃t] Assistent(in)
Assomption *f* [asõpsjõ] Mariä Himmelfahrt
assurance *f* [asyʀɑ̃s] Versicherung; Zusicherung
Atlantique *m* [atlɑ̃tik] Atlantik
attendre [atɑ̃dʀ] warten
attente *f* [atɑ̃t] Erwartung
attention *f* [atɑ̃sjõ] Achtung; Vorsicht
au fait [ofɛ] übrigens
Au revoir ! [oʀ(ə)vwaʀ] Auf Wiedersehen!
au total [otɔtal] insgesamt
Aucune idée ! *f* [okynide] Keine Ahnung!
augmenter [ogmɑ̃te] steigen
aujourd'hui [oʒuʀdɥi] heute
aussi [osi] auch
automne *m* [otɔn] Herbst
autoroute *f* [otoʀut] Autobahn
autre [otʀ] andere(r, s)
Autriche *f* [otʀiʃ] Österreich
autrichien(ne) [otʀiʃjɛ̃, otʀiʃjɛn] österreichisch
avant [avɑ̃] vor; vorher; davor
avec [avɛk] mit
avenue *f* [avny] Prachtstraße; Allee
avion *m* [avjõ] Flugzeug
avis *m* [avi] Meinung
avoir [avwaʀ] haben
avoir besoin [avwaʀbəzwɛ̃] brauchen
avoir sous les yeux [avwaʀsulezjø] vorliegen haben
avril *m* [avʀil] April

B

baccalauréat *m*, **bac** *m* [bakalɔʀea, bak] Abitur
badminton *m* [badmintɔn] Badminton; Federball
bagages *m Pl* [bagaʒ] Gepäck
baguette *f* [bagɛt] Baguette
baiser *m* [beze] Kuss
balcon *m* [balkõ] Balkon
ballon *m* [balõ] Ball
banc *m* [bɑ̃] (Sitz-)Bank
banlieue *f* [bɑ̃ljø] Vorort
banque *f* [bɑ̃k] Bank
bar *m* [baʀ] Bar

basket *f* [baskɛt] Sportschuh
bateau *m* [bato] Boot
bateau-mouche *m* [batomuʃ] Vergnügungsdampfer (auf der Seine)
beau, belle [bo, bɛl] schön
beaucoup [boku] viel
belge [bɛlʒ] belgisch
Belgique *f* [bɛlʒik] Belgien
ben [bɛ̃] nun; nun ja
beur *m/f* [bœʀ] Nordafrikaner(in)
beurre *m* [bœʀ] Butter
bien [bjɛ̃] gut
bien sûr [bjɛ̃syʀ] natürlich
bientôt [bjɛ̃to] bald
Bienvenu(e) ! [bjɛ̃vny] Willkommen!
bière *f* [bjɛʀ] Bier
bijouterie *f* [biʒutʀi] Schmuckgeschäft
bio [bjo] bio
bise *f* [biz] Kuss (auf die Wange)
bizarre [bizaʀ] seltsam
blague *f* [blag] Witz
blanc, blanche [blɑ̃, blɑ̃ʃ] weiß
blessé *m*, **blessée** *f* [blese] Verletzte(r)
bleu(e) [blø] blau
blond(e) [blɔ̃, blɔ̃d] blond
bloquer [blɔke] blockieren; freihalten
boire [bwaʀ] trinken
boisson *f* [bwasɔ̃] Getränk
bon(ne) [bɔ̃, bɔn] gut
bonbon *m* [bɔ̃bɔ̃] Bonbon
bonjour [bɔ̃ʒuʀ] guten Tag
bonnet *m* [bɔnɛ] Mütze
bonsoir [bɔ̃swaʀ] guten Abend
boucherie *f* [buʃʀi] Metzgerei
bouger [buʒe] (sich) bewegen
boulangerie *f* [bulɑ̃ʒʀi] Bäckerei
boulevard *m* [bulvaʀ] breite (Ring-)Straße
bouteille *f* [butɛj] Flasche
bras *m* [bʀa] Arm
brun(e) [bʀɛ̃/bʀœ̃, bʀyn] braun
budget *m* [bydʒɛ] Budget
bureau *m* [byʀo] Arbeitszimmer
bureau *m* **de tabac** [byʀo də taba] Tabakladen
buron *m* [byʀɔ̃] Sennhütte
bus *m* [bys] Bus
but *m* [by(t)] Ziel

C

c'est [sɛ] das ist
ça [sa] das
ça fait… [safɛ] das macht …
ça marche [samaʀʃ] es klappt; es geht klar
ça te dit ? [satədi] sagt dir das zu?
Ça va ? [sava] Wie geht's?
cabinet *m* **du docteur** [kabinɛdydɔktœʀ] Arztpraxis
cadeau *m* [kado] Geschenk
café *m* [kafe] Kaffee; Café
calendrier *m* [kalɑ̃dʀije] Kalender
calmer (se) [səkalme] sich beruhigen
camping *m* [kɑ̃piŋ] Campingplatz
candidat *m* [kɑ̃dida] Kandidat; Bewerber
candidature *f* [kɑ̃didatyʀ] Bewerbung
cantine *f* [kɑ̃tin] Kantine
car [kaʀ] denn
carafe *f* [kaʀaf] Karaffe
carotte *f* [kaʀɔt] Karotte
carrefour *m* [kaʀfuʀ] Kreuzung
carte *f* [kaʀt] (Speise-)Karte
carte *f* **postale** [kaʀtpɔstal] Postkarte

cas *m* [ka] Fall
catastrophe *f* [katastʀɔf] Katastrophe
cave *f* [kav] Keller
CD *m* [sede] CD
CDD *m* (contrat à durée déterminée) [sedede] befristeter Arbeitsvertrag
CDI *m* (contrat à durée indéterminée) [sedei] unbefristeter Arbeitsvertrag
ce [s(ə)] diese(r, s)
cent [sɑ̃] hundert
centre *m* [sɑ̃tʀ] Zentrum
certainement [sɛʀtɛnmɑ̃] sicherlich
chalet *m* [ʃalɛ] Berghütte
chaleur *f* [ʃalœʀ] Wärme; Hitze
chambre *f* [ʃɑ̃bʀ] Zimmer
chambre *f* **à coucher** [ʃɑ̃bʀakuʃe] Schlafzimmer
chambre *f* **d'hôtes** [ʃɑ̃bʀədot] Gästezimmer
chambre *f* **double** [ʃɑ̃bʀədubl] Doppelzimmer
chambre *f* **individuelle** [ʃɑ̃bʀɛ̃dividɥɛl] Einzelzimmer
chameau *m* [ʃamo] Kamel
chance *f* [ʃɑ̃s] Glück
changer [ʃɑ̃ʒe] wechseln; umtauschen
chanson *f* [ʃɑ̃sɔ̃] Lied
chanter [ʃɑ̃te] singen
chanteur *m*, **chanteuse** *f* [ʃɑ̃tœʀ, ʃɑ̃tøz] Sänger(in)
chat *m* [ʃa] Katze
château *m* [ʃato] Schloss
chaud(e) [ʃo, ʃod] warm
chauffeur *m*, **chauffeuse** *f* **de taxi** [ʃofœʀ, ʃoføzdətaksi] Taxifahrer
chaussettes *f pl* [ʃosɛt] Socken
chaussure *f* [ʃosyʀ] Schuh
chef *m* [ʃɛf] Chef
chemin *m* [ʃ(ə)mɛ̃] Weg
chemin *m* **de fer** [ʃ(ə)mɛ̃dəfɛʀ] Eisenbahn
chemise *f* [ʃ(ə)miz] Hemd
chemisier *m* [ʃ(ə)mizje] Bluse
cher, chère [ʃɛʀ] teuer
chercher [ʃɛʀʃe] suchen; holen
cheval *m* **(*Pl* chevaux)** [ʃ(ə)val, ʃ(ə)vo] Pferd
cheveux *m Pl* [ʃ(ə)vø] Haare
chez [ʃe] bei
chic [ʃik] schick
chiffre *m* **d'affaires** [ʃifʀ(ə) dafɛʀ] Umsatz
chips *m Pl* [ʃips] Chips
chocolat *m* [ʃɔkɔla] Schokolade
choisir [ʃwaziʀ] (aus)wählen
choix *m* [ʃwa] (Aus-)Wahl
chouette [ʃwɛt] toll
chuchoter [ʃyʃɔte] (zu)flüstern
cinéma *m*, **ciné** *m* [sinema, sine] Kino
cinq [sɛ̃k] fünf
cinquante [sɛ̃kɑ̃t] fünfzig
cirque *m* [siʀk] Zirkus
clé *f* [kle] Schlüssel
client *m*, **cliente** *f* [klijɑ̃, klijɑ̃t] Kunde, Kundin
cliquer [klike] klicken
club *m* [klœb] Klub; Verein
coffre *m* [kɔfʀ] Kofferraum
coiffeur *m*, **coiffeuse** *f* [kwafœʀ, kwaføz] Friseur(in)
collaborateur *m*, **collaboratrice** *f* [kɔlabɔʀatœʀ, kɔlabɔʀatʀis] Mitarbeiter(in)
collège *m* [kɔlɛʒ] Mittelschule
collègue *m/f* [kɔlɛg] Kollege, Kollegin

Cologne [kɔlɔɲ] Köln
colombage *m* [kɔlõbaʒ] Fachwerk
combien [kõbjɛ̃] wie viel
commander [kɔmɑ̃de] bestellen
comme [kɔm] wie; als; da
commencer [kɔmɑ̃se] beginnen; anfangen
comment [kɔmɑ̃] wie
commun(e) [komœ̃, kɔmyn] gemeinsam
communication *f* [kɔmynikasjõ] Kommunikation; Gespräch
compétence *f* [kõpetɑ̃s] Kompetenz
composé(e) [kõpoze] zusammengesetzt
composer un numéro [kõpozeœ̃nymero] eine Nummer wählen
comprendre [kõpʀɑ̃dʀ] verstehen
compris [kõpʀi] inklusive
compte *m* **rendu** [kõtʀɑ̃dy] Bericht; Protokoll
concept *m* [kõsɛpt] Konzept
concert *m* [kõsɛʀ] Konzert
concert *m* **de rock** [kõsɛʀ də ʀɔk] Rockkonzert
conclure [kõklyʀ] (ab)schließen
concours *m* [kõkuʀ] Prüfung; Auswahlverfahren
concret, concrète [kõkʀɛ, kõkʀɛt] konkret
conférence *f* [kõfeʀɑ̃s] Konferenz; Besprechung
confirmer [kõfiʀme] bestätigen
confiture *f* [kõfityʀ] Marmelade
confortable [kõfɔʀtabl] bequem
congé *m* **parental** [kõʒepaʀɑ̃tal] Erziehungsurlaub
connaissance *f* [kɔnɛsɑ̃s] Bekanntschaft
connaissances *f Pl* [kɔnɛsɑ̃s] Kenntnisse
connaître [kɔnɛtʀ] kennen
connecter (se) [səkɔnɛkte] sich einloggen
connexion *f* [kɔnɛksjõ] Verbindung; Anschluss
content(e) [kõtɑ̃, kõtɑ̃t] glücklich; zufrieden
continuer [kõtinɥe] fortfahren; weitergehen/-fahren
contrat *m* [kõtʀa] Vertrag
convaincre [kõvɛ̃kʀ] überzeugen
convention *f* **collective** [kõvɑ̃sjõkɔlɛktiv] Tarifvertrag
convoquer [kõvɔke] bestellen
copain *m*, **copine** *f* [kɔpɛ̃, kɔpin] Freund(in)
corps *m* [kɔʀ] Körper
correspondre [kɔʀɛspõdʀ] entsprechen
Corse *f* [kɔʀs] Korsika
costume *m* [kɔstym] Anzug
coucher *m* **de soleil** [kuʃedəsɔlɛj] Sonnenuntergang
couleur *f* [kulœʀ] Farbe
couloir *m* [kulwaʀ] Flur
coup *m* **médiatique** [kumedjatik] Medienereignis
couple *m* [kupl] (Ehe-)Paar
couramment [kuʀamɑ̃] fließend
courir [kuʀiʀ] rennen
courriel *m* [kuʀjɛl] E-Mail
cours *m* [kuʀ] Kurs; Unterrichtsstunde
courses *f Pl* [kuʀs] Einkäufe; Besorgungen
court(e) [kuʀ, kuʀt] kurz

cousin *m*, **cousine** *f* [kuzɛ̃, kuzin] Cousin(e)
coûter [kute] kosten
cravate *f* [kʀavat] Krawatte
crème *f* [kʀɛm] Sahne; Creme
crème *f* **chantilly** [kʀɛmʃɑ̃tiji] Schlagsahne
crier [kʀije] schreien
critère *m* [kʀitɛʀ] Kriterium
croire [kʀwaʀ] glauben
croissant *m* [kʀwasɑ̃] Croissant
croque-monsieur *m* [kʀɔkməsjø] getoastetes Schinken-Käse-Sandwich
crudités *f Pl* [kʀydite] gemischter Salat; Rohkost
cuisine *f* [kɥizin] Küche
curieux, curieuse [kyʀjø, kyʀjøz] neugierig
curiosité *f* [kyʀjozite] Sehenswürdigkeit

D

d'abord [dabɔʀ] zuerst
d'accord [dakɔʀ] einverstanden
d'habitude *f* [dabityd] normalerweise
dans [dɑ̃] in
date *f* [dat] Datum
de [d(ə)] von; aus
débordé(e) [debɔʀde] überlastet
décembre *m* [desɑ̃bʀ] Dezember
déchets *m Pl* [deʃɛ] Müll
décider [deside] entscheiden
décision *f* [desizjɔ̃] Entscheidung
décoller [dekɔle] abfliegen
décoration *f*, **déco** *f* [dekɔʀasjɔ̃, deko] Raumgestaltung; Einrichtung
décrocher [dekʀɔʃe] (den Hörer) abnehmen
déçu(e) [desy] enttäuscht
degré *m* [dəgʀe] Grad
déjà [deʒa] schon
déjeuner *m* [deʒœne] Mittagessen
délicieux, délicieuse [delisjø, delisjøz] köstlich
demain [d(ə)mɛ̃] morgen
demande *f* **de candidature** [dəmɑ̃ddəkɑ̃didatyʀ] Bewerbung
demander [d(ə)mɑ̃de] fragen
demi-pension *f* [d(ə)mipɑ̃sjɔ̃] Halbpension
dent *f* [dɑ̃] Zahn
dentiste *m* [dɑ̃tist] Zahnarzt
dépanneur *m* [depanœʀ] Abschleppdienst
départ *m* [depaʀ] Abflug; Abfahrt; Abreise
dépêcher (se) [sədepeʃe] sich beeilen
déplacer (se) [sədeplase] sich fortbewegen
depuis [d(ə)pɥi] seit
dérailler [deʀaje] spinnen
dernier, dernière [dɛʀnje, dɛʀnjɛʀ] letzte(r, s)
dernièrement [dɛʀnjɛʀmɑ̃] kürzlich
descendre [desɑ̃dʀ] aussteigen; heruntersteigen
dessert *m* [desɛʀ] Dessert; Nachtisch
destinataire *m* [dɛstinatɛʀ] Empfänger
destination *f* [dɛstinasjɔ̃] Ziel
détail *m* [detaj] Detail; Einzelheit
détester [detɛste] hassen
deux [dø] zwei
deuxième [døzjɛm] zweite(r, s)

devant [d(ə)vɑ̃] vor
développer [devlɔpe] entwickeln
devenir [dəv(ə)niʀ] werden
devoir [d(ə)vwaʀ] müssen
différent(e) [difeʀɑ̃, difeʀɑ̃t] verschieden; unterschiedlich
différer [difere] verschieben; verlegen
difficile [difisil] schwierig
dimanche *m* [dimɑ̃ʃ] Sonntag
dîner *m* [dine] Abendessen
diplôme *m* [diplom] Zeugnis; Diplom
dire [diʀ] sagen
direction *f* [diʀɛksjɔ̃] Richtung; Direktion; Leitung
discussion *f* [diskysjɔ̃] Unterhaltung; Diskussion
disposition *f* [dispozisjɔ̃] Verfügung
dix [dis] zehn
docteur *m* [dɔktœʀ] Arzt
document *m* [dɔkymɑ̃] Dokument
doigt *m* [dwa] Finger
domaine *m* [dɔmɛn] Bereich; Gebiet
dommage [dɔmaʒ] schade
donc [dɔ̃k] also
donner [dɔne] geben
dont [dɔ̃] von dem; wovon; dessen; deren
dormir [dɔʀmiʀ] schlafen
dos *m* [do] Rücken
dossier *m* [dosje] Akte
doucement [dusmɑ̃] langsam
doute *m* [dut] Zweifel
douze [duz] zwölf
droit *m* **civil** [dʀwa sivil] Zivilrecht
dur(e) [dyʀ] hart
durée *f* [dyʀe] Dauer
durer [dyʀe] dauern

E

eau *f* [o] Wasser
écharpe *f* [eʃaʀp] Schal
échauffement *m* [eʃofmɑ̃] Aufwärmen (beim Sport)
école *f* **primaire** [ekɔlpʀimɛʀ] Grundschule
écologie *f* [ekɔlɔʒi] Ökologie
écologique [ekɔlɔʒik] ökologisch; umweltfreundlich
économie *f* [ekɔnɔmi] Wirtschaft; Ökonomie
écouter [ekute] (zu)hören
écrire [ekʀiʀ] schreiben
effacer [efase] löschen
égouts *m Pl* [egu] Kanalisation
électronique [elɛktʀɔnik] elektronisch
elle [ɛl] sie
elles [ɛl] sie (Pl)
e-mail *m* [imɛl] E-Mail
embrasser [ɑ̃bʀase] küssen; umarmen
emménager [ɑ̃menaʒe] einziehen
emmener [ɑ̃mne] mitnehmen
employé *m*, **employée** *f* [ɑ̃plwaje] Angestellter, Angestellte
employer [ɑ̃plwaje] beschäftigen; einstellen
en [ɑ̃] in
en effet [ɑ̃nefɛ] in der Tat
en face de [ɑ̃fasd(ə)] gegenüber
en même temps [ɑ̃mɛmtɑ̃] gleichzeitig
en plus [ɑ̃plys] außerdem
en tant que [ɑ̃tɑ̃kə] als
ENA *f* (École nationale d'administration) [ena] Hochschule für Verwaltungswissenschaften

enchanté(e) [ɑ̃ʃɑ̃te] (sehr) erfreut
encore [ɑ̃kɔʀ] (immer) noch
enfant *m/f* [ɑ̃fɑ̃] Kind
enfin [ɑ̃fɛ̃] endlich
enlever [ɑ̃lve] herausnehmen; wegnehmen
enseignement *m* [ɑ̃sɛɲmɑ̃] Unterricht
ensemble [ɑ̃sɑ̃bl] zusammen; gemeinsam
ensuite [ɑ̃sɥit] dann; danach
entendre [ɑ̃tɑ̃dʀ] hören
entraînement *m* [ɑ̃tʀɛnmɑ̃] Training
entraîneur *m*, **entraineuse** *f* [ɑ̃tʀɛnœʀ, ɑ̃tʀɛnøz] Trainer(in)
entre [ɑ̃tʀ] zwischen; unter
entrée *f* [ɑ̃tʀe] Vorspeise
entreprise *f* [ɑ̃tʀəpʀiz] Unternehmen
entrer [ɑ̃tʀe] hereintreten; einsteigen
entretien *m* [ɑ̃tʀətjɛ̃] (Vorstellungs-) Gespräch
enveloppe *f* [ɑ̃vlɔp] Umschlag
environ [ɑ̃viʀɔ̃] ungefähr
envoyer [ɑ̃vwaje] schicken; senden
épicerie *f* [episʀi] Lebensmittelgeschäft
équipe *f* [ekip] Team; Mannschaft
Espagne *f* [ɛspaɲ] Spanien
espagnol(e) [ɛspaɲɔl] spanisch
espérer [ɛspeʀe] hoffen
essayer [eseje] versuchen; (aus-/an-)probieren
et [e] und
étage *m* [etaʒ] Etage; Stockwerk
été *m* [ete] Sommer
étoile *f* [etwal] Stern
être [ɛtʀ] sein
être au courant [ɛtʀokuʀɑ̃] auf dem Laufenden sein
être pressé(e) [ɛtʀəpʀɛse] es eilig haben
études *f Pl* [etyd] Studium
étudiant *m*, **étudiante** *f* [etydjɑ̃, etydjɑ̃t] Student(in)
euro *m* [øʀo] Euro
Europe *f* [øʀɔp] Europa
exactement [ɛgzaktəmɑ̃] genau
exagérer [ɛgzaʒeʀe] übertreiben
examen *m* [ɛgzamɛ̃] Prüfung
excellent(e) [ɛksɛlɑ̃, ɛksɛlɑ̃t] ausgezeichnet
excursion *f* [ɛkskyʀsjɔ̃] Ausflug
excuser (s') [sɛkskyze] sich entschuldigen
exemple *m* [ɛgzɑ̃pl] Beispiel
expansion *f* [ɛkspɑ̃sjɔ̃] Expansion; Aufschwung
expéditeur *m* [ɛkspeditœʀ] Absender
expérience *f* [ɛkspeʀjɑ̃s] Erfahrung
expérience *f* **professionnelle** [ɛkspeʀjɑ̃spʀɔfɛsjɔnɛl] Berufserfahrung
exposition *f* [ɛkspozisjɔ̃] Ausstellung
expression *f* [ɛkspʀɛsjɔ̃] Ausdruck

F

F2, F3, F4 *m* [ɛfdø, ɛftʀwa, ɛfkatʀ] Zwei-, Drei-, Vierzimmerwohnung
fac *f* [fak] Uni
facile [fasil] einfach; leicht
faire [fɛʀ] machen; tun
faire demi-tour [fɛʀd(ə)mituʀ] kehrtmachen; umkehren

faire du ski [fɛʀdyski] Ski fahren
faire les courses [fɛr le kuʀs] einkaufen
faire part [fɛʀpaʀ] mitteilen
falloir [falwaʀ] müssen
famille *f* [famij] Familie; Verwandtschaft
fatigué(e) [fatige] müde
faux, fausse [fo, fos] falsch
femme *f* [fam] (Ehe-)Frau
ferme *f* [fɛʀm] Bauernhof
fête *f* [fɛt] Fest; Feier; Feiertag
fêter [fete] feiern
feu *m* [fø] Feuer; Ampel
février *m* [fevʀije] Februar
fièvre *f* [fjɛvʀ] Fieber
filet *m* [filɛ] Netz
fille *f* [fij] Mädchen; Tochter
film *m* [film] Film
film *m* **d'action** [filmdaksjõ] Actionfilm
fils *m* [fis] Sohn
fin [fɛ̃] Ende
finir [finiʀ] beenden
fixer [fikse] festlegen
fleur *f* [flœʀ] Blume
fois *f* [fwa] Mal
fonctionner [fõksjɔne] funktionieren
fondue *f* [fõdy] Fondue
foot *m* [fut] Fußball
footing *m* [futiŋ] Jogging
formation *f* [fɔʀmasjõ] Ausbildung
forme *f* [fɔʀm] Form
formulaire *m* [fɔʀmylɛʀ] Formular
fou, folle [fu, fɔl] verrückt
four *m* [fuʀ] Ofen
fracture *f* [fʀaktyʀ] (Knochen-)Bruch
français(e) [fʀɑ̃sɛ, fʀɑ̃sɛz] französisch
France *f* [fʀɑ̃s] Frankreich
francophonie *f* [fʀɑ̃kɔfɔni] Frankofonie
frère *m* [fʀɛʀ] Bruder
frigo *m* [fʀigo] Kühlschrank
froid(e) [fʀwa, fʀwad] kalt
fromage *m* [fʀɔmaʒ] Käse
fruit *m* [fʀɥi] Frucht
fumeur *m* [fymœʀ] Raucher

G

gagner [gaɲe] gewinnen
gants *m pl* [gɑ̃] Handschuhe
garage *m* [gaʀaʒ] Garage
garçon *m* [gaʀsõ] Junge
gare *f* [gaʀ] Bahnhof
gâteau *m* [gato] Kuchen
geler [ʒ(ə)le] gefrieren
gendarmerie f [ʒɑ̃daʀməʀi] Gendarmerie
gens *m Pl* [ʒɑ̃] Leute
gentil(le) [ʒɑ̃ti, ʒɑ̃tij] nett; freundlich
gentleman *m* [dʒɛntləman] Gentleman
gîte *m* [ʒit] Unterkunft
glace *f* [glas] Eis
glaçon *m* [glasõ] Eiswürfel
gorge *f* [gɔʀʒ] Hals
goûter *m* [gute] Zwischenmahlzeit; Imbiss
goûter [gute] probieren
grâce à [gʀasa] dank; mithilfe
grand(e) [gʀɑ̃/in der Bindung gʀɑ̃t, gʀɑ̃d] groß
grande école *f* [gʀɑ̃dekɔl] Elitehochschule
grand-mère *f* [gʀɑ̃mɛʀ] Großmutter

grand-père *m* [gʀɑ̃pɛʀ] Großvater
grands-parents *m Pl* [gʀɑ̃paʀɑ̃] Großeltern
grave [gʀav] schlimm
grec(que) [gʀɛk] griechisch
Grèce *f* [gʀɛs] Griechenland
grenier *m* [gʀənje] Dachboden
gros(se) [gʀo, gʀos] groß; dick
guide *m* [gid] Stadtführer; Fremdenführer
gynécologue *m/f* [ʒinekɔlɔg] Frauenarzt, -ärztin

H

habiller (s') [sabije] sich anziehen
habitant *m* [abitɑ̃] Einwohner
habiter [abite] wohnen
habitué m, **habituée** f [abitɥe] Stammgast
hall *m* [ol] (Hotel-)Lobby; Halle
haut(e) [o, ot] hoch
heure *f* [œʀ] Stunde; Uhr
heureusement [øʀøzmɑ̃] glücklicherweise
heureux, heureuse [øʀø, øʀøz] glücklich
hier [jɛʀ] gestern
hiver m [ivɛʀ] Winter
hollandais(e) [ɔlɑ̃dɛ, ɔlɑ̃dɛz] holländisch
Hollande *f* [ɔlɑ̃d] Holland
homme *m* [ɔm] Mann
hôpital *m* [ɔpital] Krankenhaus
hors-d'œuvre *m* [ɔrdœvʀ] Vorspeise
hôtel *m* [otɛl] Hotel
huile *f* [ɥil] Öl
huit [ɥit] acht
hypermarché *m* [ipɛʀmaʀʃe] Verbrauchermarkt

I

ici [isi] hier
idée *f* [ide] Idee
il [il] er
il faut [ilfo] man braucht; man benötigt
il y a [ilja] es gibt
image *f* [imaʒ] Bild; Image
impeccable [ɛ̃mpɛkabl] einwandfrei
important(e) [ɛ̃pɔʀtɑ̃, ɛ̃pɔʀtɑ̃t] wichtig
impression *f* [ɛ̃pʀɛsjɔ̃] Eindruck
imprimante *f* [ɛ̃pʀimɑ̃t] Drucker
imprimer [ɛ̃pʀime] (aus)drucken
incendie *m* [ɛ̃sɑ̃di] Brand
incroyable [ɛ̃kʀwajabl] unglaublich
indéterminé(e) [ɛ̃detɛʀmine] unbestimmt; unbefristet
indiquer [ɛ̃dike] anzeigen
indulgent(e) [ɛ̃dylʒɑ̃, ɛ̃dylʒɑ̃t] nachsichtig
informaticien *m*, **informaticienne** *f* [ɛ̃fɔʀmatisjɛ̃, ɛ̃fɔʀmatisjen] Informatiker(in)
information *f* [ɛ̃fɔʀmasjɔ̃] Information
informatique *f* [ɛ̃fɔʀmatik] Informatik
inondation *f* [inɔ̃dasjɔ̃] Überschwemmung
inquiet, inquiète [ɛ̃kjɛ, ɛ̃kjɛt] beunruhigt; besorgt
inquiéter (s') [sɛ̃kjete] sich Sorgen machen
inscription *f* [ɛ̃skʀipsjɔ̃] Anmeldung
institut *m* [ɛ̃stity] Institut
intéressant(e) [ɛ̃teʀɛsɑ̃, ɛ̃teʀɛsɑ̃t] interessant

intéressé(e) [ɛ̃teʀese] interessiert
intérêt *m* [ɛ̃teʀɛ] Interesse
intermédiaire [ɛ̃tɛʀmedjɛʀ] Mittel-
international(e) [ɛ̃tɛʀnasjɔnal] international
Internet *m* [ɛ̃tɛʀnɛt] Internet
invitation *f* [ɛ̃vitasjõ] Einladung
invité *m* [ɛ̃vite] Gast
inviter [ɛ̃vite] einladen
Italie *f* [itali] Italien
italien(ne) [italjɛ̃, italjɛn] italienisch

J

jamais [ʒamɛ] nie
jambe *f* [ʒɑ̃b] Bein
jambon *m* [ʒɑ̃bõ] Schinken
janvier *m* [ʒɑ̃vje] Januar
jardin *m* [ʒaʀdɛ̃] Garten
jaune [ʒon] gelb
je [ʒ(ə)] ich
je suis désolé(e) [ʒəsɥidezɔle] es tut mir leid
jeter [ʒ(ə)te] werfen
jeu *m* [ʒø] Spiel
jeu *m* **de société** [ʒødəsɔsjete] Gesellschaftsspiel
jeudi *m* [ʒødi] Donnerstag
jeune [ʒœn] jung
jogging *m* [dʒɔgiŋ] Jogginganzug
joindre [ʒwɛ̃dʀ] beifügen; anhängen
joli(e) [ʒoli] hübsch
jouer [ʒwe] spielen
joueur *m*, **joueuse** *f* [ʒwœʀ, ʒwøz] Spieler(in)
jour *m*, **journée** *f* [ʒuʀ, ʒuʀne] Tag
jour *m* **férié** [ʒuʀfeʀje] Feiertag
journal *m* [ʒuʀnal] Zeitung
journaliste *m/f* [ʒuʀnalist] Journalist(in)
joyeux, joyeuse [ʒwajø, ʒwajøz] fröhlich
juillet *m* [ʒɥijɛ] Juli
juillettistes *m Pl* [ʒɥijɛtist] Juliurlauber
juin *m* [ʒɥɛ̃] Juni
jumeau *m*, **jumelle** *f* [ʒymo, ʒymɛl] Zwilling
jupe *f* [ʒyp] Rock
juriste *m/f* [ʒyʀist] Jurist(in)
jusqu'à [ʒyska] bis; bis zu
juste [ʒyst] nur
justement [ʒystəmɑ̃] gerade; eben

K

karaoké *m* [kaʀaɔke] Karaoke
kilo *m* [kilo] Kilo

L

là [la] da; dort
laid(e) [lɛ, lɛd] hässlich
laisser [lese] lassen
lait *m* [lɛ] Milch
langage m **familier** [lɑ̃gaʒfamilje] Umgangssprache
langue *f* [lɑ̃g] Sprache
langue *f* **étrangère** [lɑ̃getʀɑ̃ʒɛʀ] Fremdsprache
légumes *m Pl* [legym] Gemüse
lequel, laquelle [l(ə)kɛl, lakɛl] welche(r, s)
lettre *f* [lɛtʀ] Brief
lettre *f* **de motivation** [lɛtʀədəmɔtivasjõ] Bewerbungsschreiben
lever (se) [səl(ə)ve] aufstehen
liberté *f* [libɛʀte] Freiheit
licence *f* [lisɑ̃s] Hochschulabschluss nach dreijährigem Studium

ligne *f* [liɲ] Linie; Zeile
limonade *f* [limɔnad] Limonade
lire [liʀ] lesen
liste *f* [list] Liste
liste de courses *f* [list də kuʀs] Einkaufsliste
lit m [li] Bett
livre *m* [livʀ] Buch
logo *m* [logo] Logo
loin [lwɛ̃] weit (entfernt)
loisirs *m Pl* [lwaziʀ] Freizeit
long(ue) [lõ, lõg] lang
longtemps [lõtɑ̃] lange (Zeit)
louer [lwe] mieten; vermieten
lourd(e) [luʀ, luʀd] schwer
loyer *m* [lwaje] Miete
lundi *m* [lɛ̃di/lœ̃di] Montag
luxe *m* [lyks] Luxus
lycée *m* [lise] Gymnasium; Oberschule

M

ma [ma] mein(e)
madame *f* **(*Pl* mesdames)** [madam, medam] Frau (Anrede)
mademoiselle *f* **(*Pl* mesdemoiselles)** [madmwazɛl, medmwazɛl] Fräulein (Anrede)
magasin *m* [magazɛ̃] Geschäft
magnifique [maɲifik] wunderschön; großartig; herrlich
mai *m* [mɛ] Mai
maigre [mɛgʀ] mager; dünn
maillot *m* **de bain** [majodəbɛ̃] Badeanzug
main *f* [mɛ̃] Hand
maintenant [mɛ̃tnɑ̃] jetzt
mais [mɛ] aber
maison *f* [mɛzõ] Haus
maîtriser [metʀize] beherrschen
mal *m* **à la tête** [malalatɛt] Kopfweh
malade [malad] krank
maman *f* [mamɑ̃] Mama
manger [mɑ̃ʒe] essen
manquer [mɑ̃ke] fehlen
manteau *m* [mɑ̃to] Mantel
marchand *m*, **marchande** *f* [maʀʃɑ̃, maʀʃɑ̃d] Händler(in)
marché *m* [maʀʃe] Markt
marcher [maʀʃe] gehen; laufen
mardi *m* [maʀdi] Dienstag
marketing *m* [maʀkətiŋ] Marketing
Maroc *m* [maʀɔk] Marokko
marocain(e) [maʀɔkɛ̃, maʀɔkɛn] marokkanisch
marque *f* [maʀk] Marke
marrant(e) [maʀɑ̃, maʀɑ̃t] lustig
marron [maʀõ] braun
mars *m* [maʀs] März
mas *m* [mɑs] Landhaus in der Provence
master *m* [mastɛʀ] Master; Diplom
match *m* [matʃ] Spiel
matelas *m* [matla] Matratze
matériel *m* [mateʀjɛl] Material
maternelle *f* [matɛʀnɛl] Vorschule
matin *m*, **matinée** *f* [matɛ̃, matine] Morgen
mauvais(e) [mɔvɛ, mɔvɛz] schlecht
méchant(e) [meʃɑ̃, meʃɑ̃t] böse
médecin *m* [mɛdsɛ̃] Arzt; Ärztin
médecin *m* **de garde** [mɛdsɛ̃dəgaʀd] diensthabender Arzt; Notarzt
médecin *m* **traitant** [mɛdsɛ̃tʀɛtɑ̃] behandelnder Arzt

médical(e) [medikal] medizinisch
médicament *m* [medikamɑ̃] Medikament
meilleur(e) [mɛjœʀ] besser
même [mɛm] sogar
menu *m* [məny] Menü
mer *f* [mɛʀ] Meer
merci [mɛʀsi] danke
mercredi *m* [mɛʀkʀədi] Mittwoch
mère *f* [mɛʀ] Mutter
meringue *f* [məʀɛ̃g] Baiser
message *m* [mɛsaʒ] Nachricht
météo *f* [meteo] Wettervorhersage; Wetterbericht
métier *m* [metje] Beruf
mètre *m* [mɛtʀ] Meter
mètre *m* **carré** [mɛtʀəkaʀe] Quadratmeter
métro *m* [metʀo] U-Bahn
mettre [mɛtʀ] setzen; stellen; legen; anziehen
midi *m* [midi] Südfrankreich; Mittag
mieux [mjø] besser
mille [mil] tausend
million *m* [miljõ] Million
minuit *m* [minɥi] Mitternacht
minute *f* [minyt] Minute
moins [mwɛ̃] weniger; minus
mois *m* [mwa] Monat
moment *m* [mɔmɑ̃] Moment
mon [mõ] mein(e)
monnaie *f* [mɔnɛ] Wechselgeld; Kleingeld
monsieur *m* **(***Pl* **messieurs)** [məsjø, mɛsjø] Herr (Anrede)
monter [mõte] einsteigen; hinaufgehen
montrer [mõtʀe] zeigen
mot *m* [mo] Wort
moulin *m* [mulɛ̃] Mühle
mousse *f* **au chocolat** [musoʃɔkɔla] Schokoladencreme
moyens *m Pl* **de transport** [mwajɛ̃dətʀɑ̃spɔʀ] Verkehrsmittel
moyen(ne) [mwajɛ̃, mwajɛn] mittel(mäßig)
muscat *m* [myska] Muscat (süßes Weingetränk)
musée *m* [myze] Museum

N

naître [nɛtʀ] geboren werden
natation *f* [natasjõ] Schwimmsport
national(e) [nasjɔnal] national
naviguer [navige] surfen (im Internet); navigieren
navire *m* [naviʀ] Schiff
ne ... jamais [nə...ʒamɛ] nie
ne ... pas [n(ə) pa] nicht
ne ... plus [nə...ply] nicht mehr
ne ... rien [nə...ʀjɛ̃] nichts
Ne quittez pas ! [nəkitepa] Bleiben Sie dran! (am Telefon)
né(e) [ne] geboren
neiger [nɛʒe] schneien
net *m* [nɛt] Internet
neuf [nœf] neun
neuf, neuve [nœf, nœv] neu
nez *m* [ne] Nase
niveau *m* [nivo] Niveau
Noël *m* [nɔɛl] Weihnachten
noir(e) [nwaʀ] schwarz
nom *m* [nõ] Name
non [nõ] nein
non-fumeur *m* [nõfymœʀ] Nichtraucher
nord *m* [nɔʀ] Norden

normal(e) [nɔʀmal] normal
normalement [nɔʀmalmɑ̃] normalerweise
note *f* [nɔt] Note
noter [nɔte] notieren; aufschreiben
notre [nɔtʀ] unser(e)
nous [nu] wir; uns
nouveau, nouvelle [nuvo, nuvɛl] neu
nouvelles *f Pl* [nuvɛl] Neuigkeiten
novembre *m* [nɔvɑ̃bʀ] November
nuit *f* [nɥi] Nacht
nul [nyl] blöd
numéro *m* [nymeʀo] Nummer

O

objectif *m* [ɔbʒɛktif] Ziel
objet *m* [ɔbʒɛ] Gegenstand; Betreff
occupé(e) [ɔkype] besetzt; belegt
occuper (s') [sɔkype] sich kümmern
octobre m [ɔktɔbʀ] Oktober
œil *m* (*Pl* **yeux**) [œj, jø] Auge
œuf *m* (*Pl* **œufs**) [œf, ø] Ei
office *m* **de tourisme** [ɔfisdətuʀism] Fremdenverkehrsamt
officiel(le) [ɔfisjɛl] offiziell; amtlich
oignon *m* [ɔɲɔ̃] Zwiebel
ombre *f* [ɔ̃bʀ] Schatten
omelette *f* [ɔmlɛt] Omelett
on [ɔ̃] man; wir
oncle *m* [ɔ̃kl] Onkel
onze [ɔ̃z] elf
orage *m* [ɔʀaʒ] Gewitter
ordinateur *m* [ɔʀdinatœʀ] Computer
ordonnance *f* [ɔʀdɔnɑ̃s] (Arzt-)Rezept
ordre *m* **du jour** [ɔʀdʀədyʒuʀ] Tagesordnung
oreille *f* [ɔʀɛj] Ohr
organiser [ɔʀganize] organisieren
oser [oze] wagen; sich trauen
ou [u] oder
où [u] wo; wohin
oublier [ublije] vergessen
ouest *m* [wɛst] Westen
oui [wi] ja
ouvrier *m*, **ouvrière** *f* [uvʀije, uvʀijɛʀ] Arbeiter(in)
ouvrir [uvʀiʀ] öffnen

P

P.M.E. *f* **(petite et moyenne entreprise)** [peɛme] mittelständisches Unternehmen
P.S. *m* **(post-scriptum)** [peɛs] PS
pain *m* [pɛ̃] Brot
panne *f* [pan] Panne
pantalon *m* [pɑ̃talɔ̃] Hose
papa *m* [papa] Papa
papiers *m Pl* [papje] Ausweis; Papiere
Pâques *m* [pak] Ostern
par contre [paʀkɔ̃tʀ] hingegen; jedoch
par exemple *m* [paʀɛgzɑ̃pl] zum Beispiel 7
parce que [paʀskə] weil
parcours *m* **scolaire** [paʀkuʀskɔlɛʀ] Schulausbildung; Schullaufbahn
parents *m Pl* [paʀɑ̃] Eltern
parfait(e) [paʀfɛ, paʀfɛt] perfekt
Paris-Brest *m* [paʀibʀɛst] Kuchen mit Sahne

parking *m* [paʀkiŋ] Parkhaus, Parkplatz
parlé et lu [paʀleely] in Wort und Schrift
parler [paʀle] sprechen
parole *f* [paʀɔl] Wort
particulier, particulière [paʀtikylje, paʀtikyljɛʀ] besondere(r, s); bestimmte(r, s)
partir [paʀtiʀ] weggehen/-fahren; abreisen
partout [paʀtu] überall
passant *m*, **passante** *f* [pasɑ̃, pasɑ̃t] Passant(in)
passeport *m* [paspɔʀ] Pass
passer [pase] vorbeischauen; vorbeifahren; vorbeikommen
pastis *m* [pastis] Aperitif mit Anis
pâtisserie *f* [patisʀi] Konditorei
pause *f* [poz] Pause
payer [peje] (be)zahlen
pays *m* [pei] Land
paysage *m* [peizaʒ] Landschaft
Pays-Bas *m Pl* [peiba] Niederlande
pédiatre *m/f* [pedjatʀ] Kinderarzt, Kinderärztin
peinture *f* [pɛ̃tyʀ] Malen; Malerei
pendant [pɑ̃dɑ̃] während
penser [pɑ̃se] denken
pension *f* [pɑ̃sjõ] Pension
Pentecôte *f* [pɑ̃tkot] Pfingsten
perdre (se) [səpɛʀdʀ] sich verlaufen; verlieren
père *m* [pɛʀ] Vater
personne *f* [pɛʀsɔn] Person
personnel *m* [pɛʀsɔnɛl] Personal
pétanque *f* [petɑ̃k] Boule-, Bocciaspiel
petite annonce *f* [p(ə)titanõs] Kleinanzeige
petit déjeuner *m* [p(ə)tideʒœne] Frühstück
petit(e) [p(ə)ti, p(ə)tit] klein
petit-fils *m*, **petit-fille** *f* [p(ə)tifis, p(ə)tifij] Enkel(in)
peut-être [pøtɛtʀ] vielleicht
pharmacie *f* [faʀmasi] Apotheke
phrase *f* [fʀaz] Satz
pièce *f* **de théâtre** [pjɛsdəteɑtʀ] Theaterstück
pièce *f* **jointe** [pjɛsʒwɛ̃t] Anlage
pied *m* [pje] Fuß
piéton *m* [pjetõ] Fußgänger
pièce *f* [pjɛs] Zimmer; Raum
pile *f* [pil] Stapel
pire [piʀ] schlimmer; schlechter
piscine *f* [pisin] Schwimmbad; Swimmingpool
plage *f* [plaʒ] Strand
plaire [plɛʀ] gefallen
plaisir *m* [plɛzir] Vergnügen
plan *m* [plɑ̃] Plan
plaque *f* **d'immatriculation** [plakdimatʀikylasjõ] Nummernschild
plat *m* [pla] Gericht
plat *m* **principal** [plapʀɛ̃sipal] Hauptgericht
plateau *m* [plato] Tablett
plein(e) [plɛ̃, plɛn] voll
pleine saison *f* [plɛnsɛzõ] Hochsaison
pleuvoir [pløvwaʀ] regnen
plusieurs [plyzjœʀ] mehrere
plutôt [plyto] eher; lieber
poche *f* [pɔʃ] (Hosen-)Tasche
poids lourd *m* [pwaluʀ] Lastwagen
poire *f* [pwaʀ] Birne
poisson *m* [pwasõ] Fisch

police *f* [pɔlis] Polizei
policier *m*, **policière** *f* [pɔlisje, pɔlisjɛʀ] Polizist(in)
pomme *f* [pɔm] Apfel
pomme *f* **de terre** [pɔmdətɛʀ] Kartoffel
pompiers *m Pl* [põpje] Feuerwehr(leute)
pont *m* [põ] Brücke
portable *m* [pɔʀtabl] Handy
porte *f* [pɔʀt] Tür
porter [pɔʀte] tragen
portugais(e) [pɔʀtygɛ, pɔʀtygɛz] portugiesisch
Portugal *m* [pɔʀtygal] Portugal
poser sa candidature [pozesakãdidatyʀ] sich bewerben
possible [pɔsibl] möglich
poste *m* **de police** [pɔstdəpɔlis] Polizeiwache
pot *m* [po] Topf; Glas
pour [puʀ] für
pour cent *m* **(%)** [puʀsã] Prozent
pour que [puʀkə] damit
pourboire *m* [puʀbwaʀ] Trinkgeld
pourquoi [puʀkwa] warum
pourtant [puʀtã] jedoch; dennoch; trotzdem
pouvoir [puvwaʀ] können; dürfen
préféré(e) [pʀefeʀe] Lieblings-
préférer [pʀefeʀe] bevorzugen; lieber haben
premier, première [pʀəmje, pʀəmjɛʀ] erste(r, s)
prendre [pʀãdʀ] nehmen
prénom *m* [pʀenõ] Vorname
préparer [pʀepaʀe] vorbereiten
présentation *f* [pʀezãtasjõ] Präsentation
présenter [pʀezãte] vorstellen
presque [pʀɛsk] fast
pressing *m* [pʀɛsiŋ] Reinigung
prêter [pʀɛte] leihen
prévoir [pʀevwaʀ] planen; vorsehen
prier [pʀije] bitten
printemps *m* [pʀɛ̃tã] Frühling
prix *m* [pʀi] Preis
problème *m* [pʀɔblɛm] Problem
prochain(e) [pʀɔʃɛ̃, pʀɔʃɛn] nächste(r, s)
prochainement [pʀɔʃɛnmã] demnächst; nächstens
produit *m* [pʀɔdɥi] Produkt
professionnel(le) [pʀɔfɛsjɔnɛl] beruflich
profil *m* [pʀɔfil] Profil
profiter [pʀɔfite] profitieren; genießen
programme *m* [pʀɔgʀam] Programm
projet *m* [pʀɔʒɛ] Projekt
proposer [pʀɔpoze] vorschlagen
proposition *f* [pʀɔpozisjõ] Vorschlag
propre [pʀɔpʀ] eigen
pullover *m*, **pull** *m* [pylɔvɛʀ, pyl] Pullover; Pulli

Q

qu'est-ce que [kɛskə] was
quand [kã] wann
quarante [kaʀãt] vierzig
quart m [kaʀ] Viertel
quatorze [katɔʀz] vierzehn
quatre [katʀ] vier
que [kə] dass
que, qu' [kə, k] was

quelque [kɛlkə] einige
quel(le) [kɛl] welche(r, s); was für ein(e)
quelqu'un [kɛlkœ̃] jemand
quelque chose [kɛlkəʃoz] etwas
question *f* [kɛstjɔ̃] Frage
qui [ki] wer; der/die/das
quiche *f* [kiʃ] Quiche
quinze [kɛ̃z] fünfzehn
quitter [kite] verlassen
quoi [kwa] was

R

raconter [ʀakɔ̃te] erzählen
raison *f* [ʀɛzɔ̃] Recht
randonnée *f* [ʀɑ̃dɔne] Wanderung
ranger [ʀɑ̃ʒe] aufräumen
rapide [ʀapid] schnell
rappeler [ʀaple] zurückrufen
rater [ʀate] verpassen
réception *f* [ʀesɛpsjɔ̃] Rezeption
recevoir [ʀ(ə)səvwaʀ] empfangen
rechercher [ʀ(ə)ʃɛʀʃe] suchen
recommander [ʀ(ə)kɔmɑ̃de] empfehlen
recommencer [ʀ(ə)kɔmɑ̃se] noch einmal von vorne beginnen; noch einmal versuchen
recyclage *m* [ʀ(ə)siklaʒ] Recycling; Wiederverwertung
rédiger [ʀediʒe] verfassen; schreiben
référence *f* [ʀefeʀɑ̃s] Referenz
regarder [ʀ(ə)gaʀde] schauen; sehen
région *f* [ʀeʒiɔ̃] Region
régional(e) [ʀeʒiɔnal] regional
règle *f* **du jeu** [ʀɛglədyʒø] Spielregel
remarque *f* [ʀ(ə)maʀk] Bemerkung
remplaçant *m*, **remplaçante** *f* [ʀɑ̃plasɑ̃, ʀɑ̃plasɑ̃t] Vertretung
remplir [ʀɑ̃pliʀ] ausfüllen
rencontrer [ʀɑ̃kɔ̃tʀe] treffen; begegnen
rendez-vous *m* [ʀɑ̃devu] Verabredung; Termin
rendre [ʀɑ̃dʀ] zurückgeben
renseigner (se) [səʀɑ̃sɛɲe] sich erkundigen
rentrer [ʀɑ̃tʀe] zurückkehren; zurückkommen
renverser [ʀɑ̃vɛʀse] verschütten
repartir [ʀ(ə)paʀtiʀ] wegfahren; wieder aufbrechen
repas *m* [ʀ(ə)pɑ] Mahlzeit; Essen
répéter [ʀepete] wiederholen
répondeur *m* [ʀepɔ̃dœʀ] Anrufbeantworter
répondre [ʀepɔ̃dʀ] antworten
réponse *f* [ʀepɔ̃s] Antwort
reporter [ʀ(ə)pɔʀte] verschieben
reposer (se) [səʀ(ə)poze] sich ausruhen
R.E.R. *m* (réseau express régional) [ɛʀəɛʀ] S-Bahn
réservé(e) [ʀezɛʀve] reserviert
réserver [ʀezɛʀve] buchen; reservieren
respectueux, respectueuse [ʀɛspɛktyø, ʀɛspɛktyøz] respektvoll; ehrerbietig
responsable [ʀɛspɔ̃sabl] verantwortlich; zuständig
restaurant *m*, **resto** *m* [ʀɛstɔʀɑ̃, ʀɛsto] Restaurant
reste *m* [ʀɛst] Rest
rester [ʀɛste] bleiben

résultat *m* [ʀezylta] Resultat; Ergebnis
retard *m* [ʀ(ə)taʀ] Verspätung
retenu(e) [ʀətny] ausgesucht
retour *m* [ʀ(ə)tuʀ] Rückkehr
retourner [ʀ(ə)tuʀne] zurückgehen; zurückkommen
retraite *f* [ʀ(ə)tʀɛt] Rente; Ruhestand
retrouver [ʀ(ə)tʀuve] wiederfinden; treffen
réunion *f* [ʀeynjõ] Besprechung
réveil *m* [ʀevɛj] Wecker
revoir [ʀ(ə)vwaʀ] wiedersehen
rhume *m* [ʀym] Schnupfen
rien [ʀjɛ̃] nichts
robe *f* [ʀɔb] Rock
rock *m* [ʀɔk] Rockmusik
romantique [ʀɔmɑ̃tik] romantisch
rond-point *m* [ʀõpwɛ̃] Kreisverkehr
rouge [ʀuʒ] rot
route *f* [ʀut] Reise; Fahrt
roux, rousse [ʀu, ʀus] rothaarig
rue *f* [ʀy] Straße
rugby *m* [ʀygbi] Rugby
ruines *f Pl* [ʀɥin] Ruine

S

S.A.M.U. *m* [samy] Notdienst
s'il te plaît [siltəplɛ] bitte *(bei einer Person)*
s'il vous plaît [silvuplɛ] bitte *(bei mehreren Personen oder Höflichkeitsform)*
sa [sa] sein(e), ihr(e)
sac *m* [sak] Tasche
salade *f* [salad] Salat
salarié *m*, **salariée** *f* [salaʀje] Beschäftigte(r); Arbeitnehmer(in)
salle *f* [sal] Saal
salle *f* **à manger** [salamɑ̃ʒe] Esszimmer
salle *f* **de bains** [saldəbɛ̃] Badezimmer
salle *f* **de conférence** [saldəkõfeʀɑ̃s] Besprechungsraum
salon *m* [salõ] Salon
Salut ! [saly] Hallo! Tschüs!
salutation *f* [salytasjõ] Gruß
samedi *m* [samdi] Samstag
sandwich *m* [sɑ̃dwitʃ] Sandwich; belegtes Brot
sang *m* [sɑ̃] Blut
sans [sɑ̃] ohne
Santé ! *f* [sɑ̃te] Prost!; Gesundheit!
satisfait(e) [satisfɛ, satisfɛt] zufrieden
saucisson *m* [sosisõ] Wurst; Salami
sauvegarder [sovgaʀde] speichern
savoir [savwaʀ] können; wissen
scolaire [skɔlɛʀ] schulisch; Schul-
séance *f* [seɑ̃s] Sitzung; Vorstellung
secrétaire *m/f* [s(ə)kʀetɛʀ] Sekretär(in)
sécurité *f* **sociale** [sekyʀitesɔsjal] Sozialversicherung
seize [sɛz] sechzehn
séjour *m* [seʒuʀ] Aufenthalt
semaine *f* [s(ə)mɛn] Woche
sept [sɛt] sieben
septembre *m* [sɛptɑ̃bʀ] September
serveur *m*, **serveuse** *f* [sɛʀvœʀ, sɛʀvøz] Kellner(in); Bedienung
service *m* [sɛʀvis] Bedienung
seul(e) [sœl] allein; einzig
seulement [sœlmɑ̃] nur

shopping *m* [ʃɔpiŋ] Einkaufen; Shopping
si [si] wenn; falls; ob; doch
siffler [sifle] pfeifen
signature *f* [siɲatyʀ] Unterschrift
signer [siɲe] unterschreiben
simple [sɛ̃pl] einfach
sincère [sɛ̃sɛʀ] aufrichtig; ehrlich
site *m* **Internet** [sitɛ̃tɛʀnɛt] Internetseite
six [sis] sechs
snowboard m [snobɔʀd] Snowboard
social(e) [sɔsjal] sozial
société *f* [sɔsjete] Gesellschaft
sœur *f* [sœʀ] Schwester
soir *m*, **soirée** *f* [swaʀ, swaʀe] Abend
soixante [swasɑ̃t] sechzig
soleil *m* [sɔlɛj] Sonne
solution *f* [sɔlysjɔ̃] Lösung
sommeil *m* [sɔmɛj] Schlaf
sommelier *m* [sɔməlje] Weinkellner
son [sɔ̃] sein(e), ihr(e)
sonner [sɔne] klingeln
sortie *f* [sɔʀti] Ausfahrt
sortir [sɔʀtiʀ] (heraus)gehen
sous [su] unter
sous-vêtements *m Pl* [suvɛtmɑ̃] Unterwäsche
souvenir (se) [səsuvniʀ] sich erinnern
souvent [suvɑ̃] oft
spaghettis *m Pl* [spageti] Spaghetti
spectacle *m* [spɛktakl] Vorstellung
spontané(e) [spɔ̃tane] spontan
sport *m* [spɔʀ] Sport
sportif, sportive [spɔʀtif, spɔʀtiv] sportlich
stage *m* [staʒ] Praktikum
stagiaire *m/f* [staʒjɛʀ] Praktikant(in)
sucre *m* [sykʀ] Zucker
sud *m* [syd] Süden
Suède *f* [sɥɛd] Schweden
suffire [syfiʀ] ausreichen; genügen
suivre [sɥivʀ] folgen
super [sypɛʀ] super
supérieur *m*, **Supérieure** *f* [sypeʀjœʀ] Vorgesetzte(r)
supermarché *m* [sypɛʀmaʀʃe] Supermarkt
sur [syʀ] auf
sûr(e) [syʀ] sicher
sûrement [syʀmɑ̃] sicherlich
surpris(e) [syʀpʀi, syʀpʀiz] überrascht
surprise *f* [syʀpʀiz] Überraschung
surtout [syʀtu] besonders
sympa [sɛ̃pa] sympathisch
système *m* [sistɛm] System

T

ta [ta] dein(e)
tabac *m* [taba] Tabak
table *f* [tabl] Tisch
tableau *m* [tablo] Tabelle
tache *f* [taʃ] Fleck
taille *f* [taj] (Konfektions-)Größe
Tant pis ! [tɑ̃pi] Schade!; Da kann man nichts machen!
tante *f* [tɑ̃t] Tante
tard [taʀ] spät
tartiflette *f* [taʀtiflɛt] Ofengericht mit Kartoffeln, Zwiebeln und Käse
taxi *m* [taksi] Taxi

te [t(ə)] dich; dir
technicien m, **technicienne** *f* [tɛknisjɛ̃, tɛknisjɛn] Techniker(in)
technologie *f* [tɛknɔlɔʒi] Technologie
télécarte *f* [telekaʀt] Telefonkarte
télécharger [teleʃaʀʒe] herunterladen; downloaden
téléphone *m* [telefɔn] Telefon
téléphoner [telefɔne] telefonieren; anrufen
témoin *m* [temwɛ̃] Zeuge
temps *m* [tɑ̃] Zeit; Wetter
tennis *m* [tenis] Tennis
tenue *f* **de soirée** [t(ə)nydəswaʀe] Abendgarderobe
terroir *m* [tɛʀwaʀ] Region
tête *f* [tɛt] Kopf
thé *m* [te] Tee
théâtre *m* [teatʀ] Theater
thermomètre *m* [tɛʀmomɛtʀ] Thermometer
Tiens ! [tjɛ̃] Hier!
titre *m* [titʀ] Überschrift; Titel
toast *m* [tost] Toast
toilettes *f Pl* [twalɛt] Toilette
tomber en panne [tõbeɑ̃pan] eine Panne haben
ton [tõ] dein(e)
tôt [to] früh
toujours [tuʒuʀ] immer (noch)
tourisme *m* [tuʀism] Tourismus
touriste *m/f* [tuʀist] Tourist(in)
tourner [tuʀne] abbiegen
tournoi *m* [tuʀnwa] Turnier
Toussaint *f* [tusɛ̃] Allerheiligen
tout [tu] alles
tout à coup [tutaku] plötzlich
tout de suite [tudsɥit] sofort; gleich
tout droit [tudʀwa] geradeaus
tout le monde [tul(ə)mõd] jede(r); alle (Leute)
toute la journée [tutlaʒuʀne] den ganzen Tag
train *m* [tʀɛ̃] Zug
traitement *m* [tʀɛtmɑ̃] Behandlung; Aufbereitung
traiter [tʀete] behandeln
tram(way) *m* [tʀam] Straßenbahn
transporter [tʀɑ̃spɔʀte] transportieren
transports *m Pl* [tʀɑ̃spɔʀ] Verkehrsmittel
travail *m* [tʀavaj] Arbeit
travailler [tʀavaje] arbeiten
travaux *m Pl* [tʀavo] Baustelle
traverser [tʀavɛʀse] überqueren
treize [tʀɛz] dreizehn
trente [tʀɑ̃t] dreißig
très [tʀɛ] sehr
triste [tʀist] traurig
trois [tʀwa] drei
tromper (se) [sətʀõpe] sich vertun; sich irren
trop [tʀo] zu (sehr)
trousse *f* **de toilette** [tʀusdətwalɛt] Kulturbeutel
trouver [tʀuve] finden
t-shirt *m* [tiʃœʀt] T-Shirt
tu [ty] du
tunnel *m* [tynɛl] Tunnel
tutoyer [tytwaje] duzen
typique [tipik] typisch

U

un peu [œ̃pø] ein bisschen
un, une [œ̃, yn] ein(e)
universitaire [ynivɛʀsitɛʀ] Universitäts-

université *f* [yniversite] Universität; Hochschule
urgence *f* [yrʒɑ̃s] Notfall
urgent(e) [yrʒɑ̃, yrʒɑ̃t] dringend

V

vacances *f Pl* [vakɑ̃s] Ferien; Urlaub
valise *f* [valiz] Koffer
vélo *m* [velo] Fahrrad
vendeur m, **vendeuse** f [vɑ̃dœr, vɑ̃døz] Verkäufer(in)
vendredi *m* [vɑ̃drədi] Freitag
venir [v(ə)nir] (mit)kommen
ventre *m* [vɑ̃tr] Bauch
vérifier [verifje] überprüfen
verre *m* [vɛr] Glas
vers [vɛr] bei, in der Nähe von; in Richtung
vert(e) [vɛr, vɛrt] grün
veste *f* [vɛst] Jacke
vêtements *m Pl* [vɛtmɑ̃] Bekleidung
via [vja] über; via
viande *f* [vjɑ̃d] Fleisch
victime *f* [viktim] Opfer
vidéoprojecteur *m* [videoprɔʒɛktœr] Beamer
vie *f* [vi] Leben
vie *f* **active** [viaktiv] Berufsleben
vieux, vieille [vjø, vjɛj] alt
ville *f* [vil] Stadt
vin *m* [vɛ̃] Wein
vingt [vɛ̃] zwanzig
virus *m* [virys] Virus
visite *f* [vizit] Besuch
visite *f* **guidée** [vizitgide] Führung
visiter [vizite] besichtigen; besuchen
vite [vit] schnell
vitesse f [vitɛs] Geschwindigkeit
vivre [vivr] leben
voici [vwasi] hier ist/sind
voilà [vwala] hier ist/sind; hier kommt/kommen
voir [vwar] sehen
voisin *m*, **voisine** *f* [vwazɛ̃, vwazin] Nachbar(in)
voiture *f* [vwatyr] Auto
voix *f* [vwa] Stimme
vol *m* [vɔl] Flug
voler [vɔle] stehlen
volley *m* [vɔlɛ] Volleyball
volontiers [vɔlɔ̃tje] gerne
votre [vɔtr] euer/Ihr, eure/Ihre
vouloir [vulwaR] wollen
vous [vu] Ihr/Sie; euch/Ihnen
voyage *m* [vwajaʒ] Reise
voyage *m* **d'affaires** [vwajaʒdafɛr] Geschäftsreise
vrai(e) [vrɛ] richtig; echt; wahr
vraiment [vrɛmɑ̃] wirklich
vue *f* [vy] Aussicht; Blick

W

WC *m Pl* [vese] WC
week-end *m* [wikɛnd] Wochenende

Z

zéro [zero] null
Zut ! [zyt] Verflixt!

Trackverzeichnis

CD 1

Track Nr.	Tag (Lektion)	Track Nr.	Tag (Lektion)
1	Begrüßung	33	L 8/Dialog
2	L 2/Dialog	34	L 8/" langs.
3	L 2/" langs.	35	L 8/1
4	L 2/2	36	L 8/4
5	L 2/4	37	L 9/Dialog
6	L 3/Dialog	38	L 9/" langs.
7	L 3/" langs.	39	L 9/3
8	L 3/2	40	L 9/4
9	L 3/4	41	L 10/Dialog
10	L 4/Dialog	42	L 10/" langs.
11	L 4/" langs.	43	L 10/1
12	L 4/2	44	L 10/4
13	L 4/4	45	L 11/Dialog
14	L 5/Dialog	46	L 11/" langs.
15	L 5/" langs.	47	L 11/2
16	L 5/1	48	L 12/Dialog
17	L 5/3	49	L 12/" langs.
18	L 6/1	50	L 12/2
19	L 6/2	51	L 12/4
20	L 6/3	52	L 13/Dialog
21	L 6/4	53	L 13/" langs.
22	L 6/9	54	L 13/2
23	L 6/14	55	L 13/4
24	ZT 1/3	56	L 14/1
25	ZT 1/4	57	L 14/3
26	ZT 1/5	58	L 14/5
27	ZT 1/6	59	L 14/7
28	ZT 1/7	60	L 14/10
29	L 7/Dialog	61	L 14/15
30	L 7/" langs.	62	ZT 2/4
31	L 7/1	63	ZT 2/5
32	L 7/2	64	ZT 2/6

CD 2

Track Nr.	Tag (Lektion)	Track Nr.	Tag (Lektion)
1	L15/Dialog	31	L 23/3
2	L 15/2	32	L 24/Dialog
3	L 15/3	33	L 24/2
4	L 16/Dialog	34	L 25/Dialog
5	L 16/2	35	L 25/2
6	L 16/3	36	L 25/3
7	L 17/Dialog	37	L 25/4
8	L 17/1	38	L 26/Dialog
9	L 17/4	39	L 26/1
10	L 18/Dialog	40	L 27/Dialog
11	L 18/3	41	L 27/2
12	L 18/4	42	L 27/3
13	L 19/Dialog	43	L 28/Dialog
14	L 19/2	44	L 28/3
15	L 20/Dialog	45	L 28/4
16	L 20/2	46	L 29/Dialog
17	L 20/4	47	L 29/2
18	L 21/Dialog	48	L 29/4
19	L 21/2	49	L 30/2
20	L 22/1	50	L 30/4
21	L 22/4	51	L 30/6
22	L 22/7	52	L 30/12
23	L 22/9	53	AT 6
24	L 22/10	54	AT 7
25	ZT 3/3	55	AT 8
26	ZT 3/5	56	AT 9
27	ZT 3/6	57	AT 10
28	ZT 3/7	58	AT 11
29	L 23/Dialog	59	AT 12
30	L 23/2	60	AT 13

CD 3 Wortschatztrainer

Bildnachweis

Getty Images, München: U1 (neirfy); U1, 37, (Image Source); 8 (Esolla); 17 (Marcus Clackson); 18, 154 (BrianAJackson); 19 (Akarelias); 19 (1001nights); 20 (Zwolafasola); 21 (Ryan McVay); 22, 23 (Ronstik); 29, 217 (Digital Vision.); 30 (Nastasic); 38 (THPStock); 45 (JacquesPALUT); 46, 47 (Maridav); 63 (Vincent Besnault); 64, 65 (Massimo Borchi/Atlantide Phototravel); 71 (Roberthyrons); 72 (Scanrail); 79, 235 (Vanbeets); 80 (Michael Blann); 87 (Glasshouse Images); 88 (Skynesher); 95 (Claudio.arnese); 96 (Gutzemberg); 103 (Nikada); 104 (Rufous52); 111 (Adisa); 112, 113 (Smartstock); 119 (Pyotr021); 129 (IPGGutenbergUKLtd); 130, 131 (mariusz_prusaczyk); 137 (Emmanuel84); 145 (Nikonaft); 146, 147 (Smithore); 153 (SimonLukas); 161 (I-bob); 162 (Yoh4nn); 177 (filadendron); 178, 179 (SerrNovik); 185 (Dauf); 196, 228, 229 (Shironosov); 204 (Hjalmeida); 211 (Petar Chernaev); 212 (Petrograd99); 218 (Wavebreakmedia Ltd); 227 (Encrier); 236 (Deansanderson); 243 (Sosobuzuk); 244 (Alexh); 251 (Jacoblund)
Shutterstock, New York: U1 (HomeStudio); 53 (BalkansCat); 138 (NAR studio); 169 (Mikhail Gnatkovskiy); 170 (saiko3p); 195 (eakkachai halang); 203 (LDprod)

Das moderne Wörterbuch
mit Wörterbuch-App

ISBN 978-3-12-514492-7

Rund 130.000 Stichwörter und Wendungen

- Hochaktueller Wortschatz aus den Bereichen Alltag, Medien, Wirtschaft und Politik
- Kompakt, umfassend, übersichtlich
- Info-Fenster zu Sprache und Landeskunde
- Verbtabellen und Kommunikationstipps

Mit Wörterbuch-App

- Alle Stichwörter von Personen mit Muttersprache Französisch vorgesprochen
- Extra: Wörter lernen mit Vokabelkarten und Quiz